Roland Fahrion

Endliche Lagstrukturen

Klassifizierung und schätztheoretische Behandlung
von Spline-Lags

Springer-Verlag Berlin Heidelberg GmbH
1980
ISBN 978-3-7908-0226-9

CIP-Kurztitelaufnahme der Deutschen Bibliothek

Fahrion, Roland:

Endliche Lagstrukturen: Klassifizierung u. schätztheoret. Behandlung von Spline-Lags/ Roland Fahrion. – Würzburg: Physica-Verlag, 1980.

Ursprünglich erschienen bei Physica-Verlag, Rudolf Liebing GmbH + Co., Wurzburg 1980.

ISBN 978-3-7908-0226-9 ISBN 978-3-662-41543-6 (eBook)
DOI 10.1007/978-3-662-41543-6

Inhaltsverzeichnis

Einleitung

Die Konkretisierung dynamischer Relationen zwischen ökonomischen Variablen ist ein sehr schwieriges Problem in der quantitativen Wirtschaftsforschung, weil gleichzeitig die wirtschaftstheoretischen Grundlagen bestmöglich erfaßt und die schätztechnische Behandlung noch gewährleistet werden muß. Diese in gewisser Weise konträre Forderung an Theorie und Methode konnte in vielen bisherigen empirischen Arbeiten nur unzureichend erfüllt werden, da man zugunsten der Erfüllbarkeit statistisch-ökonometrischer Gütekriterien meist gezwungen war, einerseits einfache Funktionsansätze zu wählen, die aber andererseits die a priori verfügbare wirtschaftstheoretische Information nicht ausreichend aufnehmen können. Nicht ausreichend soll in dem Sinn verstanden werden, daß trotz intensiver Anstrengungen in den letzten zehn Jahren - es erschien eine Unzahl von empirischen, theoretischen und methodischen Arbeiten zur Erklärung dynamischer Strukturen - zwar in mannigfaltiger Weise ad hoc die funktionalen Zusammenhänge 'ausprobiert' wurden, aber man dennoch den Eindruck gewinnt, daß wenig über die sich in wechselseitiger Wirkungsweise beeinflussenden sozioökonomischen Faktoren bekannt ist.

Eigenschaften dynamischer Relationen werden entscheidend von der verwendeten Time-Lag Struktur bestimmt. Dabei kann der Time-Lag zunächst als zeitliche Beziehung einer erklärenden exogenen Variablen zwischen zwei Zeitpunkten und deren Wirkung auf eine endogene Variable verstanden werden (einfacher Lag), oder aber kann die Einflußwirkung der erklärenden Variablen über mehrere Perioden verteilt sein (distributed Lag). Den meisten Untersuchungen über verteilte Lags liegt die Vorstellung zugrunde, daß die exogene Variable eine langfristige Wirkung auf die endogene Variable hat, die mit wachsendem Lag abnimmt. Solche unendlichen Lag-Relationen $y_t=f(x_t,x_{t-1},...)$ sind jedoch nur in Spezialfällen für praktische Anwendungen möglich, daher ist man gezwungen, den theoretischen Zusammenhang durch ein endliches Verzögerungsmuster zu approximieren. Das zentrale Problem ist aber weniger das 'Abschneiden' der Lag-Zeitwirkung, sondern vielmehr die Bestimmung der funktionalen Form des Verzögerungsmusters.

Die Literatur über verteilte Lags ist derart umfangreich, sodaß es schier aussichtslos wäre, hier auch nur den Versuch zu machen, diese alle zu erfassen. Ein Grund für diese Flut von Arbeiten liegt gerade in der Bedeutung von verteilten Lags in der empirischen Wirtschaftsforschung, da praktisch alle Wechselwirkungen ökonomischer Variablen nicht unmittelbar (im selben Zeitpunkt oder Zeitintervall) erfolgen, sondern eine Art Verharrungsvermögen besitzen und dadurch Verzögerungsmomente im Reaktionsablauf des zu beschreibenden ökonomischen Zusammenhangs auftreten. Seit dem Übersichtsartikel von Griliches (1967) haben das Buch von Dhrymes (1971), eine sehr kritische Auseinandersetzung mit den bis dahin bekannten Distributed-Lag Ansätzen von Nerlove (1972), und Sims (1971, 1973) die Entwicklung der theoretischen und methodischen Aspekte nichtstochastischer Lagrelationen geprägt. Parallel hierzu führte wohl die sehr massiv einsetzende Kritik an dem 'ad hoc-kery' (Griliches, Nerlove) - mit dem eine bislang bekannte statische Theorie durch verteilte Lags 'ersetzt' und zur 'dynamischen' Struktur erklärt wurde - zu den (im Sinne von Bayes) probabilistischen Ansätzen für verteilte Lags (Chetty (1971), Leamer (1972), Shiller (1973)), die aber keinesfalls von diesem ad hoc-Vorgehen befreit sind, da an der Vorgabe gewisser a priori Informationen (Parameter und Labelling-Funktion der a priori-Verteilung) 'kein Weg vorbeiführt'.

Nach einer Übersicht mit allgemeinen Hinweisen zu den bisherigen wichtigsten Ansätzen über verteilte Lags schließt im Abschnitt 2.1 eine kritische Betrachtung des Almon-Lags an, der bisher bekanntesten polynomialen Lagverteilung. Man geht so vor, daß man die Lag-Gewichte als Funktionswerte eines Polynoms aus dem vorgegebenen Beobachtungsmaterial über einen Regressionsansatz bestimmt werden (Almon (1965), Jorgenson (1966), Dhrymes (1971)). Diese Ansätze sind jedoch in verschiedener Hinsicht problematisch. Zwar läßt sich nach dem Satz von Weierstraß jede stetige Funktion durch eine geeignete Wahl einer Folge von approximierenden Polynomen beliebig genau darstellen, aber bei der Bestimmung polynomialer Lagverteilungen werden einzelne diskrete Punkte der unbekannten Verteilung geschätzt und alle übrigen Punkte interpoliert. Da Polynome zwischen diskreten Interpolations-Stützpunkten erhebliche Schwankungen aufweisen können (vgl. auch Poirier (1976), Kap.6, und Shiller (1973)), muß das Stützpunkt-Gitter der Lag-Zeitpunkte hinreichend dicht gewählt werden, um zu gewährleisten, daß die Abweichung der geschätzten Interpolationsverteilung von der wahren Verteilung innerhalb eines vorgegebenen Konfidenzstreifens liegt (vgl. Fahrion (1977)). Nur in ganz wenigen Fällen kann man erwarten, daß die Lag-Gewichte oszillieren (Gould (1968)).

Eine weitere Schwierigkeit entsteht bei der Erhöhung des Polynomgrads. Eine solche Erhöhung ist einerseits wünschenswert, weil dadurch eine bessere Genauigkeit erzielt wird, andererseits ist aber damit eine Erhöhung der Stützpunktzahl verbunden, wodurch die Spaltendimension des Regressionssystems größer wird. Diese konträre Forderung an die Lag-Interpolationsdarstellung, einerseits innerhalb eines Konfidenzstreifens zu verlaufen (hinreichend viele Stützpunkte) und andererseits glatt zu sein (niedriger Polynomgrad), können Polynome im allgemeinen nicht ausreichend erfüllen. Zur Vermeidung dieser Schwierigkeiten ist es erforderlich, einen Funktionsansatz zu suchen, der gute Glattheitseigenschaften aufweist und außerdem den Charakter einer Dichtefunktion hat.

Einen ersten Schritt in dieser Richtung machte Shiller (1973) mit einem Bayes-Ansatz. Diesen Ansatz kann man als eine GLS-Schätzung unter der stochastischen Restriktion auffassen, daß die Erwartungswerte der Lag-Gewichte auf einem Polynom liegen.

Die Glattheitsrestriktionen werden dabei einer a priori-Normalverteilung unterworfen. Eine andere Möglichkeit ist, die Almon'schen Polynomrestriktionen durch zusätzliche Restriktionen über die Richtung der Lagkurve (Ableitungen) in den Lag-Zeitpunkten zu erweitern. Dies führt zu Hermiteschen Interpolationsdarstellungen, die als Übergangsstufe zum Spline-Lag angesehen werden können. In der Literatur sind bisher Hermitesche Lag-Darstellungen nicht abgehandelt worden. Ein wesentlicher Grund hierfür dürfte sein, daß man sehr schnell zu Polynomen hohen Grades kommt, die man aus dem bereits erwähnten Grund vermeiden sollte.

In Abschnitt 3 kommen wir dann zum Spline-Lag. Die Spline-Funktionen haben in neuerer Zeit in den verschiedensten Disziplinen der Angewandten Mathematik an Bedeutung gewonnen und die klassischen Polynome sind teilweise verdrängt worden. Ist eine Aufteilung eines Definitionsintervalls in disjunkte Teilintervalle vorgegeben, so läßt sich der mathematische Spline auf diesen Teilintervallen durch Polynome eines vorgegebenen Grads darstellen. Gleichzeitig wird gefordert, daß der Spline in den Teilintervall-Endpunkten differenzierbar ist, d.h. die Polynomstücke sich glatt anschließen. Daher wird manchmal auch der Begriff 'Stückpolynom' gebraucht. Wir geben einige Hinweise auf wesentliche Arbeiten, welche die Entwicklung der Spline-Theorie geprägt haben, außerdem gehen wir kurz auf Spline-Anwendungen in der quantitativ-empirischen Wirtschaftsforschung ein (3.1.1).
Im Zusammenhang mit Lag-Verteilungen interessieren uns im Hinblick auf die Schätzgleichungen für die Lag-Gewichte insbesondere die Eigenschaften des Splines als Regressionsinstrument (3.1.2). Von Bedeutung ist hierbei die Wahl der sogenannten Spline-Knoten, welche entweder mit den Teilintervall-Endpunkten zusammenfallen oder innerhalb der Teilintervalle liegen können. Diese Knoten können mit Zeitpunkten von Strukturveränderungen identifiziert werden. In 3.1.3 stellen wir in einer verallgemeinerten und modifizierten Form den kubischen Spline-Lag von

Poirier (1976) dar. Dieser von Ahlberg, Nilson und Walsh (1967) angegebene Spline-Ansatz erlaubt eine geeignete Parametrisierung, die für Kleinstquadrat-Schätzungen und Hypothesentests (3.1.4) vorteilhaft ist.
Obwohl es außer diesem Ansatz in der Literatur noch sehr viele Arbeiten über Glättungs-Splines gibt (Reinsch (1967, 1971), Golomb (1968), Woodford (197o), Demmler und Reinsch (1975), Dierckx (1975), Wahba und Wold (1975) und die dort zitierte Literatur, Böhm (1976)), wählen wir hier eine durch ein Höchstmaß an Flexibilität ausgezeichnete Klasse von Splinefunktionen, die eine sehr stabile Basis besitzt. Die Elemente dieser Basis (B-Splines) erhält man durch Transformation der üblichen Stückpolynom-Basis über ein Schema dividierter Differenzen. B-Splines lassen sich als sogenannte Pólya-Dichtefunktionen charakterisieren. Zur Bereitstellung der mathematischen Grundlage für diesen Ansatz beschreiben wir in 3.2 einige wesentliche Eigenschaften von totalpositiven Kernen und Pólya-Dichten, denn diese sind gerade dadurch ausgezeichnet, daß sie totalpositiv und summierbar sind. Eine fundamentale Bedeutung hat eine Klasse ganzer Funktionen, die Pólya-Laguerre Klasse. Zu jedem B-Spline gibt es ein Funktionselement aus dieser Klasse, dessen Reziproke als Laplace-Transformation des B-Splines darstellbar ist, und deren singuläre Stellen im wesentlichen mit den Knoten des B-Splines identifiziert werden können. Außerdem ist gezeigt worden, daß jede Pólya-Verteilung durch eine Folge von B-Splines beliebig genau approximiert werden kann (Schoenberg und Whitney (1953), Karlin (1968)). Die Definition der B-Spline Basis, die wir in den folgenden Abschnitten für die Darstellung des Spline-Lags verwenden wollen, erfolgt dann in Abschnitt 3.3.1 .

Wie wir bereits erwähnten, liegt die hauptsächliche Problematik in den bisherigen Lag-Modellen in der Vorgabe der Funktionsform für die Beschreibung des Lag-Zusammenhangs. Eine Fehlspezifikation führt häufig zu falschen theoretischen und statistischen Aussagen. Außerdem werden mögliche Kollinearitäten der Lag-Regressoren zu wenig berücksichtigt. Wir schlagen daher in Abschnitt 4 ein neues Konzept zur Klassifizierung von Spline-Lagverteilungen vor, wobei wir die Verteilungs'form' von der 'Qualität' der Lag-Regressoren abhängig machen. Die Klassifizierung der Lag-Regressoren nach der Größe ihrer Konditionszahlen, ermöglicht es, die Konditionierung der Daten mit den Glattheitsforderungen an die Lag-Kurve in Beziehung zu setzen. Hierzu werden wir den Begriff der Spline-Lag Inzidenz einführen, mit dem es möglich sein wird, eine umkehrbar eindeutige Beziehung zwischen verschieden starken Forderungen an die Spline-Lagdichte und der Güte der Beobachtungsdaten herzustellen. Die Charakterisierung von Spline-Lag Inzidenzen erfolgt dann in 4.3, wo wir notwendige und hinreichende Kriterien für die Bestimmbarkeit von Spline-Lagverteilungen angeben. Anschließend behandeln wir Zerlegungen von Spline-Lag Inzidenzen, die in praktischen Anwendungen die Überprüfung der erwähnten Kriterien erleichtern kann.

Die Miteinbeziehung der Daten-Qualität in die Schätzung impliziert im allgemeinen, daß der Spline-Lag Schätzer verzerrt ist. Die hinreichende Bedingung für die Unverzerrtheit (Lemma 5.1) wird im konkreten Fall kaum erfüllt sein. Aufgrund dieser Verzerrung ist es günstig, ein Testkriterium für die Spline-Lag Hypothese auf der Basis der mittleren quadratischen Abweichung (MSE) zu entwickeln. Wir können zeigen, daß die 'exakte' Spline-Lag Hypothese mit der zentralen χ^2 - Verteilung getestet werden kann (Satz 5.1). Für praktische Anwendungen wird die exakte Hypothese zu streng sein, wir müssen daher Schätzer zulassen, die von der wahren Spline-Lag Kurve noch abweichen können. Dies führt uns zu einer Bereichshypothese, deren Test mit einer nichtzentralen Beta-Verteilung ermöglicht wird. Einige grundlegende Überlegungen über gleichmäßig beste Tests in Abschnitt 5.3 sichern uns die Existenz eines gleichmäßig besten Tests für das MSE-Kriterium der Spline-Lag Hypothese und erlauben die Bestimmbarkeit der kritischen Punkte. Wir haben die nichtzentrale Beta-Verteilung programmiert und im Anhang die kritischen Punkte für einen für praktische Probleme relevanten Ausschnitt von Freiheitsgraden ausgewiesen, zusammen mit den Machtfunktionen für eine Auswahl von Alternativen.

In Abschnitt 5.5 behandeln wir das Spline-Lag Schätzproblem mit variablen Knoten. Das Hauptergebnis ist die Konsistenz des Spline-Lag Schätzers und der Varianz bei festen und variablen Knoten, wenn wir eine Annahme über das stochastische Konvergenzverhalten des systematischen Anteils treffen. Diese Annahme ist sehr schwach, sie wird aber aus formalen Gründen benötigt, um die entsprechenden Abschätzungen in der Beweisführung durchführen zu können. Anschließend geben wir ein heuristisches Verfahren für die Schätzung der Lag-Gewichte an. Ausgehend von einer Folge von Schätzern, die alle in einer Regressions-Hyperebene liegen, bestimmen wir über eine Kleinstquadrat-Minimierung einen neuen Schätzer, der nicht auf der Hyperebene liegt, und ersetzen nach einem bestimmten Auswahlprinzip einen Schätzer der Folge durch diesen neuen Schätzer. Hierdurch wird die Hyperebene 'gekippt'. Der Austausch der Schätzer erfolgt dann fortlaufend so, daß der Abstand zwischen der abhängigen Variablen und der Hyperebene in der L_2-Norm reduziert wird. Die Konvergenz der Iteriertenfolge ist nicht gesichert, wir geben aber ein statistisches Abbruchkriterium an, bei dem wir approximativ die Cramér/Rao-Kovarianz verwenden.

Unter den Bayesschen Ansätzen zur Schätzung von Lag-Verteilungen ist der Ansatz von Shiller (1973) sehr bekannt geworden, bei dem die Almon-Polynomrestriktionen stochastisiert werden. Wir befassen uns daher im zweiten Teil dieser Arbeit mit Bayesschen Lag-Strukturen, insbesondere unter dem Aspekt, die OLS-Schätzer unter gewissen linearen Restriktionen zu verbessern. Es gibt Schätzer, die zwar verzerrt sind, aber teilweise wesentlich kleinere Varianzen als die unverzerrten OLS-Schätzer haben. Solche Schätzer können in der Bayesschen Analyse als Erwartungswerte der a posteriori-Verteilungen interpretiert werden, und man bezeichnet sie daher häufig als Pseudo-Bayessche Schätzer (6.1.1). Eine solche Pseudo-Bayessche Lagstruktur (die wir in Anlehnung an die Beta-Koeffizienten in der Regressionstheorie Beta-Lag nennen) behandeln wir in 6.1.3.

Den Zusammenhang zum Almon-Lag stellen wir anschließend dar und befassen uns mit der Problematik der a priori Vorgabe der Verteilungsparameter. Wir machen den Vorschlag, die a priori Information über die Kovarianzstruktur der Lag-Gewichte deterministisch zu bestimmen, indem wir über eine Likelihood-Maximierung die 'Form' der Kovarianzmatrix feststellen und dann einen Spline-Lag Schätzer für deren explizite Darstellung verwenden. Die Abschnitte 6.2.5 und 6.2.6 liefern Ergänzungen zu den Ausführungen von Ronning (1977) über die Verwendung von Saisonvariablen im Shillerschen Ansatz, und von Halpern (1973) über die Schätzung der Lag-Gewichte in Bayesschen Spline-Lagmodellen.

Im letzten Abschnitt definieren wir - in Analogie zur Pareto-Kontraktkurve in der Wirtschaftstheorie - eine Lag-Kontraktkurve als die Trajektorie der Tangential-Berührpunkte entsprechender Höhenlinien der a priori Labelling-Funktion und der Likelihood-Labelling-Funktion. Der Vorteil des Konzepts der Lag-Kontraktkurve liegt darin, daß man die beiden Labelling-Funktionen nicht explizit kennen muß, sondern die Information über die den Hyperellipsoiden gleicher Dichte zugeordneten Wahrscheinlichkeitswerte ('labels') ist in einem einzigen Parameter θ enthalten. Da sämtliche Modalwerte der a posteriori-Verteilung auf der Lag-Kontraktkurve liegen, konzentriert sich das Lag-Schätzproblem darauf, den im statistischen Sinne bestmöglichen Parameter θ zu bestimmen. Für $\theta=1$ erhalten wir einen speziellen Punkt auf der Lag-Kontraktkurve, nämlich den von Ronning angegebenen (Pseudo-Bayesschen) Shiller-Schätzer (6.3.3). Als Kriterium für die Wahl von θ nehmen wir ein Mahalananobis-Maß, dessen Minimierung nicht direkt, sondern iterativ (über ein Suchverfahren) möglich ist. Interessant ist eine Beobachtung, die wir anhand mehrerer praktischer Beispiele gemacht haben. Für wachsendes θ näherte sich die Folge der Modalwerte dem OLS-Schätzer. Theoretisch konnten wir dies nicht zeigen, allerdings sei abschließend noch bemerkt, daß der Schwerpunkt dieser Arbeit nicht auf der Bayesschen Schätzung von Lag-Verteilungen liegt. Dieser Themenkreis ist keinesfalls erschöpfend behandelt, wir wollen daher lediglich den Hinweis geben, daß weitere Untersuchungen in diesem Bereich sehr erfolgversprechend sind und zu einer Erweiterung des Wissensstandes führen können.

1. *Übersicht und Grundlagen*

Das allgemeine lineare Modell verteilter Lags stellt sich in der Form

$$(1.1) \qquad y_t = \sum_{\nu=o}^{\infty} g_\nu^* \, x_{t-\nu} + u_t \;, \quad t = 1,\ldots,T \;,$$

oder in Matrizenschreibweise

$$y = \begin{bmatrix} y_1 \\ \vdots \\ y_T \end{bmatrix} \quad \begin{bmatrix} x_1 & x_o & - - - & x_{1-N} & - - - \\ \vdots & \vdots & & \vdots & \\ x_T & x_{T-1} & - - - & x_{T-N} & - - - \end{bmatrix} \begin{bmatrix} g_o^* \\ \vdots \\ g_N^* \\ \vdots \end{bmatrix} + \begin{bmatrix} u_1 \\ \vdots \\ u_T \end{bmatrix} =: Xg^* + u$$

dar, wobei wir $g^* = \{ g_\nu^* \mid \nu \in \mathbb{N}_o \}$ als Lag-Struktur des Modells bezeichnen. Die Zufallsterme seien unabhängig von den exogenen Lagvariablen mit $E(u) = o$ und konstanter Kovarianzmatrix $\sigma^2 I$ (klassische Annahmen der OLS-Theorie). Aufgrund des ökonomischen Zusammenhangs zwischen abhängiger und erklärender Variablen ist es häufig sinnvoll, zu verlangen, daß die Lag-Gewichte g_ν^* dasselbe Vorzeichen haben und $g_\nu^* = o(1)$ gilt (d.h. der Einfluß der exogenen Variablen nimmt mit zunehmendem ν ab). Es läßt sich daher

$$\sum_{\nu=o}^{\infty} g_\nu^* = \bar{g} < \infty$$

voraussetzen und dann die normierte Lag-Struktur

$$g = \{ g_\nu = \frac{g_\nu^*}{\bar{g}} \mid o \le g_\nu \le 1 \;, \; \sum_{\nu \in \mathbb{N}_o} g_\nu = 1 \}$$

definieren, die als eine Menge von Wahrscheinlichkeiten $p\{ \zeta = i \} = g_i$ zur diskreten Zufalls-Lagvariablen ζ aufgefaßt werden können. Dies ist insofern von Vorteil, daß man nun über die Lag-erzeugende Funktion

$$G(t) = \sum_{\nu=o}^{\infty} g_\nu \, t^\nu$$

einen durchschnittlichen Lag (Erwartungswert) definieren kann, mit dem die erklärende Variable die abhängige Variable beeinflußt, außerdem wie die Wirkungsintensität über dem Lag-Zeitraum streut (Variabilität). Für den mittleren Lag m(g) ist

$$m(g) = G'(1) = \sum_{\nu \in \mathbb{N}} \nu g_\nu ,$$

für die Variabilität der Lag-Struktur gilt

$$V(g) = G''(1) + G'(1) - (G'(1))^2$$

(vgl. Dhrymes (1971), S.9, oder auch Schönfeld (1971), Kap.1o).

Es ist aus Darstellungsgründen vorteilhaft, für lineare Lagmodelle eine Operatorenschreibweise einzuführen. Hierzu betrachten wir den linearen Raum N reellwertiger Funktionen $\mathbb{Z} \longrightarrow \mathbb{R} : t \longrightarrow x_t$ und definieren den linearen Lag-Operator L als lineares Funktional auf N durch

$$L^\nu x_t = x_{t-\nu} ,$$

wobei der Exponent ν die ν-fache Hintereinanderausführung von L bedeutet, und x_t unter Anwendung von L^o invariant bleibt. Es gilt das Potenzgesetz

$$L^{\nu_1} L^{\nu_2} x_t = L^{\nu_1 + \nu_2} x_t = x_{t-\nu_1-\nu_2} .$$

Sei $L := \{L^o, L^1, L^2, \ldots\}$. Dann ist die Menge aller Linearkombinationen

$$\mathbb{R}[L] = \{ \sum_{\nu \in \mathbb{N}_o} g_\nu L^\nu \mid L^\nu \in L, \; g_\nu \in \mathbb{R} \}$$

mit Elementen aus L ein linearer Raum. $\mathbb{R}[L]$ ist bezüglich der Hintereinanderausführung beliebiger Elemente abgeschlossen, es ist die Rechts- und Linksdistributivität erfüllt, und für $r \in \mathbb{R}$ gilt

$$r(L^{\nu_1} L^{\nu_2}) = (rL^{\nu_1}) L^{\nu_2} = L^{\nu_1} (rL^{\nu_2}) .$$

Das neutrale Element ist L^o. $\mathbb{R}[L]$ ist somit eine Algebra über $\mathbb{R}$ mit neutralem Element, dessen Elemente Polynome in L sind.

Die Menge der Lag-erzeugenden Funktionen

$$G := \{ G:t \longrightarrow G(t) = \sum_{\nu \in \mathbb{N}_o} g_\nu t^\nu \}$$

unterscheidet sich von $\mathbb{R}[L]$ lediglich durch t bzw. L, daher läßt sich zeigen, daß die Abbildung $\mathbb{R}[L] \longrightarrow \mathbb{R}[t] = G$ ein Isomorphismus ist (vgl. Dhrymes (1971), S.23), und daher G ebenfalls eine Algebra über $\mathbb{R}$ ist. Der Vorteil dieser Isomorphie liegt darin, daß wir t und L vertauschen können. Zum Beispiel sichert uns diese Äquivalenz zwischen polynomialem Lag-Operator und Lag-erzeugender Funktion die Existenz eines inversen Lag-Operators beim geometrischen Lag, auch läßt sie sich zur Berechnung der Momente ausnützen.

Bevor wir im nächsten Abschnitt den bekanntesten Polynom-Lag, nämlich den Almon-Lag, ausführlicher diskutieren, wollen wir hier die wichtigsten bisherigen Ansätze für Lag-Verteilungen zusammenstellen und Hinweise auf mögliche Schätzverfahren geben. Ein sehr einfaches Lagmuster ist der arithmetische Lag von Fisher (1937), bei dem die Lag-Gewichte ab einem bestimmten Lag-Zeitpunkt in arithmetischer Folge abnehmen. Eine Verfeinerung ist der 'inverted V-Lag', der jedoch in seiner Aussagefähigkeit stark eingeschränkt ist (vgl. Griliches (1967), S.25). Interessant ist die von Solow (196o) erstmals dargestellte zweiparametrische Verzögerungsstruktur

$$g_\nu = \binom{r + \nu - 1}{\nu} (1 - \lambda)^r \quad , \quad \lambda \in (o,1),$$

(Pascal-Verteilung) insofern, daß sie die ökonomisch plausible Annahme einer Zunahme der Reaktionsintensität in den ersten Verzögerungsperioden und danach eine Reaktionsabschwächung der erklärenden Variablen dadurch erlaubt, daß die Rechtsschiefe dieser Verteilung durch eine spezielle Wahl von λ und r variiert werden kann. (Zum Beispiel nimmt für steigendes λ und fallendes r die Rechtsschiefe zu). Macht man einige elementare ökonomische Hypothesen, so läßt sich zum Beispiel die adaptive Erwartungshypothese (Cagan (1946), siehe Dhrymes (1971), S. 56)

$$E(x_t) - E(x_{t-1}) = \gamma \, (x_{t-1} - E(x_{t-1})), \quad \gamma \in (o,1) \; ,$$

auf einen geometrischen Lag-Zusammenhang (r = 1) zurückführen, jedoch benötigt man die stochastische Unabhängigkeit der Störterme. Ebenso erzeugt die partielle Anpassungshypothese (Dhrymes (1971), S. 57) ein geometrisches Lagmodell, wobei jedoch der Fehlerterm derselben geometrischen Verteilung folgt, wie die erklärende Variable. Insbesondere besteht ein Zusammenhang zwischen der geometrischen Verteilung und der Korrelation der Störterme derart, daß Linearkombinationen der Störterme auftreten, welche der Annahme der paarweisen Unkorreliertheit widersprechen. Es gibt zahlreiche Arbeiten, die einen autoregressiven Zusammenhang der Residuen annehmen. Multipliziert man nämlich im geometrischen Lagmodell

$$y_t = \frac{\alpha \, L^o}{1 - \lambda L} \; x_t + u_t$$

beide Seiten mit $1 - \lambda L$, so folgt

$$y_t = \lambda \, y_{t-1} + \alpha \, x_t + u_t - \lambda \, u_{t-1} \; .$$

Die OLS-Schätzungen $\hat{\alpha}$ und $\hat{\lambda}$ sind nicht konsistent (vgl. Koyck (1954)). Daher bestimmt man in einer zweiten Phase die sogenannten Koyck'schen Schätzungen (s. Dhrymes (1971), S. 117; siehe auch Amemiya und Fuller (1967), S. 516f.), welche konsistent und asymptotisch normalverteilt sind. Weitere zweiphasige Schätzverfahren kennt man von Liviatan (1963), S. 45, und von Dhrymes (1969), S. 6off., das in eine reduzierte Form übergeführt wird. In der ersten Phase wird die Kovarianzmatrix der autoregressiven Störterme bestimmt, in der zweiten Phase macht man eine verallgemeinerte OLS-Schätzung. Eine Variante dieser zweiphasigen Schätzung stammt von Gupta (1969), S.112f., Wallis (1967), S. 556ff. . Er hat in der ersten Phase eine Schätzung der Instrumentvariablen, in der zweiten Phase eine Aitken-Schätzung vorgeschlagen. Diese Schätzung ist zwar asymptotisch normalverteilt, aber nicht effizient. Hatanakas (1974) Schätzverfahren stimmt mit der Wallis-Schätzung in der ersten Phase überein, ist jedoch asymptotisch effizient und hat dieselbe Grenzverteilung wie die Maximum-Likelihood-Schätzung (i.f. mit ML abgekürzt).

Auch bei der rationalen Erwartungshypothese (erstmals von Muth (1961) erwähnt) nimmt man an, daß die erwartete Variable der Periode t als verteilter Lag der realisierten Variablen in vergangenen Perioden geschrieben werden kann. Interessant ist in diesem Zusammenhang ein Rekursionsschema bei Pesando (1976), mit dem durch ein 'Kettenprinzip' (vgl. Wold (1963)) zukünftige Erwartungswerte durch die bereits bekannte laufende und die vergangenen Beobachtungen generiert werden.

In den letzten zehn Jahren haben in der empirischen Wirtschaftsforschung polynomiale Lag-Strukturen an Bedeutung gewonnen. Diese sind dadurch ausgezeichnet, daß die Lag-Gewichte die Ordinatenwerte eines Polynoms vom Höchstgrad n sind:

$$g = T\,a,$$

mit $a' = (a_o, a_1, \ldots, a_n)$, $T = (\nu^j)_{\nu=o,\ldots,N;\, j=o,\ldots,n}$.
Wir erhalten aus dem Regressionssystem $y = XTa + u$ die OLS-Polynom-Koeffizienten $\hat{a} = (XT)^+y$, und die geschätzte polynomiale Lag-Struktur der Ordnung N und vom Grad n ist dann $\hat{g} = T\hat{a}$. Zu erwähnen ist hierbei noch, daß $a_j \geq o$ $(j = o,\ldots,n)$ hinreichend (aber nicht notwendig) für die Normierbarkeit einer polynomialen Lag-Struktur ist (siehe Dhrymes (1971), S. 34f.).

Zur Schätzung diskreter Punkte auf der Lag-Kurve sind verschiedene Interpolationspolynome verwendet worden. Am bekanntesten sind die Lagrangeschen Interpolationspolynome im Almon-Lag (vgl. Almon (1965)), die wir im Abschnitt 2 noch diskutieren werden. Problematisch bei dieser Technik - nämlich über die Regressionsanalyse Information über den Verlauf der Kurve zu bekommen - ist, daß die Lag-Kurve wesentlich vom Diskretisierungsgrad (Anzahl und Anordnung der Stützstellen im Lag-Intervall) abhängt (siehe hierzu Fahrion (1977)). Hat man a priori keine Vorstellung über den Maximal-Lag, so ist Newton-Interpolation - zumindest was den Rechenaufwand angeht - günstiger. Newton-Interpolationspolynome haben nämlich den Vorteil, daß man bei Hinzunahme weiterer Lag-Gewichte bzw. Lag-Stützstellen lediglich die Newton-Koeffizienten (dividierte Differenzen) für die neu hinzugekommenen Stützstellen berechnen muß. Bei Lagrange-Interpolation erfordert die Hinzunahme weiterer Stützstellen eine vollkommene Neuberechnung der Lagrangeschen Grundpolynome.

Ein Approximationsschema mit rationalen Polynomen wird von Jorgenson (1966) angegeben. Dieser 'Rational Lag' ist auch ein Spezialfall des asymptotisch effizienten Schätzverfahrens von Hannan und Nicholls (1972). Es wird in der Literatur immer wieder erwähnt, daß mit diesen rationalen Polynomen jede Lag-Verteilung beliebig genau approximiert werden kann. Diese beste Approximationseigenschaft im Sinne von Weierstraß ist zweifelsohne richtig, aber für das Schätzproblem zweitrangig, denn eine approximationstheoretisch beste Schätzung muß keinesfalls auch eine an statistischen Kriterien gemessene beste Schätzung für die wahre Lagverteilung sein. Außerdem werden einzelne diskrete Punkte der unbekannten Verteilung geschätzt. Weil aber Polynome zwischen diesen Punkten erhebliche Schwankungen aufweisen können (vgl. hierzu auch die Hinweise bei Poirier (1975) und Shiller (1973)), muß das Gitter über dem Lag-Intervall hinreichend dicht gewählt werden, um zu gewährleisten, daß die Abweichung der geschätzten Interpolationsverteilung von der wahren Verteilung innerhalb eines vorgegebenen Konfidenzstreifens liegt (vgl. Fahrion (1977)). Nur in ganz wenigen Fällen kann man erwarten, daß die Lag-Gewichte oszillieren (siehe hierzu Gould (1968), S. 54).

Bei der Wahl der bestmöglichen Anzahl und Anordnung der Stützstellen im Lag-Intervall ging man bisher häufig so vor, daß man aus mehreren Alternativen diejenige auswählte, für die das Bestimmtheitsmaß R^2 im Regressionssystem $y = XTa + u$ am größten ist. Dieses Kriterium liefert aber keine qualitative Aussage über Verteilungseigenschaften, sondern ist lediglich ein Maß für die Güte der Daten-Anpassung, und ist insofern mit Vorsicht zu betrachten, da ein hohes R^2 häufig durch einen Zeitreihentrend oder durch die Lags der erklärenden Variablen bedingt ist. Eine weitere Schwierigkeit entsteht bei der Erhöhung des Polynomgrads. Eine solche Erhöhung ist einerseits wünschenswert, weil dadurch eine höhere Genauigkeit erzielt wird, andererseits ist aber damit eine Erhöhung der Anzahl der Stützstellen verbunden, wodurch die Dimension des Regressionssystems größer wird. Diese konträre Forderung an die Interpolationsdarstellung, einerseits innerhalb eines Konfidenzstreifens zu verlaufen (hinreichend viele Stützstellen) und andererseits glatt zu sein (niedriger Grad), können Polynome im allgemeinen nicht ausreichend erfüllen.

Obwohl es in der Literatur (vgl. Sims (1974)) durchaus Meinungsverschiedenheiten über die Glattheitsrestriktion einer Lagverteilung gibt, wollen wir uns dem Standpunkt Shillers anschließen, daß bei der im allgemeinen sehr geringen a priori Information über die Form und Parameter der Lagverteilung wenigstens eine glatte Lag-Kurve angenommen werden muß. Mit dieser Glattheitsannahme beschäftigen wir uns insbesondere in Abschnitt 4, und stellen ein neues Konzept zur Klassifizierung glatter Lag-Verteilungen in Abhängigkeit von der Qualität der Daten vor. Zur Darstellung glatter Funktionen eignen sich besonders gut Spline-Funktionen, die in der Regressionstheorie einen sehr breiten Zugang gefunden und die klassischen Polynome weitgehend verdrängt haben (siehe Abschnitt 3.1.1). Schätztechniken von endlichen Lag-Strukturen mit Spline-Funktionen haben neben Corradi und Gambetta (1976) vor allem Poirier (1976), Kap. 6) angegeben. Wir werden in Abschnitt 3 eine Transformation der bisher verwendeten Spline-Basis vornehmen, die wesentlich stabilere Lag-Funktionen liefert.

2. Klassische Polynom-Lags

2.1 Der bekannteste Polynom-Lag: Der Almon-Lag

In dem von Almon (1965) vorgeschlagenen Schätzverfahren für verteilte Lag-Beziehungen wird angenommen, daß die Gewichte Funktionswerte eines Polynoms vom Höchstgrad $n \leq N$ sind. Für eine geeignete Auswahl von Lag-Zeitpunkten werden die zugehörigen Lag-Regressoren in einem Regressionssystem zusammengestellt und die den Regressoren entsprechenden Lag-Gewichte geschätzt. Anschließend lassen sich dann die übrigen Lag-Gewichte durch Interpolation gewinnen. Sei $\mu_o, \mu_1, \ldots, \mu_n$, $o \leq \mu_j \leq N$, eine solche Auswahl von Lag-Zeitpunkten, die zugehörigen Lag-Gewichte seien

$$\bar{g} := (\bar{g}_{\mu_o}, \ldots, \bar{g}_{\mu_n})' \ .$$

Für die Darstellung der Interpolationsverteilung verwendet Almon die Lagrange-Formel

$$(2.1) \qquad g(t) = \sum_{j=o}^{n} \bar{g}_{\mu_j} \, l_j(t) ,$$

$$\text{mit } l_j(t) = \frac{\omega(t)}{(t - \mu_j)\, \omega'(\mu_j)} , \quad \omega(t) = \prod_{j=o}^{n} (t - \mu_j)$$

(Hinweise zur Lagrange-Interpolation findet man z.B. bei Davis (1963), S. 33ff.). Dann ergibt sich für das lineare Lag-Modell

$$y_t = \sum_{\nu=o}^{N} \sum_{j=o}^{n} \bar{g}_{\mu_j} \, l_j(\nu) \, x_{t-\nu} + u_t$$

$$= \sum_{j=o}^{n} \bar{g}_{\mu_j} \sum_{\nu=o}^{N} l_j(\nu) \, x_{t-\nu} + u_t$$

$$=: \sum_{j=o}^{n} z_{tj} \, \bar{g}_{\mu_j} + u_t ,$$

oder in Matrix-Schreibweise

$$y = Z\,\bar{g} + u,$$

wobei Z vom Typ T × (n+1) ist. Die Almon-Lag Kurve ist dann

$$g(t) = \sum_{j=o}^{n} \bar{g}_{\mu_j}\, l_j(t) \quad \text{mit } \bar{g} = Z^+ y\,.$$

Der Begriff 'Almon-Lag' wird inzwischen nicht nur im Zusammenhang mit Lagrange-Interpolation gebraucht, sondern für alle Polynom-Lags der Form

$$g(t) = \sum_{j=o}^{n} a_j\, t^j$$

(siehe z.B. bei Kmenta (1971), S. 492 - 493). Sei $a=(a_o,\ldots,a_n)'$ der Vektor der Polynomkoeffizienten,

$$V = \begin{bmatrix} 1 & \mu_o & \mu_o^2 & \mu_o^3 & \cdots & \mu_o^n \\ 1 & \mu_1 & \mu_1^2 & \mu_1^3 & \cdots & \mu_1^n \\ \vdots & \vdots & \vdots & \vdots & & \vdots \\ 1 & \mu_n & \mu_n^2 & \mu_n^3 & \cdots & \mu_n^n \end{bmatrix}$$

die sogenannte Vandermonde-Matrix vom Typ (n+1)×(n+1) der Polynombasis $\{1,t,t^2,\ldots,t^n\}$, ausgewertet in den ausgewählten Lag-Zeitpunkten μ_j $(j = o,\ldots,n)$. Die Lag-Gewichte lassen sich dann in der Form

$$(2.2) \qquad \bar{g} =: \bar{g}_A = V\,a$$

darstellen. Ist $\bar{X}$ die Regressormatrix, deren Spalten den ausgewählten Lag-Variablen zugeordnet sind, so erhält man aus $y = \bar{X}Va + u$ die geschätzten Polynomkoeffizienten $\hat{a} = (\bar{X}V)^+ y$ und damit $\hat{\bar{g}} = V\hat{a}$.

Bei der Schätzung der Almon-Lag Gewichte haben wir N - n Freiheitsgrade. Wie stark sich die Polynomrestriktion auf die zu schätzende Lagverteilung auswirkt, hängt also wesentlich vom

Polynomgrad n und vom Maximal-Lag N ab. Für den Fall n = N ist die Schätzung keiner Restriktion unterworfen, denn ein Polynom n - ten Grades wird durch n+1 Punkte eindeutig bestimmt. Für den Fall, daß kein Lag vorhanden ist, d.h. falls

$$g_o \neq o \quad \text{und } g_1 = g_2 = \ldots = g_N = o \tag{2.3}$$

gilt, würde jede Wahl eines Polynomgrades $o \leq n < N$ einen Spezifikationsfehler implizieren, weil ein Polynom n - ten Grades (2.3) nicht erfüllen kann. Hieraus folgt, daß die Almon-Technik nicht angewandt werden sollte, wenn man nicht a priori weiß, daß ein Lag vorhanden ist. Die richtige Spezifikation der Lag-Länge und des Polynomgrades ist entscheidend für die Effizienz der Schätzung und für die Gültigkeit der Hypothesentests. Gerade die Fehlspezifikation dieser beiden Parameter hat zu Fehlschlüssen bei der empirischen Messung wirtschaftspolitischer Zusammenhänge geführt.

Zu erwähnen sind zum Beispiel die von Anderson und Jordan (1968) mit dem Almon-Ansatz gewonnenen Ergebnisse, daß die Geldpolitik einen weitaus stärkeren Einfluß auf das nominale Bruttosozialprodukt hat als die Aktivitäten des Staates. Eine Folgerung hieraus war, daß eine Veränderung der Steuersätze keinen signifikanten Einfluß auf das nominale Bruttosozialprodukt ergibt. Anderson und Jordan verwendeten für die Schätzung der Lag-Gewichte ein Polynom 4. Grades mit fest vorgegebenen Bedingungen über das Verhalten des Almon-Polynoms an den Rändern des Lag-Intervalls. Um dieses Ergebnis entstand eine ziemlich lebhafte Diskussion in der Literatur. Von Corrigan (197o) wurde kritisiert, daß eine der Variablen für die staatlichen Aktivitäten, nämlich die Steuereinnahmen des Staates,nicht ausreichend von anderen endogenen Einflüssen bereinigt worden sind. Außerdem sind die Maximal-Lags der erklärenden Variablen alle gleich gewählt worden. Schmidt und Waud (1973), S. 13 - 17, versuchten diesen Ansatz ohne Endbedingungen und kamen zu anderen Ergebnissen über die Länge der Lags. Auch DeLeeuw und Kalchbrenner (1969), S. 9, versuchten den Almon-Ansatz nachzuvollziehen, deren Ergebnisse weichen noch stärker ab, als diejenigen von Corrigan. Dieses Beispiel zeigt, wie sorgfältig das Almon -Polynom gewählt werden muß, und daß bei Vernachlässigung solcher methodologischer Probleme sich widersprechende Schlußfolgerungen möglich sind.

Auch wird an mehreren Stellen in der Literatur auf die bereits erwähnte Problematik der Randbedingungen bei der Almon-Methode eingegangen. Demnach sind die Gewichte in den Randpunkten des Lag-Intervalls gleich Null, was zu einer erheblichen Einschränkung der Flexibilität der Polynom-Lagkurve führen kann. Durch das Festhalten des Polynoms in den Randpunkten - ohne diese mit in die Schätzung einzubeziehen - erzwingt man einen Kurvenverlauf, der meistens von dem ohne Randbedingungen erheblich abweichen kann. Die eigentliche Schwierigkeit liegt darin, daß fehlerhafte Restriktionen dennoch zu Schätzwerten führen, die statistisch gesichert sind (t - Werte), und daß man daher dann leicht geneigt ist, die a priori-Annahme über die Lag-Kurve nicht zu verwerfen. Sollte aus irgendwelchen Gründen ein Problem so gegeben sein, daß diese Randbedingungen erforderlich sind, dann sollte wenigstens überprüft werden, ob für alternative Beobachtungsdaten dies zu signifikant verschiedenen Ergebnissen führt.

Einen Test der Almon-Restriktionen haben Godfrey und Poskitt (1975) angegeben. Ausgehend von (2.2) betrachtet man für ein $n_o < n$ die Zerlegung

$$V = (V_{n_o} \quad \overline{V}_{n_o}) ,$$

wobei V_{n_o} vom Typ $(n+1)\times(n_o+1)$, $\overline{V}_{n_o}$ vom Typ $(n+1)\times(n-n_o)$,

und $a' = (a_{n_o} \quad \overline{a}_{n_o})$ der entsprechende Polynom-Koeffizienten-

vektor mit $n_o + 1$ und $n - n_o$ Komponenten ist. Damit die Nullhypothese, daß die Lag-Gewichte auf einem Polynom vom Grad n_o

liegen, erfüllt ist, muß $\bar{a}_{n_o} = o$ sein, daher ist es vorteilhaft, wenn wir (2.2) nach a auflösen. Abgesehen von den numerischen Schwierigkeiten, die bei der Inversion einer Vandermonde-Matrix auftreten können, läßt sich V^{-1} bilden, und es ist $a = V^{-1}\,\bar{g} =: B\,\bar{g}$. Die entsprechende Zerlegung von B ist dann

$$B = \begin{pmatrix} B_{n_o} \\ \bar{B}_{n_o} \end{pmatrix},$$

wobei B_{n_o} vom Typ $(n_o+1)\times(n+1)$, $\bar{B}_{n_o}$ vom Typ $(n-n_o)\times(n+1)$ ist.

Hieraus ergeben sich die beiden Systeme

$$a_{n_o} = B_{n_o}\,\bar{g}\,, \quad \bar{a}_{n_o} = \bar{B}_{n_o}\,\bar{g}\,,$$

sodaß die Nullhypothese mit

$$\bar{B}_{n_o}\,\bar{g} = o$$

äquivalent ist. Nach Rao (1965) besitzt die quadratische Form

$$\text{(2.4)} \qquad \frac{1}{n-n_o}(\bar{B}_{n_o}\,\hat{\bar{g}}_{OLS})'(\bar{B}_{n_o}\,\mathrm{cov}(\hat{\bar{g}}_{OLS})\,\bar{B}'_{n_o})^{-1}\,(\bar{B}_{n_o}\,\hat{\bar{g}}_{OLS})$$

die zentrale F-Verteilung mit $n-n_o$ Zähler- und $T-(n+1)$ Nennerfreiheitsgraden (vgl. Godfrey und Poskitt (1975), S. 1o6). Hierbei ist bei normalverteilten Störtermen

$$\hat{\bar{g}}_{OLS} \sim N(\bar{g}, \hat{\sigma}^2(X'X)^{-1})$$

mit

$$\hat{\sigma}^2 = \frac{1}{T-(n+1)}\,(y - X\hat{\bar{g}}_{OLS})'(y - X\hat{\bar{g}}_{OLS})$$

(siehe Schönfeld (1971), Satz 4.1/2). Bei vorgegebenem N würde man nach Godfrey und Poskitt so vorgehen, daß zuerst eine OlS-Schätzung gemacht wird, danach für jedes n_o die quadratische Form berechnet und mit den kritischen Punkten der F-Verteilung (für die betreffenden Freiheitsgrade und die vorgegebene Irrtumswahrscheinlichkeit) verglichen wird. Anzumerken ist, daß das Testmaß (2.4) nicht sehr zuverlässig sein kann, da hier in ähnlich paradoxer Weise wie bei den Ridge-Schätzern von Wermuth (1975) und Farebrother (1975), die OLS-Kovarianz $\hat{\sigma}^2 (X'X)^{-1}$ eingeht, die aufgrund der allgemein vorhandenen Kollinearität der Lag-Variablen sehr schlecht konditioniert ist (siehe Abschnitt 6.1.3).

Neben der richtigen Vorgabe des Polynomgrades ist die Wahl des Maximal-Lags N sehr wichtig, da man bei Änderung von N im allgemeinen ein anderes Almon-Polynom erhält. Weil OLS-Schätzer unter linearen Nebenbedingungen bei Fehlspezifikation der Nebenbedingungen verzerrt sind, bietet sich als Kriterium an, N so zu wählen, daß die Verzerrung möglichst klein wird. Nach Theil (1971), S. 285, sind die Normalgleichungen für den restringierten OLS-Schätzer von der Form

$$\tilde{\bar{g}} = \hat{\bar{g}}_{OLS} + CB'(BCB')^{-1} (a - B\, \hat{\bar{g}}_{OLS}), \quad C = (X'X)^{-1} ,$$

hieraus folgt

$$\text{(2.5)} \qquad \text{bias}(\tilde{\bar{g}}) = CB'(BCB')^{-1}(a - B\,\bar{g}) ,$$

also nur wenn $\bar{g}$ die Polynom-Restriktion exakt erfüllt, ist $\text{bias}(\tilde{\bar{g}}) = 0$. (2.5) ist für jedes N verschieden, daher könnte man N so wählen, daß $\| \text{bias}(\tilde{\bar{g}}) \|_2$ minimal wird.

Es sei R_d eine Matrix vom Typ $(N-d)\times(N+1)$ mit Rang $R_d = N-d$, deren Anwendung auf den Vektor g der Lag-Gewichte zur Bildung der (d+1)-ten Differenzen von g führt. Für d = 1 und N = 4 ist zum Beispiel

$$R_1 = \begin{pmatrix} 1 & -2 & 1 & 0 & 0 \\ 0 & 1 & -2 & 1 & 0 \\ 0 & 0 & 1 & -2 & 1 \end{pmatrix} ,$$

für d = 2 ist

$$R_2 = \begin{pmatrix} 1 & -3 & 3 & -1 & o \\ o & 1 & -3 & 3 & -1 \end{pmatrix} .$$

(Wir werden im Zusammenhang mit dem probabilistischen Ansatz von Shiller in Abschnitt 6.1 R_d noch ausführlicher behandeln). Teräsvirta (1976) betrachtet eine Zerlegung des Regressionssystems $y = X g + u$ unter den 'Differenzenbedingungen' $R_d\ g = o$, und wendet ein zu (2.4) analoges Likelihood-Verhältnis an. Anhand eines numerischen Beispiels, das bereits von Cargill und Meyer (1974) im Rahmen einer Monte Carlo-Studie zum Vergleich von OLS-, Almon- und Hannan-Schätzern verwendet wurde (Modell 2 - Variante 3), zeigt sich, daß die Verzerrung klein ist, wenn die Lag-Länge größer angenommen wird, als sie tatsächlich ist, wohingegen die Verzerrung anwächst, wenn N zu klein gewählt wird. Bei Verwendung der Almon-Technik ist daher zu empfehlen, N 'groß' anzusetzen, da man dann eine bessere Verteilungswirkung erreichen kann.

Ein sehr wesentlicher Aspekt bei den polynomialen Ansätzen, der unseres Wissens bisher in der Literatur nicht aufgegriffen wurde, ist der Konfidenzbereich der geschätzten Polynom-Verteilung $\hat{\bar{g}}(t)$. Nehmen wir an, die erwähnte Auswahl der geschätzten Gewichte sei

$$\hat{\bar{g}}_{\mu_o}, \dots, \hat{\bar{g}}_{\mu_n} \quad \text{mit } o \leq \mu_j \leq N \quad (j=o,\dots,n),$$

und es seien

$$I_{\mu_j} = [\ \hat{\bar{g}}_{\mu_j} - \delta_{\mu_j}\ ,\ \hat{\bar{g}}_{\mu_j} + \delta_{\mu_j}\ ]\ ,\ \delta_{\mu_j} = t_{1-\frac{\alpha}{2}} \sqrt{\hat{\sigma}^2(\hat{\bar{g}}_{\mu_j})}\ ,$$

die zugehörigen Konfidenz-Intervalle, d.h. mit der Irrtumswahrscheinlichkeit α liegen die wahren Gewichte $\bar{g}_{\mu_j}$ innerhalb der I_{μ_j} $(j=o,\dots,n)$. Sei

$$\delta := \max_{j=o,\dots,n} \delta_{\mu_j} .$$

Definieren wir nun einen 'Konfidenzstreifen'

$$S_\delta = \{ (t,z) \mid |z - \hat{\bar{g}}(t)| \leq \delta, \ t \in [o,N] \} ,$$

so wurde in allen bisherigen Arbeiten über den Almon-Lag angenommen, daß auch die übrigen interpolierten und nicht direkt geschätzten Gewichte $\bar{g}_\nu \neq \bar{g}_{\mu_j}$ innerhalb von S_δ liegen. Hierbei wird meistens übersehen, daß Polynome zwischen den Interpolations-Stützstellen μ_j (j=o,...,N) schwanken können, sofern man diese nicht hinreichend dicht wählt. Um eine genügend große Anzahl q (n<q<N) von Stützstellen betrachten zu können, modifizieren wir die bisherige Vandermonde-Matrix V vom Typ (n+1)×(n+1) dahingehend, daß wir weitere Interpolationsbedingungen aufnehmen, das heißt V wird vom Typ (q+1)×(n+1). Für die Schätzung ist diese Erweiterung unproblematisch, da die Inverse von V nicht erforderlich ist. Der Hypothesentest von Godfrey und Poskitt ist allerdings - zumindest in der beschriebenen Form - nicht möglich. Zu bemerken ist noch, daß auch die Matrix X um die entsprechenden Spalten erweitert werden muß, sodaß $y = XVa + u$ wohldefiniert ist.

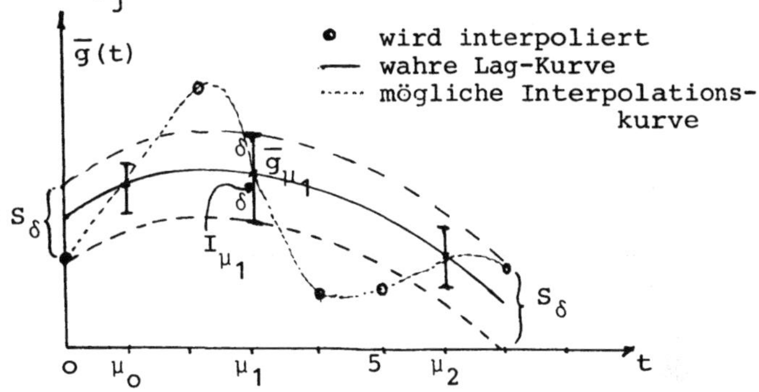

Das Problem, wie Anzahl und Anordnung der Stützstellen $\mu_o,\ldots,\mu_q$ mit dem Polynomgrad n in Beziehung zu setzen sind, ist bei Fahrion (1977) beantwortet. Die in den meisten empirischen Arbeiten über verteilte Lags verwendete äquidistante Anordnung der Stützstellen $\mu_o,\ldots,\mu_q$ ist nicht günstig, da in diesem Fall erforderlich ist,daß die Anzahl der Stützstellen von der Größenordnung n^2 ist, damit mit einer Irrtumswahrscheinlichkeit α die gesamte Lag-Verteilung in dem Konfidenzstreifen S_δ liegt. Man kommt mit wenig mehr als n Stützstellen aus, wenn man diese an den Rändern des Lag-Intervalls dichter wählt (trigonometrische Äquidistanz). Wir haben diese Aussagen in Satz 1 und Satz 2 bei Fahrion (1977) bereits formuliert, und geben diese hier in modifizierter Form nochmals an. Die Polynom-Abschätzungen werden hier auf das Intervall [-1,1] bezogen. Ohne Beschränkung der Allgemeinheit können wir die Lag-Verteilung $g(t)$, $t \in [o,N]$, auf das Intervall [-1,1] transformieren, da die Verteilung lediglich 'gepreßt' wird und die Funktionswerte dieselben bleiben:

$$s : [o,N] \longrightarrow [-1,1] : t \longrightarrow s(t) = \frac{2t - N}{N} ,$$

$$g(t) \longrightarrow g(s(t)) =: w(s) , \quad w(s(\mu_j)) = w(s_{\mu_j}) = w_{\mu_j} , \quad j = o,\dots,q .$$

Man bestimmt also zunächst die Schätzung auf [-1,1], und anschließend wird diese auf das Lag-Intervall [o,N] rücktransformiert.

Satz 2.1

a) Es seien $\hat{w}_{\mu_j}$, $j=o,\dots,q$, die in den Lag-Stützstellen

$$s_{\mu_j} = -1 + \frac{2j}{q}$$

OLS-geschätzten Gewichte der polynomialen Lag-Verteilung $\hat{w}(s)$, $s \in [-1,1]$, vom Grad n ($n > 2$), und es sei

$$n^2(n^2 - 1) < 6q^2.$$

Dann gilt mit der Irrtumswahrscheinlichkeit α für jede beliebige polynomiale Lag-Verteilung $v(s)$, welche der Bedingung

$$(2.6) \qquad |v_{\mu_j} - \hat{w}_{\mu_j}| \leq \delta , \quad j=o,\dots,q ,$$

genügt,

$$\max_{s \in [-1,1]} |v(s) - \hat{w}(s)| \leq \delta \left(1 - \frac{n^2(n^2 - 1)}{6q^2}\right)^{-1} .$$

b) Es gibt ein $\beta > 1$, sodaß

$$\delta\left(1 - \frac{n^2(n^2-1)}{6q^2}\right)^{-1} = \beta\delta$$

erfüllt ist. Jede polynomiale Lag-Verteilung $v(s)$ vom Grad n, welche (2.6) erfüllt, liegt dann mit der Irrtumswahrscheinlichkeit α in einem Konfidenzstreifen $K_{\beta\delta} \supset S_\delta$, wenn wenigstens

$$q = \left\lceil n\sqrt{\frac{n^2-1}{6(1-\frac{1}{\beta})}} \right\rceil$$

äquidistant verteilte Lag-Stützstellen für die Schätzung von $w(s)$ verwendet werden. ($\lceil x \rceil$ bedeute die kleinste natürliche Zahl, die größer oder gleich x ist).

Satz 2.2

Es seien $\hat{w}_{\mu_j}$, $j=o,\ldots,q$, die in den 'trigonometrisch' gleichverteilten Lag-Stützstellen

$$s_{\mu_j} = -\cos\frac{j\pi}{q}\ ,\quad j=o,\ldots,q\ , \tag{2.7}$$

OLS-geschätzten Gewichte der polynomialen Lag-Verteilung $\hat{w}(s)$, $s\in[-1,1]$, vom Grad n. Dann gilt mit der Irrtumswahrscheinlichkeit α für jede beliebige polynomiale Lag-Verteilung $v(s)$, die

$$|\, v_{\mu_j} - \hat{w}_{\mu_j} \,| \leq \delta$$

für s_{μ_j} aus (2.7) erfüllt,

$$\max_{s\in[-1,1]} |\, v(s) - \hat{w}(s) \,| \leq \delta\left(\cos\frac{n\pi}{2q}\right)^{-1} .$$

Weiterhin gibt es ein $\beta > 1$, sodaß $\delta(\cos\frac{n\pi}{2q})^{-1} = \beta\delta$ erfüllt ist. Mit der Irrtumswahrscheinlichkeit α liegt dann jede polynomiale Lag-Verteilung in einem Konfidenzstreifen $K_{\beta\delta} \supset S_\delta$, wenn wenigstens

$$q = \left\lceil \frac{n\pi}{2\arccos\frac{1}{\beta}} \right\rceil$$

Lag-Stützstellen der Form (2.7) für die Schätzung von w(s) verwendet werden. -

In den beiden folgenden Tabellen ist q für die beiden Stützstellen-Anordnungen bei gegebenem n und β ausgewiesen:

Anzahl q der äquidistanten Stützpunkte für gegebenen Grad n und β-facher Breite des Konfidenzstreifens S_δ

n \ β	1,1	1,2	1,3	1,4	1,5	2	3	4	5	10	15	20	50	100
3	12	9	8	7	6	5	5	4	4	4	4	4	4	4
4	21	16	14	12	11	9	8	8	8	7	7	7	7	7
5	34	25	21	19	18	15	13	12	12	11	11	11	11	11
6	49	36	31	28	26	21	18	17	17	16	16	15	15	15
7	66	49	42	38	35	29	25	23	23	21	21	21	20	20
8	86	64	54	49	45	37	32	30	29	28	27	27	27	27
9	109	81	69	62	57	47	41	38	37	35	35	34	34	34
10	135	100	85	76	71	58	50	47	46	43	43	42	42	41

Anzahl q der "trigonometrisch" gleichverteilten Stützpunkte für gegebenen Grad n und β-facher Breite von S_δ

n \ β	1,1	1,2	1,3	1,4	1,5	2	3	4	5	10	15	20	50	100
2	8	6	5	5	4	3	3	3	3	3	3	3	3	3
3	11	8	7	7	6	5	4	4	4	4	4	4	4	4
4	15	11	10	9	8	6	6	5	5	5	5	5	5	5
5	19	14	12	11	10	8	7	6	6	6	6	6	6	6
6	22	17	14	13	12	9	8	8	7	7	7	7	7	7
7	26	19	16	15	14	11	9	9	9	8	8	8	8	8
8	30	22	19	17	15	12	11	10	10	9	9	9	9	9
9	33	25	21	19	17	14	12	11	11	10	10	10	10	10
10	37	27	23	21	19	15	13	12	12	11	11	11	11	11

2.2 Verallgemeinerte Polynom-Lagstrukturen

Eine natürliche Erweiterung der Interpolationsanforderungen an das Lag-Polynom könnte darin bestehen, daß man neben der Auswahl der Gewichte $g_{\mu_o}, \ldots, g_{\mu_q}$ $(o \leq \mu_j \leq N;\ j=o,\ldots,q)$ die Werte der Ableitungen (möglicherweise verschieden hoher Ordnung) schätzt. Dieser Aspekt ist unseres Wissens bisher in der Literatur nicht explizit abgehandelt worden. Das mag zum einen daran liegen, daß zusätzliche Forderungen an die Interpolationsdarstellung eine Erhöhung der Spaltenanzahl in der Regressormatrix impliziert und dadurch das Kollinearitätsproblem verstärkt wird. Zum andern ist es äußerst schwierig, a priori vorzugeben, in welchem Lag-Zeitpunkt welcher Differenzierbarkeitsgrad gefordert werden soll. Man wird durch diese Zusatzforderungen schnell zu Polynomen hohen Grades kommen, die man aus den in Abschnitt 2.1 genannten Gründen vermeiden will, andererseits aber eine bezüglich der Glattheit bessere Darstellung erhalten.

Wir wollen im folgenden diese Erweiterung darstellen, da sie als Übergangsstufe zu dem in Abschnitt 3 dargestellten 'Stückpolynom-Ansatz' angesehen werden kann, bei dem Glattheitsforderung und niedriger Polynomgrad deswegen möglich ist, weil man auf eine einheitliche Darstellung auf dem gesamten Lag-Intervall verzichtet, und auf Teilintervallen von $[o,N]$ Polynome niedrigen Grades betrachtet und diese in geeigneter Weise zusammensetzt (daher der Name Stückpolynom).
Wir bezeichnen den maximal möglichen Differenzierbarkeitsgrad von $g(t)$ an der Stelle μ_j mit d_j (≥ 1), $j=o,\ldots,q$. Dann lassen sich die Glattheitsforderungen durch

$$(2.8) \qquad g^{(l)}(\mu_j) =: g_{\mu_j,l}\ , \quad o \leq l \leq d_j - 1, \quad j=o,\ldots,q\ ,$$

darstellen, d.h. die

$$\bar{d} = \sum_{j=o}^{q} d_j$$

Gewichte $\{g_{\mu_j,l}\}$ sind zu schätzen. Hierzu verwenden wir die Hermitesche Interpolationsformel (siehe z.B. Schönhage (1971), S. 117)

$$(2.9) \qquad g(t) = \sum_{j=o}^{q} \sum_{l=o}^{d_j-1} g_{\mu_j,l}\, h_{j,l}(t),$$

wobei die Grundpolynome $h_{j,l}$ sich für $l = d_j-2, d_j-3, \ldots, o$ rekursiv aus

$$(2.1o) \qquad h_{j,l}(t) = q_{j,l}(t) - \sum_{l<\nu<d_j} q_{j,l}^{(\nu)}(t)\, h_{j,\nu}(t),$$

mit

$$q_{j,l}(t) = \frac{(t-j)^l}{l!} \prod_{i=o}^{q} \left(\frac{t-i}{j-i}\right)^{d_i} \qquad (o \leq j \leq q; o \leq l \leq d_j),$$

berechnen, und

$$h_{j,d_j-1} = q_{j,d_j-1}$$

gesetzt wird. Es gilt

$$h_{j,l}^{(\nu)}(i) = \delta_{ij}\delta_{\nu l}, \quad o \leq j \leq N; \; o \leq i \leq N; \; o \leq l < d_j; \; o \leq \nu < d_i.$$

Für $d_j = 1$, $j=o,\ldots,q$, d.h. für $l = o$, erhalten wir gerade den Almon'schen Lagrange-Ansatz (vgl. 2.1), und für $d_j = 2$, $j=o,\ldots,q$ erhalten wir die Lag-Darstellung mit zu schätzenden Gewichten und deren Ableitungen in den Lag-Zeitpunkten.Hierfür berechnen sich die Hermiteschen Grundpolynome (2.1o) zu

$$h_{j,o}(t) = \{1 - \frac{\omega''(j)}{\omega'(j)}(t-j)\}\, \ell_j^2(t), \quad j=o,\ldots,q\,,$$

und

$$h_{j,1}(t) = (t-j)\, \ell_j^2(t), \quad j=o,\ldots,q\,,$$

wobei die $\ell_j^2(t)$ die in (2.1) angegebenen Lagrangeschen Grundpolynome sind, und

$$\omega(t) = \prod_{j=o}^{q} (t - j)$$

ist. Wir haben dann

$$\bar{d} = 2(q + 1)$$

lineare Gleichungen der Form (2.8) für die Bestimmung der $g_{\mu_j,l}$ in (2.9), d.h. wenn g(t) ein Polynom vom Grad $\bar{d}-1=2q+1$ ist, ist die eindeutige Lösbarkeit von (2.8) gesichert.

Für die Bestimmung der Schätzwerte $\{g_{\mu_j,l}\}_{j=o,\ldots,q}^{l=o,\ldots,d_j-1}$ setzen wir (2.9) in $y = Xg + u$ ein, wobei wir annehmen wollen, daß die Spalten in X entsprechend der Auswahl $\{\mu_o,\ldots,\mu_q\}$ der Lag-Zeitpunkte angeordnet sind. Es ist

$$y_t = \sum_{i=o}^{N} \sum_{j=o}^{q} \sum_{l=o}^{d_j-1} g_{\mu_j,l}\, h_{j,l}(i)\, x_{t-i} + u_t$$

$$= \sum_{j=o}^{q} \sum_{l=o}^{d_j-1} g_{\mu_j,l} \left\{ \sum_{i=o}^{N} h_{j,l}(i)\, x_{t-i} \right\} + u_t$$

$$=: \sum_{j=o}^{q} \sum_{l=o}^{d_j-1} g_{\mu_j,l}\, z_{t,j,l} + u_t,$$

oder in Matrix-Schreibweise

$$y = Z\, g^H + u \;,$$

mit

$$Z = \begin{pmatrix} z_{1oo} & z_{1o1}\cdots z_{1o,d_o-1} & z_{11o}\cdots z_{11,d_1-1}\cdots z_{1q,d_q-1} \\ z_{2oo} & z_{2o1}\cdots z_{2o,d_o-1} & z_{21o}\cdots z_{21,d_1-1}\cdots z_{2q,d_q-1} \\ \vdots & \vdots & \vdots \\ z_{Too} & z_{To1}\cdots z_{To,d_o-1} & z_{T1o}\cdots z_{T1,d_1-1}\cdots z_{Tq,d_q-1} \end{pmatrix}$$

vom Typ $T\times\bar{d}$ und

$$g^H = (g_{\mu_o,o},\ldots,g_{\mu_o,d_o-1},\ldots,g_{\mu_q,o},\ldots,g_{\mu_q,d_q-1})'$$

vom Typ $\bar{d}$, H sei die Kennzeichnung für eine Hermitesche Lag-Verteilung. Unter den Standardannahmen der OLS-Theorie erhält man

$$\hat{g}^H = Z^+y \text{ und } \operatorname{cov}(\hat{g}^H) = \hat{\sigma}_H^2 \, (Z'Z)^{-1},$$

$$\hat{\sigma}_H^2 = \frac{1}{T-\bar{d}} \, (y - Z\hat{g}^H)'(y - Z\hat{g}^H).$$

Wie bereits erwähnt, erhält man bei der Hermite-Interpolation sehr schnell Polynome von hohem Grad, nämlich $\bar{d} - 1$. Man kann $\bar{d}$ dadurch reduzieren, daß man - bedingt durch die zusätzlichen Ableitungsbedingungen - mit weniger Stützstellen (q klein) als beim Almon-Lag auskommt. Eine andere Möglichkeit ist, 'gemischte' Interpolationsbedingungen derart zu betrachten, daß für gewisse μ_{j*} nur die d_{j*}-te Ableitung von g(t) geschätzt wird und an die Ableitungen niedrigerer Ordnung keine Bedingungen gestellt werden. Es muß hierbei jedoch betont werden, daß dann nicht mehr unbedingt die eindeutige Lösbarkeit (im approximationstheoretischen Sinne) möglich ist, d.h. die 'gemischten' Bedingungen an die Interpolationskurve können nicht beliebig erfolgen, sondern müssen den Beobachtungsdaten 'angepaßt' werden. Wie eine solche Anpassung erfolgen kann, zeigen wir in Abschnitt 4 für die umfassendere Klasse der Spline-Lags. Die Anwendung des Hermite-Ansatzes ist dann sinnvoll, wenn man schon eine Vorstellung über die Lag-Stützwerte und deren Ableitungen hat.

3. Der Spline Lag

3.1 Der Begriff der Spline-Funktion

Wie wir in Abschnitt 2 gesehen haben, wurden in den meisten bisherigen empirischen Anwendungen verschiedene Polynom-Typen für die Darstellung der Lagkurven verwendet. Der Grund hierfür ist, daß Polynome sehr einfache mathematische Eigenschaften haben und in der Approximationstheorie eine sehr lange Zeit eine zentrale Rolle spielten. Erst in neuerer Zeit sind Polynome in den verschiedensten Disziplinen der Angewandten Mathematik durch Stückpolynome (Spline-Funktionen, oder kurz Splines genannt) mehr und mehr verdrängt worden. Es ist nämlich eine allgemeine Beobachtung in der Numerischen Mathematik, daß Polynome mit wachsendem Grad instabiler werden, und auf einem vorgegebenen Intervallgitter zu Schwankungen neigen, die im allgemeinen unerwünscht sind. Die Splines, welche in einem noch zu beschreibenden Sinne optimal glatt sind, haben daher zunehmend bei einer Vielfalt von Problemen als Approximations- und Interpolationsfunktionen, bei der Lösung von Differential- und Integralgleichungen und zur Glättung von Daten an Bedeutung gewonnen.

Wir geben nun einen kurzen historischen Überblick über die Entwicklung der Spline-Theorie. Der Begriff Spline taucht zum erstenmal in einer Arbeit von Schoenberg (1946) auf. Im Jahre 1953 wurden dann von Schoenberg und Whitney (1953) Existenzaussagen über gewisse Interpolationssplines gemacht, und etwa ab 1960 setzt eine Flut von Arbeiten über Approximations- und Glättungseigenschaften von Splines ein, über Fehlerschranken und approximationstheoretische Gütekriterien. Den Begriff Spline könnte man mit 'Stäbchen' übersetzen, und zwar in Anlehnung an ein biegbares Stäbchen, mit dem man eine glatte Kurve durch vorgegebene Punkte legen will, sodaß die 'Biegungsenergie', die zur Auslenkung des Stäbchens erforderlich ist, minimal wird. Da diese annähernd proportional zur Krümmung der Kurve ist, sind zum Beispiel kubische Splines durch eine minimale Krümmungseigenschaft charakterisiert.

Der mathematische Spline wird stückweise auf einer Unterteilung eines vorgegebenen Definitionsintervalls durch Polynome dargestellt, wobei gewisse Glattheitsforderungen in den Anschlußpunkten der Teilintervalle gemacht werden. Zunächst geben wir die formale Definition an, bevor wir dann die weitere Entwicklung der Spline-Theorie aufzeigen.

Definition 3.1 (Greville (1969))

Wir betrachten die Knoten $\{x_i\}_{i=1}^{k}$ mit

$$x_1 < x_2 < \dots < x_k .$$

(Anzumerken ist, daß wir, einer Konvention folgend, die Knoten wie die Lagvariable mit demselben Symbol bezeichnen. Verwechslungen können nicht entstehen, da im inhaltlichen Zusammenhang immer klar erkennbar ist, um welche Variable es sich handelt). Dann heiße eine (n-1)-mal stetig differenzierbare Funktion g(t), welche auf den Teilintervallen

$$(-\infty, x_1), (x_1, x_2), \dots, (x_{k-1}, x_k), (x_k, \infty)$$

durch Polynome vom Höchstgrad n dargestellt wird, eine Splinefunktion vom Grad n mit den Knoten $x_1, \dots, x_k$:

$$(3.1) \qquad g(t) = \sum_{j=o}^{n} a_j\, \phi_j(t) + \sum_{j=n+1}^{n+k} c_j\, \phi_j(t)$$

mit

$$\phi_j(t) = \begin{cases} t^j , & j=o,\dots,n \\ (t - x_j)_+^n , & j=n+1,\dots n+k , \end{cases}$$

$$(3.2) \qquad (t - x_j)_+^n = \begin{cases} (t - x_j)^n, & t > x_j \\ o , & \text{sonst.} \end{cases}$$

Diese Darstellung der Splinefunktion ist eindeutig und wurde erstmals in der bereits erwähnten Arbeit von Schoenberg und Whitney (1953) angegeben. Die Gesamtheit der Splines vom Grad n mit den Knoten $x_1, \ldots, x_k$ sei im folgenden mit $S_{n,k}(x_1, \ldots, x_k)$ bezeichnet.

Besonders ausführlich wurden in der Literatur die kubischen Splines behandelt, weil vor allem für praktische Anwendungen Rechenaufwand und Flexibilität in einem guten Verhältnis zueinander stehen. Wir geben hierzu einige wesentliche Arbeiten an:

Das definierende Gleichungssystem mit den Momenten (2. Ableitungen des Splines in den Stützstellen) bei Ahlberg, Nilson und Walsh (1967), Kershaw (1971) und Pennington (1965).

Allgemeine Ergebnisse über das Konvergenzverhalten kubischer Splines bei Sharma und Meir (1966), Birkhoff und deBoor (1964), Ahlberg und Nilson (1963) und Nord (1967).

Hinreichende Kriterien für die gleichmäßige Konvergenz periodischer kubischer Splines bei Cheney und Schurer (1968). Unter Konvergenz versteht man hierbei das Verhalten einer Folge von Spline-Approximierenden bei Verringerung des maximalen Abstands zwischen zwei Knoten (Gitternorm), z.B. für $f \in C^p_{[a,b]}$ $(p \leq 3)$ gilt

$$\| f^{(\mu)} - g^{(\mu)} \|_\infty = o(\| \Delta_k \|^{p-\mu}), \quad \mu = o, 1, \ldots, p ,$$

wenn

$$\{ \Delta_k : a = x_{1,k} < x_{2,k} < \ldots < x_{k,k} = b \mid k \in \mathbb{N} \}$$

eine Folge von Knotengittern mit

$$\lim_{k \to \infty} \| \Delta_k \| = \lim_{k \to \infty} \max_{\substack{\mu=1,\ldots,k-1 \\ x_{\mu,k} \in \Delta_k}} |x_{\mu+1,k} - x_{\mu,k}| = o$$

ist, d.h. also, daß die μ-te Ableitung der Spline-Approximierenden wenigstens so schnell wie die $(p-\mu)$-te Potenz der Gitternorm gegen die μ-te Ableitung der zu interpolierenden Funktion geht (vgl. z.B. den Abschnitt 2.3 bei Ahlberg, Nilson und Walsh (1967)).

Fehlerschranken für nichtperiodische kubische Splines bei Hall (1969).

Der Satz von Holladay (1957) über die minimale Krümmungseigenschaft kubischer Splines: Zu jedem $f \in C^2_{[a,b]}$ gibt es einen kubischen Spline, der

$$\int_a^b f''(t)dt$$

minimiert. Allgemein minimiert der Spline n-ten Grades

$$\| f \| := \int_a^b f^{(n-1)}(t)dt.$$

Eine Erweiterung der Spline-Theorie auf Hilberträume erfolgte dann erstmals von Ahlberg und Nilson (1964, 1965). Sie gaben ein System von orthonormierten kubischen Basis-Splines an, mit dem durch Bildung aller Linearkombinationen ein Hilbertraum mit dem Skalarprodukt

$$(f_1, f_2) = \int_a^b f_1''(t) f_2''(t)dt$$

erzeugt wird, das die Norm $\| f \| = (f,f)^{1/2}$ induziert. Die Weiterentwicklung des Problems der Approximation und Interpolation im abstrakten Hilbertraum erfolgte dann durch deBoor und Lynch (1966), anschließend haben Anselone und Laurent (1968) weitere Verallgemeinerungen von Existenz- und Eindeutigkeitsaussagen von Splines in Hilberträumen angegeben (vgl. Greville (1969), S. 1o9). In neuerer Zeit haben Demmler und Reinsch (1975) das Problem der Glättung von Daten durch Splines im Hilbertraum behandelt und gezeigt, daß sich dieses Problem auf die Minimierung einer quadratischen Form mit einer positiv definiten Matrix (Oszillationsmatrix) zurückführen läßt. Ein sehr bekannt gewordenes Verfahren zur Glättung von Daten durch Splines hat Reinsch bereits 1967 vorgeschlagen.

Ein anderes, sehr breites Anwendungsgebiet der Angewandten Mathematik für Splines und deren Verallgemeinerungen (L- und Lg-Splines) sind nichtlineare Randwertprobleme und Eigenwertprobleme, in diesem Zusammenhang sind besonders Schultz und Varga (1967), Jerome und Schumaker (1968), Ciarlet, Schultz und Varga (1967, 1968, 1969) zu nennen.

Die Theorie über die Approximation linearer Funktionale wurde wesentlich von Sard (1963) geprägt. Er verwendet den engen Zusammenhang zwischen der eindeutigen Spline-Interpolierbarkeit und der Approximation linearer Funktionale über den wohl wichtigsten Satz für die Approximation linearer Funktionale, nämlich den Satz von Peano (siehe Davis (1963), S. 70f.; Originalarbeiten: Peano (1913, 1914)). Dieser Satz besagt, daß für ein lineares Funktional

$$L : C^{n+1}_{[a,b]} \longrightarrow \mathbb{R} : f \longrightarrow L(f)$$

mit der Eigenschaft, daß für alle $p \in P_n$

$$L(p) = 0$$

gilt, die Integraldarstellung

$$L(f) = \int_a^b K(t)\, f^{(n+1)}(t)\,dt$$

hat, wobei

$$K(t) = \frac{1}{n!} L_x[(x-t)^n_+]$$

ist ($L_x[\ldots]$ bedeutet, daß das Funktional L nur als Funktion von x auf $[\ldots]$ angewandt wird). Wir werden im Abschnitt 3.3

diesen Satz für die Konstruktion der bereits erwähnten B-Spline Basis von $S_{n,k}$ heranziehen.

3.1.1 *Bisherige Verwendung des Splines in ökonometrischen Modellen*

Die Anzahl der Arbeiten, die Splines zur funktionalen Darstellung ökonomischer Verhaltensgleichungen verwenden, ist in den letzten Jahren sprunghaft angestiegen. Wir wollen hier in keiner Weise den Versuch machen, alle Arbeiten aufzuzählen, sondern lediglich einige wesentliche anführen, um auf bisherige Teilgebiete in der Ökonometrie hinzuweisen, in denen die Spline-Funktion bisher als Schätzinstrument verwendet wurde. Die Literaturverzeichnisse der nachfolgend aufgeführten Arbeiten geben außerdem noch weitere Hinweise auf Spline-Anwendungen.

Für die Schätzung von Dichtefunktionen werden von Boneva, Kendall und Stefanov (1971) erstmals Splines (Histosplines) verwendet. Mit der Problematik einer besten Dichteschätzung setzten sich Lii und Rosenblatt (1974) auseinander, ebenso Wahba (1975,1976). Der Polynom-Algorithmus von Wahba (1971) zur Schätzung von Dichten beruht auf Lagrange-Interpolation, für den Schranken für die Konvergenzgüte des MSE angegeben und mit den Konvergenzraten von Parzen verglichen werden (siehe Farrell (1972) und Wahba (1975)).

Kubische Splines werden von Barth, A.Kraft und J.Kraft (1974) für die Messung der Zinselastizität der Geldnachfrage verwendet. McCulloch (1971) nimmt quadratische und kubische Splines für die glatte Approximation einer Diskontfunktion, um die Veränderungen von Zinsraten messen zu können. Ergebnisse über die Messung von Lohnraten mit Splines sind von Poirier und Watts (1973) angegeben worden. In einer empirischen Untersuchung über die Auswirkung des 2. Weltkriegs auf die Strukturveränderungen in den Gewinnraten der verschiedenen Flugzeughersteller in den Vereinigten Staaten hat Poirier (1973a) den Ansatz eines kubischen Splines gewählt. Der Ausgangspunkt für diese Untersuchung war die

Behauptung von Agapos und Gallaway (197o), daß der Vietnam-Krieg keinen wesentlichen Einfluß auf die erwähnten Gewinnraten hatte. Eine weitere Arbeit hierüber folgte dann 1974 von Poirier und Garber, wo lineare Splines zur Erklärung der Gewinnraten genommen werden (einen kurzen Überblick hierüber findet man auch bei Poirier (1976), Abschnitt 2.2), um die These von Agapos und Gallaway zu überprüfen. Poirier und Garber kommen zu dem entgegengesetzten Ergebnis. Sie begründen dies dadurch, daß der Funktionsansatz bei Agapos und Gallaway nicht flexibel genug war, um die Strukturveränderungen über dem Beobachtungszeitraum 1951 - 1971 sichtbar zu machen. Dies ist mit dem linearen Spline möglich, wenn man die Knoten (=Zeitpunkte für Strukturveränderungen) am Ende des Korea-Krieges (1954) und am Beginn des Vietnam-Krieges (1965) wählt.

Für die Darstellung bzw. Schätzung von Einkommensverteilungen sind in den letzten Jahren ebenfalls Splines verwendet worden. Zum Beispiel nimmt Spahn (1974) einen kubischen Spline für die Approximation der Einkommensverteilung in der BRD. Krug (1977) nimmt Splines sowohl für Interpolation als auch zum Ausgleich von Beobachtungsdaten über Einkommensverteilungen. Die Beobachtungen basieren auf Ergebnissen einer Volkszählung 197o zum Nachweis des Nettoerwerbseinkommens, differenziert nach dem Geschlecht und der sozialen Stellung der Einkommensbezieher. Für die Darstellung der Verteilung von Haushaltsnettoeinkommen führt Söll (1978) eine spezielle rationale Spline-Interpolation durch. Durch numerische Integration über diese Spline-Funktionen wird für die Privathaushalte nach monatlichen Nettoeinkommen in den Jahren 1972 und 1973 für jede Einkommensklasse das durchschnittliche Gruppeneinkommen ermittelt.

In einer Arbeit von Schäffer (1978) werden Splinefunktionen für die Berechnung der Allgemeinen Sterbetafel für die BRD herangezogen. Hierfür eignen sich Splinefunktionen besonders gut, weil die altersspezifische Sterblichkeit in einem Altersbereich ein völlig anderes Verhalten als in einem anderen Altersbereich zeigt.

Auch in der Zeitreihenanalyse sind Splinefunktionen angewandt worden. Insbesondere sind hier die Arbeiten von Cogburn und Davis (1974), Gasser (1974), Wahba und Wold (1975) und von Hebbel und Heiler (1978) zu erwähnen. Insbesondere bei der Schätzung von Spektraldichten sind Glättungen bzw. Gewichtungen erwünscht, die bei Vorgabe einer Schranke für die Varianz ein größtmögliches Auflösungsvermögen (siehe Fahrion (1976)) aufweisen, oder die umgekehrt zu einem von der Prozeßstruktur vorgeschriebenen, minimalen Auflösungsvermögen den größtmöglichen Grad an Glattheit erreichen (s. Hebbel und Heiler (1978), S. 67). Die Spline-Glättung des Periodogramms ist einer Fensterglättung äquivalent, daher kann die Glattheit und die Auflösung eines Spektralschätzers den jeweiligen Erfordernissen des zu untersuchenden Prozesses angepaßt werden.

Für die Erklärung einer abhängigen Variablen durch zwei Variable werden bilineare, biquadratische und bikubische Splines verwendet, die in jedem Argument linear, quadratisch oder kubisch sind. Sie sind stückweise auf einem Knotengitter definiert, und stellen stetige Oberflächen dar. Für die Festlegung des Gitters wählt man die Knoten

$$\Delta_u = \{ u_1, u_2, \ldots, u_m \} \text{ und } \Delta_v = \{ v_1, v_2, \ldots, v_l \}$$

in u-Richtung und in v-Richtung der uv-Ebene, und definiert in jeder Richtung einen einfachen Spline (siehe hierzu die ausführliche Darstellung bei Poirier (1976), S. 59ff.). Speziell bei linearen Splines stellen die Spline-Koeffi-

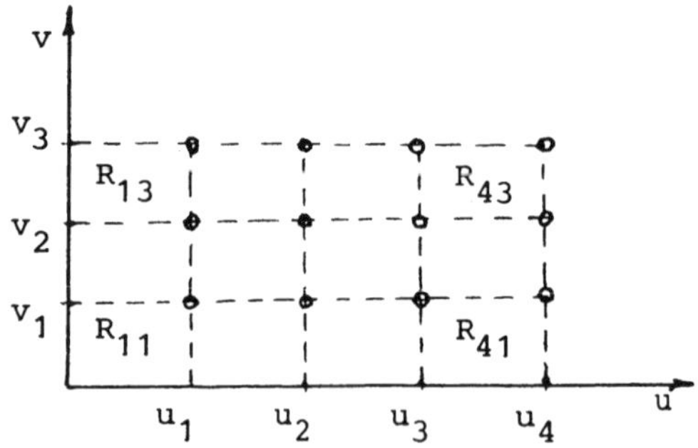

zienten in u-Richtung die Steigungen des Splines in u-Richtung, die Koeffizienten in v-Richtung die Steigungen in v-Richtung dar, sodaß die Knoten als Zeitpunkte für Strukturveränderungen aufgefaßt werden können. Außerdem gibt es die 'gemischten Koeffizienten', welche ein Maß für die wechselseitige Wirkung der erklärenden Variablen längs der Gitterlinien in u- bzw. v-Richtung sind.

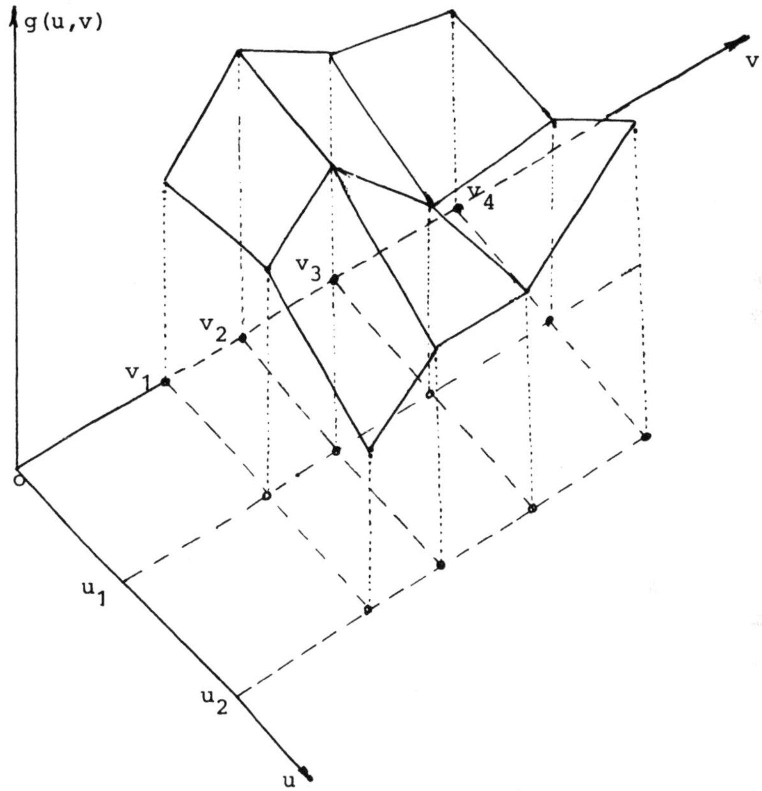

Für solche stückweisen Oberflächendarstellungen mit stetigem Anschluß gibt es in der Ökonomie eine Fülle von Anwendungsmöglichkeiten (siehe Watts (1973c), Poirier (1975c)). Insbesondere bilineare Splines stellen einen guten Kompromiß zwischen dem Aufwand für die zu schätzenden Spline-Koeffizienten und der Aussagefähigkeit der linearen Struktur dar. Zur Konzentrationsmessung verwendet Hendricks (1973) einen bilinearen Spline, ebenso Poirier und Watts (1973) für die Erklärung der Lohnraten durch verschiedene sozio-ökonomische Variable. Besonders interessant ist die Anwendung bilinearer Splines im Bereich der Produktions- und Nutzenfunktionen vom Cobb-Douglas Typ, da durch die stückweise Darstellung auf dem Knotengitter in jedem Teilrechteck andere Skalenerträge möglich sind. Dies bedeutet eine Abschwächung der üblichen Forderung konstanter Skalenerträge für alle Input-Faktoren. Ausführungen über Cobb-Douglas Splines findet man bei Poirier (1975b, 1976, Kap. 5). Bei Horner (1973) werden diese für die Nutzenmaximierung bezüglich Einkommen und Freizeit verwendet, ebenso von Poirier (1976), S. 82 ff., für die Untersuchung der Frage, ob es für die Stromerzeugung in den Vereinigten Staaten variierende Skalenerträge gibt, bei festen Input- und Outputpreisen. Die Grundlage für diese Untersuchung liefert eine Arbeit von Nerlove aus dem Jahre 1963.

Für Verlustfunktionen wurden quadratische Splines mit n Variablen angegeben (siehe die Ausführungen bei Poirier (1976), S. 178 ff.). Es gibt hierfür äquivalente Beziehungen zwischen Symmetriebedingungen über die Spline-Koeffizienten und gewissen Stetigkeitsforderungen. Diese Äquivalenzen sind für die Festlegung asymmetrischer Verlustfunktionen besonders günstig.

Kubische Splines mit zwei oder mehreren Variablen sind bisher in empirischen Untersuchungen kaum verwendet worden. Der Grund hierfür dürfte darin liegen, daß zum einen die Interpretation der Spline-Koeffizienten als Parameter für den wechselseitigen Einfluß der unabhängigen Variablen (etwa wie bei den bilinearen Splines) kaum möglich oder zumindest sehr schwierig ist. Zum andern ist die Anzahl der zu schätzenden Parameter sehr viel größer (vgl. hierzu auch die Anmerkungen bei de Boor (1962) und Fuller (1969)), d.h. die Anzahl der Regressoren im entsprechenden Regressionssystem ist sehr viel größer, sodaß aus schätztechnischen Gründen die Verwendung von kubischen Splines mit mehreren Argumenten nicht zu empfehlen ist.

3.1.2 Der Spline als Regressionsinstrument

Das klassische lineare Modell ist dadurch ausgezeichnet, daß die Regressionsparameter über dem Zeitbereich fest sind. Das Problem variabler Regressionsparameter hat in neuerer Zeit zu den sehr bekannt gewordenen 'switching'-Modellen (siehe Goldfeldt und Quandt (1973), S.48off., oder Aigner, Amemiya und Poirier (1975)) geführt, in denen über a priori vorgegebene disjunkte Teilintervalle des Zeitintervalls verschiedene Parameter zugelassen sind, z.B. für eine Zweiteilung des Beobachtungsbereichs wäre

$$\begin{pmatrix} y_1 \\ y_2 \end{pmatrix} = \begin{pmatrix} X_1 & o \\ o & X_2 \end{pmatrix} \begin{pmatrix} g_1 \\ g_2 \end{pmatrix} + \begin{pmatrix} u_1 \\ u_2 \end{pmatrix}$$

mit $g_1, g_2 \in \mathbb{R}^{k_i}$, $y_i \in \mathbb{R}^{T_i}$, $i=1,2$, $k_1+k_2=N+1$, $T_1+T_2=T$,

X_i sind die Regressormatrizen vom Typ $T_i \times k_i$, $i=1,2$. Die Schätzung kann nun für jeden Teilbereich getrennt erfolgen, und man wird im allgemeinen eine Unstetigkeitsstelle der Regressionsbeziehung an der switch-Stelle x_{T_1} bekommen.

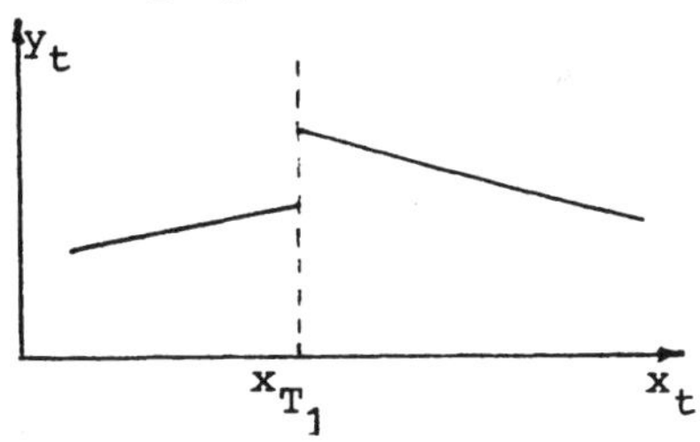

Bei der Schätzung nach dem ML-Prinzip werden manchmal die Likelihood-Werte der beiden Beobachtungsbereiche konvex kombiniert ('gemischte' Schätzungen, siehe Macdonald (1975) und Ramsey (1975)). Das Hauptproblem liegt hierbei in der Wahl des Konvexitätsparameters λ ($o \leq \lambda \leq 1$), denn zum Beispiel für λ = o.5 entsteht ein Identifikationsproblem (vgl. hierzu Swamy und Mehta (1975)).

Das Konzept des allgemeinen switching-Modells ist dahingehend erweitert worden, daß sich die Teilzeitbereiche auch 'überlappen' können, z.B. sind solche Modelle zur Schätzung von Marktungleichgewichten verwendet worden (Fair und Kelejian (1974), Amemiya (1974)). Ein Nachteil, den switching-Modelle aufweisen, ist die Unstetigkeit der Regressionsgeradenstücke in den switches. Verlangt man stetigen Anschluß beim Übergang von einem Teilzeitbereich in den andern, so läßt sich die Regressionsbeziehung gerade durch einen linearen Spline darstellen, dessen Knoten die switches sind. Bei einem höheren Spline-Grad sind entsprechende Glattheitsbedingungen erfüllt. Wir haben dann eine glatte Spline-Darstellung für die Regressionsgleichung, und die Knoten lassen sich als Zeitpunkte von Strukturveränderungen bzw. -umbrüchen auffassen. Poirier (1976), Kap.8, verwendet Splines der Form (3.1) für multiple Regressionen, zumal diese Darstellung besonders günstig ist für den Test der Hypothese, daß in einem bestimmten Knoten $\bar{x}_j$ eine Strukturänderung stattfindet, da die beiden Polynomstücke, die sich in $\bar{x}_j$ 'stoßen', verschieden sein werden, wenn der zugehörige Koeffizient $c_j \neq 0$ ist.

Ein anderes Problem ist die Anzahl der Knoten und deren Lage zwischen den Beobachtungswerten. Man könnte so vorgehen, daß man aufgrund wirtschaftsstatistischer Vorüberlegungen die Knoten in eventuell vorhandene Trendbrüche der Beobachtungsreihen legt. Außerdem haben wir die Möglichkeit, die Knoten als Variable des Kleinstquadratproblems zu betrachten. Die Normalgleichungen sind dann aber nichtlinear und können analytisch nicht mehr gelöst werden. Über iterative Lösungsansätze gibt es mehrere Arbeiten, in denen verschiedene Annahmen über die Knoten gemacht werden. Diese lassen sich in die folgenden drei Gruppen einteilen. Ein Knoten ist vom

- Typ I, wenn er innerer Punkt eines offenen Stützstellen-Intervalls $t_j < x_i < t_{j+1}$ ist, und die Ableitungen des Splines in t_j und t_{j+1} verschieden sind,

- vom Typ II, wenn er mit t_j oder t_{j+1} zusammenfällt,
- vom Typ III, wenn $t_j < x_i < t_{j+1}$ ist und die Ableitungen des Splines in t_j und t_{j+1} gleich sind.

Hudson (1966) gab erstmals einen Algorithmus für lineare OLS-Spline-Regressionen für Knoten vom Typ I und II an, Hinkley (1969) verbesserte den Hudson-Algorithmus, Gallant und Fuller (1973) verwenden das Iterationsverfahren von Gauß-Newton für eine quadratische Spline-Regression mit Knoten vom Typ II und III, Bellman und Roth (1969) wenden Techniken der dynamischen Optimierung an.

Die statistischen Eigenschaften von OLS-Splines hat Feder (1975a, 1975b) für variable Knoten behandelt, allerdings unter der Einschränkung, daß das nichtlineare Regressionssystem eindeutig lösbar ist. (Siehe hierzu die Ausführungen und kritischen Anmerkungen von Poirier (1976), S. 121-124). Gerade diese eindeutige Lösbarkeit ist bei iterativen Verfahren im allgemeinen nicht gewährleistet, da verschiedene Startknoten zu verschiedenen lokalen Minima führen (siehe de Boor und Rice (1968), S. 15f.). Mit dem Verfahren der 'kippenden' Hyperebene in Abschnitt 5.6 werden wir eine andere Möglichkeit zeigen, variable Knoten zu behandeln.

Eine weitere Verallgemeinerung der 'switching'-Modelle sind solche, bei denen sich die Regressionskoeffizienten im Zeitverlauf ändern, bei Singh, Nagar und Choudry (1976) wird hierfür eine ML-Schätzung angegeben. Bei solchen Ansätzen liegt die Problematik darin, daß Annahmen über ein Trendverhalten der Koeffizienten gemacht werden müssen, die a priori kaum möglich sind.

3.1.3 *Ein klassischer Ansatz: Der kubische Spline-Lag*

Schätztechniken für verteilte Lags mittels Splines sind von Corradi und Gambetta (1976) und von Poirier (1975, 1976) angegeben worden. Erstere betrachten die Klasse der natürlichen Splines vom Grad $n = 2\mu-1$, die sich von der in (3.1) definierten Klasse $S_{n,k}(x_1,...,x_k)$ dadurch unterscheiden, daß auf $(-\infty,x_1)$ und (x_n,∞) $g(t)\in P_{\mu-1}$ statt $g(t) \in P_n$ ist. Es läßt sich dann zeigen (siehe Greville (1967), vgl. Corradi und Gambetta (1976), S.42), daß die Koeffizienten in (3.1) die Bedingung

$$\sum_{j=1}^{n} c_j\, x^r = o,\ r=o,...,\mu-1\ ,$$

erfüllen. Natürliche Splines sind zwar bezüglich

$$\int_o^N [g^{(\mu)}(t)]^2 dt$$

optimal glatt, aber aus dem bereits mehrfach erwähnten Grund treten in dem linearen Gleichungssystem für die Interpolationsbedingungen numerische Schwierigkeiten bei der Inversion auf, Corradi und Gambetta weisen selbst darauf hin.

Poirier (1976), S. 21ff., verwendet kubische Splines in der Darstellung von Ahlberg, Nilson und Walsh (1967), Abschn. 2.1. Der Nachteil dieses Ansatzes liegt darin, daß man Endbedingungen für g"(t) in den Randpunkten des Lag-Intervalls vorab angeben muß, die man im allgemeinen nicht kennt. Außerdem sind Knoten und Interpolations-Stützstellen identisch. Wir wollen hier den Ansatz von Poirier trotzdem nochmals in einer verallgemeinerten und modifizierten Form darstellen, weil dieser einer geeignete Parametrisierung für die Lag-Stützwerte zuläßt, die für OLS-Schätzungen vorteilhaft ist.
Hierzu betrachten wir eine Auswahl von k+1 Punkten $\mu_o,...,\mu_k$ aus dem Lag-Intervall $[o,N]$,

$$\Delta_k\ :\ o = \mu_o < \mu_1 < \ ...\ < \mu_k = N,$$

und den zugehörigen Vektor $\bar{g} = (g_{\mu_o}, g_{\mu_1}, \dots, g_{\mu_k})'$. $g''_{\Delta_k}(t)$ ist linear und läßt sich für $\mu_{j-1} \leq t \leq \mu_j$ in der Form

$$(3.3) \qquad g''_{\Delta_k}(t) = N_{j-1} \frac{\mu_j - t}{h_j} + N_j \frac{t - \mu_{j-1}}{h_j}, \quad h_j = \mu_j - \mu_{j-1},$$

und $N_j = g''_{\Delta_k}(\mu_j)$ das sogenannte 'Moment' ist. Nach zweifacher Integration und Auswertung der Integrationskonstanten erhält man

$$g'_{\Delta_k}(t) = - N_{j-1} \frac{(\mu_j - t)^2}{2h_j} + N_j \frac{(t - \mu_{j-1})^2}{2h_j} - \frac{N_j - N_{j-1}}{6} h_j + \frac{g_{\mu_j} - g_{\mu_{j-1}}}{h_j}$$

und

$$(3.4) \qquad g_{\Delta_k}(t) = \left[\frac{(\mu_j - t)^3}{6h_j} - \frac{h_j(\mu_j - t)}{6} \right] N_{j-1} + \left[\frac{(t - \mu_{j-1})^3}{6h_j} - \frac{h_j(t - \mu_{j-1})}{6} \right] N_j + \frac{1}{h_j} \left[g_{\mu_{j-1}}(\mu_j - t) + g_{\mu_j}(t - \mu_{j-1}) \right].$$

Wegen $g_{\Delta_k}(t) \in C^2_{[o,N]}$ sind rechts- und linksseitiger Limes von $g'_{\Delta_k}(t)$ im 'Knoten' μ_j gleich: $g'_{\Delta_k}(\mu_j - o) = g'_{\Delta_k}(\mu_j + o)$. Dadurch erhält man ein System von Gleichungen, aus dem sich die für die explizite Darstellung von $g_{\Delta_k}(t)$ notwendigen Momente N_j berechnen lassen:

$$(3.5) \qquad \frac{h_j}{6} N_{j-1} + \frac{h_j + h_{j+1}}{3} N_j + \frac{h_{j+1}}{6} N_{j+1} = \frac{g_{\mu_{j+1}} - g_{\mu_j}}{h_{j+1}} - \frac{g_{\mu_j} - g_{\mu_{j-1}}}{h_j}$$

$(j=1,\dots,k-1)$. (3.5) sind $k-1$ Gleichungen für $k+1$ Unbekannte, wir brauchen daher noch zwei Zusatzbedingungen, die durch das Verhalten der Momente des Splines an den Rändern von $[o,N]$

festgesetzt werden:

(3.6) $$N_o + \bar{\ell}_o N_1 = \alpha_o \; , \quad \bar{\ell}_k N_{k-1} + N_k = \alpha_k \; ,$$

wobei $\bar{\ell}_o, \bar{\ell}_k, \alpha_o, \alpha_k \in \mathbb{R}$ vorzugeben sind. Setzen wir

$$\ell_j = \frac{h_{j+1}}{h_j + h_{j+1}} \; , \quad \zeta_j = 1 - \ell_j \quad (j=1,\dots,k-1)$$

und schreiben (3.6) in der Form

(3.7) $$2N_o + \ell_o N_1 = d_o, \quad \zeta_k N_{k-1} + 2N_k = d_k$$

mit $\ell_o = 2\,\bar{\ell}_o$, $d_o = 2\,\alpha_o$, $\zeta_k = 2\,\bar{\ell}_k$, $d_k = 2\,\alpha_k$, so lassen sich die Stetigkeitsbedingungen (3.5), wenn wir beide Seiten mit $\frac{1}{6}(h_j + h_{j+1})$ dividieren, in der Form

(3.8) $$\zeta_j\, N_{j-1} + 2\, N_j + \ell_j\, N_{j+1} = d_j \; , \; j=1,\dots,k-1 \; ,$$

schreiben, wobei

(3.9) $$d_j = 6\, \frac{[(g_{\mu_{j+1}} - g_{\mu_j})/h_{j+1}] - [(g_{\mu_j} - g_{\mu_{j-1}})/h_j]}{h_j + h_{j+1}}$$

gesetzt ist. Hierbei sind die Randbedingungen (3.7) noch nicht berücksichtigt. Schreiben wir (3.7) in der Form

(3.1o) $$2N_o + \ell_o N_1 + oN_2 = d_o \; , \; o\, N_{k-2} + \zeta_k N_{k-1} + 2N_k = d_k \; ,$$

so ist (3.1o) von der Form (3.8) und wir haben die Momenten-Darstellung des kubischen Splines durch

(3.11) $$\begin{pmatrix} 2 & \ell_o & o & o & \dots & o & o & o \\ \zeta_1 & 2 & \ell_1 & o & \dots & o & o & o \\ \vdots & \vdots & \vdots & \vdots & & \vdots & \vdots & \vdots \\ o & o & o & o & \dots & \zeta_{k-1} & 2 & \ell_{k-1} \\ o & o & o & o & \dots & o & \zeta_k & 2 \end{pmatrix} \begin{pmatrix} N_o \\ N_1 \\ \vdots \\ \vdots \\ N_k \end{pmatrix} = \begin{pmatrix} d_o \\ d_1 \\ \vdots \\ \vdots \\ d_k \end{pmatrix}$$

oder

$$\Lambda N = d,$$

mit $N = (N_o,\ldots,N_k)'$, $d = (d_o,\ldots,d_k)'$, gegeben. Poirier betrachtet den Spezialfall $d_o = d_k = o$, daher ist in der von ihm angegebenen Koeffizientenmatrix die erste und letzte Zeile gleich o. Nach Ahlberg, Nilson und Walsh (1967), S.21, ist

$$\max \; [(2 - \ell_o)^{-1}, (2 - \zeta_k)^{-1}, 1]$$

eine obere Schranke für $\|\Lambda^{-1}\|$, sodaß es sich empfiehlt, ℓ_o und ζ_k so zu wählen, daß

$$\| \Lambda^{-1} \| \leq 1$$

ist und Λ eine überwiegende Hauptdiagonale hat, d.h. für $|\ell_o| \leq 1$ $|\zeta_k| \leq 1$ ist Λ regulär und kann wegen der Bandgestalt mit wenigen Eliminationsschritten (bzw. wenigen Iterationsschritten bei Verwendung des Einzelschrittverfahrens) invertiert werden:

$$N = \Lambda^{-1} d . \tag{3.12}$$

Ein Nachteil bei dieser Darstellung ist, daß die zu schätzenden Lag-Gewichte $\bar{g} = (g_{\mu_o},\ldots,g_{\mu_k})$ implizit in d enthalten sind. Wünschenswert wäre ein expliziter Ausdruck in $\bar{g}$. Aus (3.9) erhalten wir durch eine einfache algebraische Umformung

$$d_j = \frac{6}{h_j(h_j+h_{j+1})} g_{\mu_{j-1}} - \frac{6}{h_j h_{j+1}} g_{\mu_j} + \frac{6}{h_{j+1}(h_j+h_{j+1})} g_{\mu_{j+1}}$$

(j=1,...,k-1). Mit den vorgegebenen d_o und d_k ergibt sich dann das lineare System

$$d = U \bar{g} + d^R$$

mit der $(k+1)\times(k+1)$-Matrix

$$U = \begin{pmatrix} o & o & o & o & o \cdots \\ \frac{6}{h_1(h_1+h_2)} & \frac{6}{h_1h_2} & \frac{6}{h_2(h_1+h_2)} & o & o \cdots \\ o & \frac{6}{h_2(h_2+h_3)} & \frac{6}{h_2h_3} & \frac{6}{h_3(h_2+h_3)} & o \cdots \\ \vdots & \vdots & \vdots & \vdots & \end{pmatrix}$$

$$\begin{pmatrix} & o & o & o \\ \cdots & \frac{6}{h_{k-2}(h_{k-3}+h_{k-2})} & o & o \\ \cdots & \frac{-6}{h_{k-2}h_{k-1}} & \frac{6}{h_{k-1}(h_{k-2}+h_{k-1})} & o \\ \cdots & \frac{6}{h_{k-1}(h_{k-1}+h_k)} & \frac{-6}{h_{k-1}h_k} & \frac{6}{h_k(h_{k-1}+h_k)} \\ \cdots & o & o & o \end{pmatrix}$$

und dem Vektor $d^R = (d_o, o, \ldots, o, d_k)'$ mit k+1 Komponenten. Mit (3.12) folgt

$$(3.13) \qquad N = \Lambda^{-1}\, U\, \bar{g} + \Lambda^{-1} d^R ,$$

d.h. die Momente des kubischen Splines erhält man durch lineare Transformation der unbekannten - und noch zu schätzenden - Gewichte $\bar{g}$.

Wir betrachten nun die Spline-Darstellung (3.4) und setzen

$$g^j_{\Delta_k}(t) := g_{\Delta_k}(t) \text{ für } t \in [\mu_{j-1}, \mu_j] , \; j=1,\ldots,k .$$

Dann schreiben wir (3.4) in der Form

$$(3.14) \qquad \vec{g}_{\Delta_k}(t) = V_1(t)\, N + \vec{d}(t)$$

mit den von t abhängigen Vektoren mit k Komponenten

$$\vec{g}_{\Delta_k}(t) = (g^1_{\Delta_k}(t),\ldots,g^k_{\Delta_k}(t))' ,$$

$$\vec{d}(t) = V_2(t)\ \overline{g} ,$$

wobei

$$V_2(t) = \begin{pmatrix} \frac{1}{h_1}(\mu_1-t) & t-\mu_o & o & \cdots & o & o \\ o & \frac{1}{h_2}(\mu_2-t) & t-\mu_1 & \cdots & o & o \\ \vdots & \vdots & \vdots & & \vdots & \\ & & & \cdots & t-\mu_{k-2} & o \\ o & o & o & \cdots & \frac{1}{h_k}(\mu_k-t) & t-\mu_{k-1} \end{pmatrix}$$

eine $k\times(k+1)$-Matrix ist, und der $k\times(k+1)$-Matrix $V_1(t)$, bei der nur die Hauptdiagonale und die obere Nebendiagonale besetzt sind:

$$V_1(t) = \begin{cases} v_{ji} \neq o & \text{für } i=j,j+1 \\ o & \text{sonst,} \end{cases}$$

$$v_{jj} = \frac{1}{6}\left[\frac{(\mu_j-t)^3}{h_j} - h_j(\mu_j-t)\right] ,$$

$$v_{j,j+1} = \frac{1}{6}\left[\frac{(t-\mu_{j-1})^3}{h_j} - h_j(t-\mu_{j-1})\right] ,$$

$(j=1,\ldots,k)$. Unter Verwendung von (3.13) und (3.14) folgt dann

$$\vec{g}_{\Delta_k}(t) = V_1(t)\Lambda^{-1}\ U\ \overline{g} + V_1(t)\ \Lambda^{-1}d^R + V_2(t)\ \overline{g}.$$

$V_1(t)\ \Lambda^{-1}\ U$ und $V_2(t)$ sind vom Typ $k\times(k+1)$, wir setzen daher zur Vereinfachung der Schreibweise

$$V^*(t) = V_1(t)\ \Lambda^{-1}\ U + V_2(t),\quad v^*(t) = V_1(t)\ \Lambda^{-1}\ d^R ,$$

dann ist

$$\vec{g}_{\Delta_k}(t) = V^*(t)\ \overline{g} + v^* . \tag{3.15}$$

Nun können wir für jedes t^* den Wert des kubischen Splines dadurch berechnen, daß wir zunächst das Teilintervall $[\mu_{j*-1}, \mu_{j*}] \ni t^*$ feststellen und die j*-te Komponente von $\vec{g}_{\Delta_k}(t)$ in (3.15) für t* auswerten.

Wir kommen nun zur wesentlichen Behandlung des Schätzproblems, d.h. zur Bestimmung der Spline-Lag Gewichte $\hat{g} = (\hat{g}_o, \hat{g}_1, \ldots, \hat{g}_N)'$. Werten wir in der eben beschriebenen Weise (3.15) für t=o,...,N aus, dann erhalten wir das lineare System

$$(3.16) \qquad g = V^{**} \, \bar{g} + v^{**},$$

wobei V^{**} vom Typ $(N+1)\times(k+1)$, v^{**} vom Typ $(N+1)\times 1$ ist. Die ν-te Zeile von V^{**} bzw. die ν-te Komponente von v^{**}, $\nu=o,\ldots,N$, entspricht der Auswertung der $t = \nu$ entsprechenden Zeile von $V^*(t)$, $v^*(t)$ in (3.15).

Setzen wir nun (3.16) in das lineare Lag-Modell ein, erhalten wir

$$(3.17) \qquad y = X \, V^{**} \, \bar{g} + X \, v^{**} + u.$$

Hierbei tritt noch ein nichtstochastischer Vektor Xv^{**} auf, der durch die erforderlichen Randbedingungen impliziert wird. Wir korrigieren daher unsere Ausgangsdaten y um Xv^{**} und erhalten

$$(3.18) \qquad y^* := y - Xv^{**} = X \, V^{**} \, \bar{g} + u.$$

(3.18) ist ein lineares Regressionssystem zur Schätzung des unbekannten $\bar{g}$, der OLS-Schätzer ist

$$(3.19) \qquad \hat{\bar{g}} = (XV^{**})^{+} \, y^* ,$$

mit der Kovarianzmatrix

$$(3.2o) \qquad \operatorname{cov}(\hat{\bar{g}}) = \hat{\sigma}^2 \, (V^{**\prime}X'XV^{**})^{-1},$$

$$(3.21) \qquad \hat{\sigma}^2 = \frac{1}{T-(k+1)} \, [y^*(I_T - (XV^{**})(XV^{**})^{+}) \, y^{*\prime}].$$

Aus (3.16) und (3.19) folgt

$$\hat{\mathfrak{g}} = V^{**} \ (XV^{**})^{+} \ y^{*} \ + v^{**} \ .$$

Satz 3.1

Es ist $E(\hat{\mathfrak{g}}) = g$ und $cov(\hat{\mathfrak{g}}) = V^{**} \ cov(\hat{\bar{g}}) \ V^{**'}$.

Beweis: Aus (3.19) und (3.18) ergibt sich

$$\begin{aligned} E(\hat{\mathfrak{g}}) &= E \ [V^{**}(XV^{**})^{+}XV^{**}\hat{\bar{g}} + V^{**}(XV^{**})^{+}u + v^{**}] \\ &= E \ [V^{**}\hat{\bar{g}} + V^{**}(XV^{**})^{+}u + v^{**}] \\ &= V^{**}\bar{g} + V^{**}(XV^{**})^{+} \ E(u) \ + v^{**} \\ &= g, \text{ wegen } (3.16) \text{ und } E(u) = o. \end{aligned}$$

Die Kovarianzmatrix der Schätzfunktion $\hat{\mathfrak{g}}$ ist

$$\begin{aligned} cov(\hat{\mathfrak{g}}) &= E \ [(V^{**}\hat{\bar{g}}+v^{**})(V^{**}\hat{\bar{g}}+v^{**})'] \\ &\quad - E(V^{**}\hat{\bar{g}}+v^{**}) \ E(\hat{\bar{g}}'V^{**'}+v^{**'}) \\ &= E(V^{**}\hat{\bar{g}} \ \hat{\bar{g}}'V^{**'}) - E(V^{**}\hat{\bar{g}}) \ E(\hat{\bar{g}}'V^{**'}) \\ &= V^{**} \ [E(\hat{\bar{g}} \ \hat{\bar{g}}') - E(\hat{\bar{g}})E(\hat{\bar{g}})'] \ V^{**'} \\ &= V^{**} \ cov(\hat{\bar{g}}) \ V^{**'} \ . - \end{aligned}$$

3.1.4 Test der kubischen Spline-lag Hypothese

Die Schätzfunktion $\hat{\bar{g}}$ in (3.19) wird wesentlich durch die Regessormatrix X und durch V** bestimmt. Daher ist es durchaus möglich, daß bei einer speziellen Datenkonstellation in X ein linearer oder quadratischer Spline statistisch bessere $\hat{\bar{g}}$ liefert, als der aufgrund seiner besten Glattheitseigenschaft gewählte kubische Spline. Für den Aufbau eines Entscheidungskriteriums über die Richtigkeit des kubischen Ansatzes erweist sich die Momentendarstellung als besonders günstig.

$g''_{\Delta_k}(t)$ ist für $t \in [\mu_{j-1}, \mu_j]$, $j=1,\dots,k$, linear, daher ist

$g''_{\Delta_k} \equiv o$ in $[\mu_{j-1}, \mu_j]$, wenn für die Momente $\hat{N}_{j-1} = \hat{N}_j = o$ gilt.

Dann ist g'_{Δ_k} = const und g_{Δ_k} linear in $[\mu_{j-1}, \mu_j]$.

Wir haben also zunächst die Möglichkeit mit Hilfe der Momente zu testen, ob der lineare Ansatz gerechtfertigt ist. Sei

$$H_o : \hat{N}_j = o$$
$$H_1 : \hat{N}_j \neq o$$

(j=o,...,k). Wird die Hypothese angenommen, so ist der lineare Ansatz statistisch gesichert. Sind die Momente signifikant von Null verschieden, dann müßten wir die Hypothese testen, ob g_{Δ_k} zum Beispiel quadratisch ist. g_{Δ_k} ist auf $[\mu_{j-1},\mu_j]$ genau dann quadratisch, wenn $\hat{N}_{j-1} = \hat{N}_j$ ist, d.h. wir können für jedes Teilintervall

$$H_o' : \hat{N}_{j-1} = \hat{N}_j$$

gegen

$$H_1' : \hat{N}_{j-1} \neq \hat{N}_j$$

testen (vgl. Poirier (1976), S. 33).

Satz 3.2

Ist

$$(3.22) \quad \hat{N}'\{\Lambda^{-1}U(V^{**\prime}X'XV^{**})U'\Lambda^{-1\prime}\}^{-1}\hat{N} \geq (k+1)\hat{\sigma}^2 F_{1-\alpha,k+1,T-(k+1)}$$

erfüllt, so folgt

$$g_{\Delta_k} \notin S_{1,k}(\mu_o,\ldots,\mu_k) \text{ ,}$$

wobei $\hat{N}$ als Schätzer von (3.13) und $\hat{\sigma}^2$ durch (3.21) gegeben ist. $F_{1-\alpha,k+1,T-(k+1)}$ ist der kritische Punkt der zentralen F-Verteilung mit k+1 Zähler- und T-(k+1) Nennerfreiheitsgraden und der Irrtumswahrscheinlichkeit α.

Beweis:

H_o läßt sich mit der F-Verteilung testen. Wegen $\hat{N}=\Lambda^{-1}U\hat{\bar{g}}+\Lambda^{-1}d^R$ ist

$$\begin{aligned} cov(\hat{N}) &= \Lambda^{-1}U\ cov(\hat{\bar{g}})\ U'\ \Lambda^{-1\prime} \\ &= \hat{\sigma}^2[\Lambda^{-1}U(V^{**\prime}X'XV^{**})^{-1}U'\Lambda^{-1\prime}] \text{ .} \end{aligned}$$

Nach Schönfeld (1971), S. 115, ist

$$(3.23)\qquad F = \frac{(\hat{N}-o)'[\Lambda^{-1}U(V^{**}{}'X'XV^{**})^{-1}U'\Lambda^{-1}{}']^{-1}(\hat{N}-o)}{\hat{u}'\hat{u}} \frac{T-(k+1)}{k+1}$$

$$= \frac{1}{(k+1)\,\hat{\sigma}^2} \hat{N}[\Lambda^{-1}U(V^{**}{}'X'XV^{**})^{-1}U'\Lambda^{-1}{}']^{-1}\hat{N} ,$$

und der Verwerfungsbereich von H_o ist durch die Ungleichung $F \geq F_{1-\alpha,k+1,T-(k+1)}$ charakterisiert. F ist verteilt wie das zentrale F(k+1,T-(k+1)), daher können die kritischen Punkte den Tafeln der zentralen F-Verteilung entnommen werden.

Satz 3.3

Sei R_j die Differenz der j-ten und der (j-1)-ten Zeile von $\Lambda^{-1}U$. Dann ist

$$g_{\Delta_k} \notin S_{2,k}(\mu_o,\ldots,\mu_k) ,$$

wenn für alle j=1,...,k die Ungleichung

$$\frac{1}{\hat{\sigma}^2[R_j(V^{**}{}'X'XV^{**})R_j']}(N_j-N_{j-1})^2 \geq F_{1-\alpha,k+1,T-(k+1)}$$

erfüllt ist.

Beweis:

Wir überprüfen mit Hilfe der F-Verteilung H_o' getrennt auf jedem der Teilintervalle $[\mu_{j-1},\mu_j]$, j=1,...,k . Die Komponente $\hat{N}_j$ von $\hat{N}$ 'schneidet' in (3.23) gerade die j-te Zeile von $\Lambda^{-1}U$ heraus, entsprechend $\hat{N}_{j-1}$ die (j-1)-te Zeile von $\Lambda^{-1}U$. Dann entspricht die quadratische Form im Zähler von (3.23) dem Skalar

$$(3.24)\qquad (\hat{N}_j - \hat{N}_{j-1})\,[R_jV^{**}{}'X'XV^{**}R_j']^{-1}(\hat{N}_j - \hat{N}_{j-1}) ,$$

d.h. wir haben nur einen Zählerfreiheitsgrad. Die Behauptung folgt nun unmittelbar, wenn wir für die quadratische Form in (3.22) den Skalar (3.24) setzen. -

Dieser Test der kubischen Spline-Lag Hypothese ist dennoch unbefriedigend, denn bei Ablehnung der linearen und der quadratischen Hypothese weiß man noch nicht, ob zum Beispiel der Spline-Grad 4 noch bessere Schätzergebnisse liefert. Es wäre daher wünschenswert, die Wahl der a priori vorzugebenden Spline-Parameter wie Grad und Anzahl der Knoten von der Struktur und Qualität des vorgegebenen Beobachtungsmaterials abhängig zu machen. Dieses Problem versuchen wir in Abschnitt 4 zu lösen.

3.2 *Bemerkungen zum Begriff des totalpositiven Kerns*

Der Spline-Ansatz in Definition 3.1 und der kubische Ansatz von Poirier bzw. von Ahlberg, Nilson und Walsh sind für die Festlegung einer flexiblen Lag-Funktion nicht sehr geeignet. Zum einen erhält man bei Verwendung der Spline-Basis $\{1,t,t^2,\ldots,t^n,(t-x_1)_+^n,\ldots,(t-x_k)_+^n\}$ in (3.1) lineare Systeme, die im allgemeinen schlecht konditioniert sind. Dies führt zu Schwierigkeiten bei der direkten Bestimmung der Spline-Koeffizienten, da in der entstehenden Koeffizienten-Matrix die Elemente außerhalb der Hauptdiagonalen teilweise erheblich größer sind als diejenigen auf der Hauptdiagonalen, und dadurch die Inversion der Matrix sehr instabil wird. Numerische Fehler bei der Inversion müssen schon deswegen vermieden werden, weil sich die Spline-Koeffizienten bei geringen Änderungen der Inversen-Elemente sehr stark ändern können. Diese numerischen Instabilitäten erhöhen sich außerdem sehr schnell mit der Dimension des linearen Systems, d.h. mit der Anzahl der Basiselemente in (3.1). Zum andern ist der kubische Spline-Ansatz von Poirier zwar numerisch stabiler, denn die Koeffizientenmatrix in dem Momentensystem (3.11) ist tridiagonal mit überwiegender Hauptdiagonale, aber wir haben der Auswahl der Lag-Zeitpunkte $\mu_o,\ldots,\mu_k$ entsprechend viele Teilintervalle, auf denen die kubischen Polynomstücke definiert sind. Wünschenswert ist aber

aber ein Spline mit einer möglichst geringen Anzahl von Teilintervallen, die in gewisser Weise unabhängig von der Auswahl der Lag-Stützstellen ist. Dieser Nachteil im Ansatz von Poirier ist dadurch bedingt, daß die Spline-Knoten mit den Lag-Stützstellen identisch sind. Wir brauchen daher einen Spline, bei dem die Knoten und die Stützstellen verschieden sein können, insbesondere daß die Anzahl der Knoten bzw. die Anzahl der Teilintervalle zwischen den Knoten möglichst gering ist.

Die Erfüllung dieser beiden Forderungen erreichen wir durch Übergang zu einer anderen Basis von $S_{n,k}(x_1,\ldots,x_k)$, deren Elemente als B-Splines bezeichnet werden (vgl. Schoenberg (1946, 1967) und Curry und Schoenberg (1966)). Wir erhalten dann ein lineares System für die Bestimmung der Spline-Koeffizienten, das inversionsstabil ist und - bedingt durch die erwähnte Trennung von Knoten und Lag-Stützstellen - äußerst flexible Lag-Darstellungen liefert.

B-Splines haben die Eigenschaften von Dichtefunktionen. Eine vorgegebene Dichte- bzw. Verteilungsfunktion läßt sich durch eine Folge von B-Splines beliebig genau approximieren (siehe Satz 3.6 und 3.7), daher wird der B-Spline für die Festlegung der Spline-Lag Dichte im nächsten Abschnitt von zentraler Bedeutung sein. Weil außerdem eine geeignete nichtnegative Linearkombination von Dichtefunktionen wiederum eine Dichtefunktion ist, werden uns insbesondere Linearkombinationen von B-Splines interessieren.

Dieser Abschnitt dient als Vorbereitung für die Definition des Spline-Lags in Abschnitt 3.3.3 . Wir wollen hier zunächst den mathematischen Rahmen aufzeigen, in den B-Splines einzuordnen sind. Daher skizzieren wir einige fundamentale Aussagen über totalpositive Kerne und Pólya-Dichtefunktionen, da B-Splines als solche charakterisiert werden können. Die nachfolgenden Ausführungen sind aus dem Buch von Karlin (1968) entnommen.

3.2.1 Pólya-Dichtefunktionen

Definition 3.2

Seien X und Y zwei linear geordnete Mengen.

a) Dann heißt die reellwertige Funktion ('Kern')

$$K : X\times Y \longrightarrow \mathbb{R} : (x,y) \longrightarrow K(x,y)$$

totalpositiv von der Ordnung r, wenn für alle

$$x_1<x_2<\ldots<x_m;\; y_1<y_2<\ldots<y_m,\; 1\leq m\leq r,\; x_i\in X,\; y_i\in Y,$$

die Ungleichung

$$K\begin{pmatrix} x_1,x_2,\ldots,x_m \\ y_1,y_2,\ldots,y_m \end{pmatrix} = \begin{vmatrix} K(x_1,y_1) & K(x_1,y_2) & \ldots & K(x_1,y_m) \\ \vdots & \vdots & & \vdots \\ K(x_m,y_1) & K(x_m,y_2) & \ldots & K(x_m,y_m) \end{vmatrix} \geq 0$$

erfüllt ist.

b) Ist außerdem für $f : \mathbb{R} \longrightarrow \mathbb{R} : (x,y) \longrightarrow f(x-y) = K(x,y)$ erfüllt, dann heißt f eine Pólya-Dichtefunktion der Ordnung r, wenn sie $0 < \int_{-\infty}^{\infty} f(t)dt < \infty$ genügt. -

Für den Fall, daß

$$x_1\leq x_2\leq\ldots\leq x_m;\; y_1\leq y_2\leq\ldots\leq y_m,\; x_i\in X,\; y_i\in Y,$$

gilt, d.h. gewisse der x_i bzw. y_i gleich sein können, muß die Determinantenbedingung modifiziert werden. Wir betrachten dann die 'abgeleitete' Determinante

$$K^*\begin{pmatrix} x_1,\ldots,x_m \\ y_1,\ldots,y_m \end{pmatrix},$$

wobei der * anzeigen soll, daß gewisse der x_i bzw. y_i gleich sein können. $K^*\begin{pmatrix} x_1,\ldots,x_m \\ y_1,\ldots,y_m \end{pmatrix}$ unterscheidet sich von $K\begin{pmatrix} x_1,\ldots,x_m \\ y_1,\ldots,y_m \end{pmatrix}$ dadurch, daß bei r gleichen Werten der x_i die entsprechenden

Zeilen in der Determinante durch die Ableitungen

$$K, \frac{\partial K}{\partial x}, \dots, \frac{\partial^{r-1} K}{\partial x^{r-1}}$$

dargestellt werden. Dasselbe gilt bei gleichen y-Werten für die entsprechenden Spalten in der Determinante. Zum Beispiel für m = 6 und

$$x_1 < x_2 = x_3 < x_4 < x_5 = x_6, \quad y_1 < y_2 = y_3 = y_4 = y_5 < y_6$$

ist

$$K^*\begin{pmatrix} x_1, x_2, \dots, x_6 \\ y_1, y_2, \dots, y_6 \end{pmatrix}$$

$$= \begin{vmatrix} K(x_1,y_1) & K(x_1,y_2) & \frac{\partial K(x_1,y_2)}{\partial y} & \frac{\partial^2 K(x_1,y_2)}{\partial y^2} & \frac{\partial^3 K(x_1,y_2)}{\partial y^3} & K(x_1,y_6) \\ K(x_2,y_1) & K(x_2,y_2) & \frac{\partial K(x_2,y_2)}{\partial y} & \frac{\partial^2 K(x_2,y_2)}{\partial y^2} & \frac{\partial^3 K(x_2,y_2)}{\partial y^3} & K(x_2,y_6) \\ \frac{\partial K(x_2,y_1)}{\partial x} & \frac{\partial K(x_2,y_2)}{\partial x} & \frac{\partial^2 K(x_2,y_2)}{\partial x\, \partial y} & \frac{\partial^3 K(x_2,y_2)}{\partial x\, \partial y^2} & \frac{\partial^4 K(x_2,y_2)}{\partial x\, \partial y^3} & \frac{\partial K(x_2,y_6)}{\partial x} \\ K(x_4,y_1) & K(x_4,y_2) & \frac{\partial K(x_4,y_2)}{\partial y} & \frac{\partial^2 K(x_4,y_2)}{\partial y^2} & \frac{\partial^3 K(x_4,y_2)}{\partial y^3} & K(x_4,y_6) \\ K(x_5,y_1) & K(x_5,y_2) & \frac{\partial K(x_5,y_2)}{\partial y} & \frac{\partial^2 K(x_5,y_2)}{\partial y^2} & \frac{\partial^3 K(x_5,y_2)}{\partial y^3} & K(x_5,y_6) \\ \frac{\partial K(x_6,y_1)}{\partial x} & \frac{\partial K(x_6,y_2)}{\partial x} & \frac{\partial^2 K(x_6,y_2)}{\partial x\, \partial y} & \frac{\partial^3 K(x_6,y_2)}{\partial x\, \partial y^2} & \frac{\partial^4 K(x_6,y_2)}{\partial x\, \partial y^3} & \frac{\partial K(x_6,y_6)}{\partial x} \end{vmatrix}$$

Ein wichtiger Spezialfall ist

$$K^*\underbrace{\begin{pmatrix} x, \dots, x \\ y, \dots, y \end{pmatrix}}_{m} = \begin{vmatrix} K(x,y) & \frac{\partial K(x,y)}{\partial y} & \dots & \frac{\partial^{m-1} K(x,y)}{\partial y^{m-1}} \\ \frac{\partial K(x,y)}{\partial x} & \frac{\partial^2 K(x,y)}{\partial x\, \partial y} & \dots & \frac{\partial^m K(x,y)}{\partial x \partial y^{m-1}} \\ \vdots & \vdots & & \vdots \\ \frac{\partial^{m-1} K(x,y)}{\partial x^{m-1}} & \frac{\partial^m K(x,y)}{\partial x^{m-1}\partial y} & \dots & \frac{\partial^{2m-2} K(x,y)}{\partial x^{m-1}\partial y^{m-1}} \end{vmatrix} .$$

Seien T_1 und T_2 zwei Klassen von ganzen Funktionen, die durch reelle Potenzreihen mit nichtpositiven, reellen Nullstellen bzw. reellen Nullstellen dargestellt werden können. Es ist $T_1 \subset T_2$. Nach zwei klassischen Arbeiten von Laguerre (1898) und Pólya (1913) ist die ganze Funktion $\psi(z)$, $z \in ¢$, genau dann in T_1, wenn ψ von der Form

$$\psi(z) = C\, z^{\rho}\, e^{\gamma z} \prod_{\nu=1}^{\infty} (1 + \delta_\nu z),$$

$\rho \in \mathbb{N}_o$, $C, \gamma, \delta_\nu \in \mathbb{R}$, $\gamma \geq o$, $\delta_\nu \geq o$, $\sum_{\nu=1}^{\infty} \delta_\nu < \infty$, ist. Eine noch fundamentalere Bedeutung in der Theorie der Pólya-Dichtefunktionen hat T_2 mit

$$\psi(z) = C\, e^{-\gamma z^2 + \delta z}\, z^m \prod_{\nu=1}^{\infty} (1+\delta_\nu z)\, e^{-\delta_\nu z},$$

$C, \gamma, \delta_\nu \in \mathbb{R}$, $\gamma \geq o$, $\sum_{\nu=1}^{\infty} \delta_\nu^2 < \infty$. Sei

$$T_1^* := \{\psi \in T_1 \mid \psi(o) = 1\}\ ,\quad T_2^* := \{\psi \in T_2 \mid \psi(o) = 1\}.$$

Über die Laplace-Transformation besteht zwischen $\psi(z)$ und einer Pólya-Dichtefunktion der Ordnung r der folgende Zusammenhang:

1. Ist $\psi(z) \in T_2^*$, $m=o$, $\psi \neq e^{\delta z}$, $\psi(z)>o$, $-\infty \leq \alpha < z < \beta \leq \infty$, dann erhält man durch Laplacesche Transformation der Pólya-Dichtefunktion der Ordnung r die Reziproke von ψ:

$$\frac{1}{\psi(z)} = \int_{-\infty}^{\infty} e^{-zt} f(t)\,dt, \quad \alpha < \operatorname{Re} z < \beta.$$

Ist f eine Pólya-Dichtefunktion der Ordnung r, so konvergiert das Laplacesche Integral in dem Streifen $\alpha < \operatorname{Re} z < \beta$ gegen $1/\psi(z)$, $\psi(z) \in T_2^*$. α und β sind Nullstellen von $\psi(z)$, wenn $\alpha, \beta < \infty$ ist.

2. Laplacescher Entwicklungssatz: Sei $\psi(z) \in T_1^*$, $\psi(z)>o$, $z>o$, $\psi(z) = o$, sonst. Dann ist für die Pólya-Dichtefunktion f(t) der

Ordnung r mit f(t) = o, t < o,

$$\frac{1}{\psi(z)} = \int_{-\infty}^{\infty} e^{-zt} f(t)dt = \int_{o}^{\infty} e^{-zt} f(t)dt, \text{ Re } z > o.$$

Ist umgekehrt f eine Pólya-Dichtefunktion der Ordnung r mit f(t) = o, t < o, so konvergiert das Laplacesche Integral für Re z > o. ($\psi(z) \equiv e^{\delta z}$ wird ausgeschlossen, da

$$\frac{1}{\psi(z)} = e^{-\delta z} = \int_{-\infty}^{\infty} e^{-zt} dF_{\delta}(t),$$

mit der entarteten Funktion

$$F_{\delta}(t) = \begin{cases} 1, & t=\delta \\ o, & \text{sonst} \end{cases}$$

gelten müßte).

Das Problem, wie man bei gegebenem $\psi(z)$ die zugehörige Pólya-Dichtefunktion erhalten kann, wollen wir anhand der nachfolgenden Beispiele erläutern. Ordnet man die Nullstellen von $\psi(z)$ links von α in absteigender Reihenfolge an,

$$\ldots\ldots \alpha_n < \alpha_{n-1} < \ldots < \alpha_1 < \alpha_o = \alpha,$$

rechts von β in aufsteigender Reihenfolge,

$$\beta = \beta_o < \beta_1 < \ldots < \beta_n < \ldots\ldots\ldots ,$$

(diese Nullstellen seien alle einfach), so ergeben sich mit Hilfe des Residuensatzes für meromorphe Funktionen und der komplexen Inversionsformel von Lagrange die Dirichlet-Reihen (asymptotische Reihenentwicklung für $t \longrightarrow \infty$):

$$f(t) \approx \begin{cases} \sum_{\nu=o}^{\infty} \frac{1}{\psi'(\alpha_\nu)} e^{t\alpha_\nu}, & t > \rho \\ -\sum_{\nu=o}^{\infty} \frac{1}{\psi'(\beta_\nu)} e^{t\beta_\nu}, & t < \hat{\rho} \end{cases}$$

wobei ρ, $\hat{\rho}$ die Konvergenzradien der beiden Reihen sind. Betrachten wir zum Beispiel $\psi(z) = \frac{1}{\pi} \sin \pi z$. Dann gibt es nach dem

Darstellungssatz eine Pólya-Dichtefunktion f(t) der Ordnung r mit

$$\frac{\pi}{\sin \pi z} = \int_{-\infty}^{\infty} e^{-zt} f(t)dt.$$

Dieses Integral ist für $\alpha=o < \text{Re } z < 1=\beta$ wohldefiniert. Die Nullstellen von $\psi(z)$ sind die ganzen Zahlen, daher ist $\psi'(\nu) = \cos \pi\nu = (-1)^{\nu}$, $\nu \in \mathbb{Z}$. Dann ist

$$f(t) \approx \begin{cases} \sum_{\nu=o}^{\infty} (-1)^{\nu} e^{-\nu t} = (1+e^{-t})^{-1}, & t > o \\ \sum_{\nu=o}^{\infty} (-1)^{\nu} e^{(\nu+1)t} = e^{t}(1+e^{t})^{-1}, & t < o. \end{cases}$$

Ein anderes Beispiel ist die Γ-Funktion, sie hat die Weierstraß'sche Produktdarstellung (vgl. Knopp (1965), S. 33)

$$\psi(z) = \frac{1}{\Gamma(z)} = e^{Cz} z \prod_{\nu=1}^{\infty} (1+\frac{z}{\nu}) e^{-\frac{z}{\nu}}.$$

$1/\Gamma(z)$ ist offensichtlich $\in T_2$, und es gibt eine Darstellung

$$\frac{1}{\psi(z)} = \Gamma(z) = \int_{-\infty}^{\infty} e^{-zt} f(t)dt, \text{ Re } z > o,$$

(Laplacescher Darstellungssatz). $\Gamma(z)$ hat die Pole $o,-1,-2,\ldots$ (=Nullstellen von $1/\psi(z)$) und die Residuen $\psi'(-\nu) = (-1)^{\nu}/\nu!$, $\nu=o,1,2,\ldots$ (vgl. Knopp (1965), S.47). Es folgt dann die asymptotische Reihenentwicklung

$$f(t) \approx \sum_{\nu=o}^{\infty} \frac{(-1)^{\nu}}{\nu!} e^{-\nu t} \qquad (t \to \infty),$$

und da diese Reihe für alle t konvergiert, gilt

$$f(t) = \sum_{\nu=o}^{\infty} \frac{(-1)^{\nu}}{\nu!} e^{-\nu t} = e^{-(e^{-t})}.$$

Wir haben somit die Beziehung

$$\Gamma(z) = \int_{-\infty}^{\infty} e^{-zt} e^{-(e^{-t})} dt,$$

die als Eulersche Integraldarstellung der Γ-Funktion bekannt ist.

3.2.2 Eigenschaften der Pólya-Dichtefunktionen

Pólya-Dichten sind dadurch ausgezeichnet, daß sie totalpositiv und summierbar sind. (Wir lassen die 'Ordnung r' weg, wenn die Definition 3.2 für alle r gilt). Zum Beispiel ist $f(t) = \exp(-t^2)$ eine Pólya-Dichte, ebenso $f(-t)$, $f(a+bt)$, $a,b \in \mathbb{R}$, und $\exp(-\gamma t)f(t)$, γ geeignet. Keine Pólya-Dichte ist die Stufenfunktion

$$f_o(t) = \begin{cases} 1 & t \geq o \\ o & t < o \end{cases},$$

obwohl f_o totalpositiv ist. Durch Konvolution zweier Pólya-Dichten $f_1(t)$ und $f_2(t)$ erhält man wieder eine Pólya-Dichte

$$f(t) = \int_{-\infty}^{\infty} f_1(u) f_2(t-u)\,du. \tag{3.24}$$

Auf diese Weise lassen sich ständig neue Pólya-Dichten erzeugen. Sei z.B.

$$f_1(t) = f_2(t) = e^{-t} f_o(t) = \begin{cases} e^{-t}, & t \geq o \\ o, & t < o \end{cases},$$

so folgt aus (3.24) die Pólya-Dichte

$$f_3(t) = \begin{cases} t\,e^{-t}, & t \geq o \\ o, & t < o \end{cases}.$$

Durch (n-1)-malige Konvolution von $f_3(t)$ mit $f_1(t)$ erhält man

$$f_{n+2}(t) = \begin{cases} t^n\,e^{-t}, & t \geq o \\ o, & t < o \end{cases},$$

also eine Folge von Pólya-Dichten. Sind zwei Pólya-Dichten für $t < o$ identisch o, so gilt dies auch für ihre Konvolution.

Die zentrale Bedeutung der Konvolutionsoperation liegt in ihrer Glättungswirkung. Sei $p \in P_n$ und $a(p)$ die Anzahl der reellen Nullstellen von p (mehrfache Nullstellen werden entsprechend ihrer Vielfachheit gezählt. Dann ist

$$(3.25) \qquad q(t) = \int_{-\infty}^{\infty} f(u)p(t-u)du \quad \in P_n$$

mit $a(q) \leq a(p)$. Das bedeutet, daß man durch Konvolution zweier Pólya-Dichten eine neue Pólya-Dichte erhält, die i.a. weniger Vorzeichenwechsel aufweist, d.h. glatter ist.
Eine weitere interessante Eigenschaft von Pólya-Dichten ist, daß sich die Laplace-Transformierte nach Potenzen von z entwickeln läßt:

$$\frac{1}{\psi(z)} = \sum_{\nu=o}^{\infty} \frac{(-1)^{\nu} m_{\nu}}{\nu!} z^{\nu} ,$$

wobei

$$m_{\nu} = \int_{-\infty}^{\infty} u^{\nu} f(u)du$$

gerade die Momente von f sind. Das bedeutet, daß wir q(t) in (3.25) in der Form

$$(3.26) \qquad q(t) = \sum_{\nu=o}^{\infty} \frac{(-1)^{\nu} m_{\nu}}{\nu!} p^{(\nu)}(t)$$

darstellen können, denn p(t - u) hat die Reihenentwicklung

$$p(t-u) = \sum_{\nu=o}^{n} \frac{(-1)^{\nu} u^{\nu}}{\nu!} p^{(\nu)}(t).$$

Da das unendliche Integral in (3.25) existiert, können Summations- und Integrationsprozeß vertauscht werden. Eine solche Momenten-Entwicklung (3.26) werden wir später bei der Charakterisierung der Spline-Knoten verwenden.

Im Zusammenhang mit Lag-Dichten interessieren 'einseitige' Pólya-Dichten der Ordnung 2 ($f(t) = o$ für $t < o$). Mit Hilfe der Momente lassen sich obere Schranken für f(t) angeben, die zugleich als Maß für das 'Ausgleiten' von f(t) (für große t) betrachtet werden können:
Ist f(t) eine Pólya-Dichte der Ordnung 2, $f(t) = o$, $t < o$, dann gibt es ein t_o, sodaß

$$(3.27)\qquad o \leq f(t) < \frac{1}{m_1} \exp(-\frac{t}{m_1}),\ t > t_o,\ m_1 = \int_{-\infty}^{\infty} tf(t)dt,$$

und

$$(3.28)\qquad 1 - F(t) = 1 - \int_o^t f(u)du \geq \exp(-\frac{t}{m_1}),\ t \leq m_1,$$

und allgemein

$$(3.29)\qquad F(t) \leq 1 - \exp(-\frac{t}{\lambda_r^r}),\ t \leq m_r^{1/r},\ m_r = \int_o^{\infty} u^r f(u)du$$

und $\lambda_r = m_r/(\Gamma(r+1))$ ist. Das Gleichheitszeichen in (3.27), (3.28) und (3.29) wird genau dann angenommen, wenn f(t) eine Exponentialdichte ist.

3.2.3 Pólya-Dichtefolgen

Für Lag-Modelle ist besonders der Fall diskreter totalpositiver Kerne interessant, die für negative Argumente verschwinden. Analog zur stetigen Definition des Kerns (Def. 3.2) betrachten wir die diskreten Lag-Zeitpunkte $X = Y = \{o,1,\ldots,N\}$ und

$$K : X\times Y \longrightarrow \mathbb{R} : (i,j) \longrightarrow K(i,j) =: g_{j-i} \quad (i \leq j)$$

$g_j = o$, $j < o$, und bezeichnen $\{g_j\}_{j=o}^N$ als Pólya-Dichtefolge der Ordnung r, wenn der Kern K totalpositiv der Ordnung r ist (siehe Karlin (1968), S. 393ff.). K läßt sich als Matrix

$$G_N := \begin{pmatrix} g_o & g_1 & g_2 & \cdots & g_N \\ o & g_o & g_1 & \cdots & g_{N-1} \\ o & o & g_o & \cdots & g_{N-2} \\ \vdots & \vdots & \vdots & & \vdots \\ o & o & o & \cdots & g_o \end{pmatrix}$$

schreiben. Somit ist $\{g_j\}_{j=o}^N$ eine Pólya-Dichtefolge der Ordnung

r, wenn G_N totalpositiv der Ordnung r ist. Den Lag-Gewichten $\{g_j\}_{j=o}^N$ ist ein erzeugendes Polynom $\Sigma_{j=o}^N g_j z^j$ zugeordnet (vgl. Abschn. 1).
Ist $\{g_j\}_{j=o}^N$ eine Pólya-Dichtefolge der Ordnung 2, so brauchen wir nur diejenigen 2×2-Matrizen in G_N betrachten, die von Null verschiedene Elemente haben. Wegen

$$\begin{vmatrix} g_j & g_{j+1} \\ g_{j-1} & g_j \end{vmatrix} \geq o \quad \Leftrightarrow \quad \frac{g_j}{g_{j-1}} \geq \frac{g_{j+1}}{g_j} ,$$

bilden die Verhältnisse aufeinanderfolgender g_j eine fallende Folge. Diese Eigenschaft von Pólya-Dichtefolgen der Ordnung 2 sichert die Konvergenz des erzeugenden Polynoms.
Abschließend wollen wir noch den strengen Zusammenhang zwischen den normierten Momenten einer einseitigen Dichtefunktion und deren Pólya-Dichteeigenschaft erwähnen:

> Sei f(t) eine einseitige Dichtefunktion mit den normierten Momenten
>
> $$\bar{m}_\nu = \frac{1}{\nu!} \int_o^\infty t^\nu f(t)dt, \quad \nu=o,1,\ldots \quad .$$
>
> Dann ist f(t) genau dann eine Pólya-Dichte der Ordnung r, wenn $\{\bar{m}_\nu\}_{\nu\geq o}$ eine Pólya-Dichtefolge der Ordnung r ist.

3.3 *Die Spline-Lag Dichte*

3.3.1 *Definition des B-Splines*

Wir betrachten die Menge der 'Gewichtsfunktionen' (vgl. Karlin (1968), S. 5o1ff.)

$$\{w_i(t) \in C^n_{[a,b]} \mid \; w_i(t) > o, \; i=1,\ldots,n\}$$

und die zugehörigen Differentialoperatoren 1. Ordnung

$$(D_i\phi)(t) \; := \frac{d}{dt} \; \frac{1}{w_i(t)} \; \phi(t) \; .$$

Sei

$$L_n\phi := D_n D_{n-1} \dots D_1\phi$$

ein Differentialoperator n-ter Ordnung. Seien $\phi_\nu(t)$, $\nu=1,\dots,n$, die Lösungen von $L_n\phi = o$, die den Anfangsbedingungen

$$\phi_\nu(a) = \delta_{\nu 1}\, w_1(a) \text{ und } D_j \dots D_1\phi_\nu(a) = \delta_{\nu,j+1}\, w_\nu(a)$$

($j=1,\dots,n-1$) genügen ($\delta_{\nu j}$ sei das Kronecker-Delta).
Dann läßt sich jede Lösung von $L_n\phi = o$ als Linearkombination der $\{\phi_\nu\}_{\nu=1}^n$ darstellen, das heißt $\{\phi_\nu\}_{\nu=1}^n$ ist eine Lösungsbasis. Diese berechnet man durch

$$\begin{aligned}
\phi_1(t) &= w_1(t)\\
\phi_2(t) &= w_1(t) \int_a^t w_2(\xi_1)d\xi_1\\
&\;\;\vdots\\
\phi_n(t) &= w_1(t) \int_a^t w_2(\xi_1) \int_a^{\xi_1} w_3(\xi_2) \int_a^{\xi_2} w_4(\xi_3) \cdots \int_a^{\xi_{n-2}} w_n(\xi_{n-1})\cdot\\
&\qquad\cdot d\xi_{n-1}d\xi_{n-2}\cdots d\xi_2 d\xi_1 .
\end{aligned} \tag{3.3o}$$

Mit

$$\phi_n(t,u)$$

bezeichnen wir die Fundamental-Lösung des Differentialoperators L_n. Darunter wollen wir verstehen, daß $\phi_n(t,u)$ die Differentialgleichung $L_n\phi = o$ auf jedem der beiden Teilintervalle $a \leq t < u$ und $u > t \geq b$ erfüllt, und die (n-1)-te Ableitung an der Stelle $t = u$ unstetig ist. Das bedeutet, daß $\phi_n(t,u)$ an der Stelle $t = u$ die Bedingungen

$$\phi_n(u,u) = o,\; D_i\cdots D_2 D_1\phi_n(u,u) = o,\; i=1,\dots,n-2 ,$$

und

$$\frac{D_{n-1}D_{n-2}\cdots D_1\phi_n(u+o,u) - D_{n-1}D_{n-2}\cdots D_1\phi_n(u-o,u)}{w_n(u)} = 1$$

erfüllt. $\phi_n(t,u)$ hat ebenfalls eine Integraldarstellung der Form

$$(3.31) \qquad \phi_n(t,u) = \begin{cases} o, & t < u \\ w_1(t) \int_u^t w_2(\xi_1) \int_u^{\xi_1} w_3(\xi_2) \cdots \int_u^{\xi_{n-2}} w_n(\xi_{n-1}) \cdot \\ \quad \cdot d\xi_{n-1} \cdots d\xi_1, & t \geq u. \end{cases}$$

Es gilt nun der fundamentale

Satz 3.4 (Karlin (1968), S. 503):

Sei $\phi_n(t,u)$ definiert wie in (3.31). Sei t_j,u_j, $j=1,\ldots,r$, eine beliebige Diskretisierung von [a,b] mit den drei Eigenschaften

(i) $a \leq t_1 \leq t_2 \leq \ldots \leq t_r \leq b$; $a \leq u_1 \leq u_2 \leq \ldots \leq u_r \leq b$;

(ii) falls gewisse der t_j bzw, der u_j zusammenfallen (etwa α der t_j und β der u_j), dann soll $\alpha + \beta \leq n+1$ sein;

(iii) nicht mehr als n aufeinanderfolgende t_j bzw. u_j sollen zusammenfallen.

Dann ist

$$\phi_n^* \begin{pmatrix} t_1,t_2,\ldots,t_r \\ u_1,u_2,\ldots,u_r \end{pmatrix} \geq o,$$

wobei ϕ_n^* der abgeleitete Kern ist. (Vgl. die Bemerkung im Anschluß an Definition 3.2). Das strenge Ungleichheitszeichen gilt genau dann, wenn

$$t_{i-n} < u_i < t_i, \quad i=1,\ldots,r,$$

erfüllt ist.-

Dieser Satz ist von zentraler Bedeutung für die Theorie der Spline-Interpolation, da jedes Element der Spline-Klasse $S_{n-1,k}$ (vgl. Abschnitt 3.1) als Lösung einer Differentialgleichung $L_n g = o$ angesehen werden kann. Seien

$$(3.32) \qquad \ldots < t_{-2} < t_{-1} < t_o < t_1 < t_2 < \quad \ldots$$

unendlich viele Knoten mit $\lim_{\nu\to\pm\infty} t_\nu = \pm\infty$. Falls eine Funktion $g(t) \in C^{n-2}_{(-\infty,\infty)}$ und $L_n g = o$ auf jedem der Teilintervalle $(t_\nu, t_{\nu+1})$ ist, dann ist g(t) ein 'unendlicher' Spline bezüglich der Knoten $\{t_\nu\}_{\nu\in\mathbb{Z}}$. Eine Basisdarstellung für g(t) bekommen wir mit den sogenannten B-Splines als Basiselemente. Die B-Splines sind definiert durch

$$(3.33) \qquad m_i(u) = \frac{\phi_n^*\begin{pmatrix} t_i, t_{i+1}, \ldots, t_{i+n-1}, t_{i+n} \\ a\ , a\ , \ldots, a\ , u \end{pmatrix}}{\phi_{n+1}^*\begin{pmatrix} t_i, t_{i+1}, \ldots, t_{i+n-1}, t_{i+n} \\ a\ , a\ , \ldots, a\ , a \end{pmatrix}}, \quad u > a,\ t_i > a,$$

wobei der Zähler und Nenner die abgeleiteten Determinanten bezüglich der Kerne $\phi_n(t,u)$ und $\phi_{n+1}(t,u)$ sind. Für den Spline in (3.1) sind die Differentialoperatoren von der Form

$$D_\nu = \frac{1}{\nu}\frac{d}{dt} \quad .$$

Die Lösungsbasis ist $\phi_i(t) = t^{i-1}$, $i=1,\ldots,n+1$, und die Fundamental-Lösung ist

$$\phi_n(t,u) =: m_n(u,t) = n(t-u)_+^{n-1} = \begin{cases} n(t-u)^{n-1}, & t \geq u \\ o, & t < u \end{cases} .$$

Die B-Splines (3.33)

$$m_i(u) = m_n(u; t_i, \ldots, t_{i+n})$$

sind dann bis auf eine multiplikative Konstante gerade die n-ten dividierten Differenzen von $m_n(u,t)$ bezüglich der Knoten $\{t_i, \ldots, t_{i+n}\}$. Da jede n-te dividierte Differenz einer Funktion $f(t) = \sum_{i=1}^{n+1} b_i\phi_i(t)$ durch den Determinanten-Ausdruck

$$f[t_i,\dots,t_{i+n}] = \frac{\begin{vmatrix} \phi_1(t_i) & \phi_2(t_i) & \dots & \phi_n(t_i) & f(t_i) \\ \vdots & \vdots & & \vdots & \vdots \\ \phi_1(t_{i+n}) & \phi_2(t_{i+n}) & \dots & \phi_n(t_{i+n}) & f(t_{i+n}) \end{vmatrix}}{\begin{vmatrix} \phi_1(t_i) & \phi_2(t_i) & \dots & \phi_n(t_i) & \phi_{n+1}(t_i) \\ \vdots & \vdots & & \vdots & \vdots \\ \phi_1(t_{i+n}) & \phi_2(t_{i+n}) & \dots & \phi_n(t_{i+n}) & \phi_{n+1}(t_{i+n}) \end{vmatrix}}$$

dargestellt werden kann (siehe Karlin (1968), S. 523). Wenn $\{\phi_i\}_{i=1}^{n+1}$ ein Haarsches System ist, läßt sich (3.33) auch in der Form

$$m_i(u) = \frac{\begin{vmatrix} \phi_1(t_i) & \phi_2(t_i) & \dots & \phi_n(t_i) & \phi_n(t_i,u) \\ \vdots & \vdots & & \vdots & \vdots \\ \phi_1(t_{i+n}) & \phi_2(t_{i+n}) & \dots & \phi_n(t_{i+n}) & \phi_n(t_{i+n},u) \end{vmatrix}}{\begin{vmatrix} \phi_1(t_i) & \phi_2(t_i) & \dots & \phi_n(t_i) & \phi_{n+1}(t_i) \\ \vdots & \vdots & & \vdots & \vdots \\ \phi_1(t_{i+n}) & \phi_2(t_{i+n}) & \dots & \phi_n(t_{i+n}) & \phi_{n+1}(t_{i+n}) \end{vmatrix}}$$

darstellen. Man kann zeigen, daß die Determinante im Nenner positiv ist (Karlin (1968), S. 279, Theorem 1.2). Wenden wir Satz 3.4 auf die Zählerdeterminante von (3.33) an, so folgt $m_i(u) \geq o$ für alle u, und $m_i(u) > o$ genau dann, wenn $t_i < u < t_{i+n}$ gilt. Für die Fundamentaldarstellung des allgemeinen Splines g(t) mit den Knoten (3.32) gilt der folgende

Satz 3.5 (Karlin (1968), S. 529):

Sei g(u) ein Spline mit den Knoten (3.32). Für die positiven Funktionen $w_1(t), w_2(t),\dots,w_n(t)$ in (3.3o) gelte $w_1(t) = 1$, $w_2(t) = w_n(t)$, $w_3(t) = w_{n-1}(t)$ usw. .

(i) Wenn $g(u) = o$ für $u \notin (t_1,t_N)$, $1 < N \leq n$, dann ist $g(u) = o$ für alle $u \in \mathbb{R}$.

(ii) Wenn $g(u) = o$ für $u \notin (t_1,t_N)$, $N > n$, dann läßt sich $g(u)$ eindeutig durch

(3.34) $$g(u) = \sum_{\nu=1}^{N-n} c_\nu \, m_\nu(u), \quad c_\nu \in \mathbb{R},$$

darstellen.

(iii) Wenn $g(u) = o$, $u < t_1$, so gilt die eindeutige Darstellung

(3.35) $$g(u) = \sum_{\nu=1}^{\infty} c_\nu \, m_\nu(u),$$

ist $g(u) = o$, $u > t_o$, so gilt

(3.36) $$g(u) = \sum_{\nu=-\infty}^{-n} c_\nu \, m_\nu(u).$$

(iv) Allgemein hat $g(u)$ die eindeutige B-Spline Entwicklung

(3.37) $$g(u) = \sum_{\nu=-\infty}^{\infty} c_\nu \, m_\nu(u). -$$

Für die Konstruktion der Lag-Dichte werden wir uns noch eingehender mit dem Fall (ii) befassen. Abschließend wollen wir diesen noch an einem einfachen Beispiel demonstrieren:

Sei $t_1=o$, $t_2=t_3=1$, $t_4=2$, $t_5=t_6=3$, also $N=6$. Wählen wir den Spline-Grad 2 (also $n=3$), dann erhalten wir die quadratischen B-Splines $m_1(u) = m_3(u;o,1,1,2)$, $m_2(u) = m_3(u;1,1,2,3)$ und $m_3(u) = m_3(u;1,2,3,3)$. (3.34) ist dann der allgemeinste Spline $g(u) = \Sigma_{\nu=1}^{3} c_\nu \, m_\nu(u)$ auf dem Intervall $(t_1,t_N) = (o,3)$.

3.3.2 *Verteilungseigenschaften von B-Splines*

Von Curry und Schoenberg (1966) sind erstmals die asymptotischen Eigenschaften von B-Splines untersucht worden. Sie haben gezeigt, daß jede Pólya-Dichtefunktion durch B-Splines beliebig genau approximiert werden können, und die zugehörigen Verteilungsfunktionen gegen eine wohldefinierte Grenzverteilungsfunktion konvergieren. Wir wollen die wesentlichen Aussagen in diesem Abschnitt zusammenstellen, weil sie die statistische Grundlage für die Verwendung von B-Splines zur Darstellung von Lag-Dichten liefern.

Von zentraler Bedeutung für die nachfolgenden Sätze ist der bereits in Abschnitt 1 erwähnte Satz von Peano: Für lineare Funktionale $L : C^n_{[a,b]} \to \mathbb{R}$, die Polynome vom Höchstgrad n annullieren, gilt die Integraldarstellung

$$(3.38) \qquad L(f) = \int_a^b K(u) f^{(n)}(u) du$$

mit dem Peano-Kern $K(u) = \frac{1}{(n-1)!} L_t[(t-u)_+^{n-1}]$. Hierbei bedeutet der Index t, daß L allein als Funktion von t auf [...] angewandt wird. Dann ist

$$\frac{n}{n(n-1)!} L_t[(t-u)_+^{n-1}] = \frac{1}{n!} L_t[n(t-u)_+^{n-1}]$$

$$= \frac{1}{n!} L_t[\phi_n(t,u)] .$$

Definieren wir nun L(f) als n-te dividierte Differenz von f, so ist $L_t[\phi_n(t,u)] = m_i(u)$ bezüglich der Knoten $\{t_i, \ldots, t_{i+n}\}$, und (3.38) wird zu

$$L(f) = f[t_i, \ldots, t_{i+n}] = \frac{1}{n!} \int_{t_i}^{t_{i+n}} m_i(u) f^{(n)}(u) du,$$

speziell für $f(t) = t^n$ folgt

$$(3.39) \qquad 1 = \int_{t_i}^{t_{i+n}} m_i(u) du = \int_{-\infty}^{\infty} m_i(u)\, du,$$

da $m_i(u) = o$, $u \notin (t_i, t_{i+n})$. (3.39) impliziert die Existenz einer Spline-Verteilungsfunktion

$$(3.4o)\qquad F_n(t) = \int_{-\infty}^{t} m_i(u)du = \int_{-\infty}^{t} m_n(u;t_i,\dots,t_{i+n})du$$

mit

$$\lim_{t\to-\infty} F_n(t) = o, \quad \lim_{t\to\infty} F_n(t) = 1.$$

Wir wollen nun die asymptotischen Approximationseigenschaften von $m_n(u;t_i,\dots,t_{i+n})$ bzw. $F_n(t)$ für $n \to \infty$ betrachten. Dies kann unabhängig von i geschehen, o.B.d.A. setzen wir i = o. Für jedes n haben wir dann die Knoten $t_{on},\dots,t_{nn}$, die wir in der Knotenmatrix

$$\begin{pmatrix} t_{oo} & & & & \\ t_{o1} & t_{11} & & O & \\ t_{o2} & t_{12} & t_{22} & & \\ \vdots & \vdots & \vdots & \ddots & \\ t_{on} & t_{1n} & t_{2n} & \cdots & t_{nn} \end{pmatrix}$$

anordnen. (3.4o) ist dann von der Form

$$(3.41)\qquad F_n(t) = \int_{-\infty}^{t} m_n(u;t_{on},\dots,t_{nn})du.$$

Durch Anwendung des Satzes von Peano folgt (s. Karlin (1968), S. 532)

a)

$$(3.42)\qquad \frac{1}{\prod_{\nu=1}^{n}\left(1+\frac{t_{\nu n}}{n+1}\,it\right)} = \int_{-\infty}^{\infty}\left(1+\frac{it}{n+1}\,u\right)^{-(n+1)} m_n(u;t_{on},\dots,t_{nn})du.$$

Denn wählt man $f(t) = (1 - bt)^{-1}$, so erhält man durch vollständige Induktion nach n

$$f[t_{on},\dots,t_{nn}] = \frac{b^n}{\prod_{\nu=1}^{n}(1-bt_{\nu n})},$$

und es ist

$$f^{(n)}(u) = n!\, b^n\, (1 - bu)^{-(n+1)}.$$

Für $b = it/(n+1)$ erhalten wir dann (3.42).

b) Falls $F_n(t)$ gegen eine Grenzverteilungsfunktion $F(t)$ konvergiert, gilt

$$(3.43)\quad \lim_{n \to \infty} \int_{-\infty}^{\infty} (1+\frac{it}{n+1}u)^{-(n+1)} m_n(u;t_{on},\dots,t_{nn})du = \int_{-\infty}^{\infty} e^{-itu}dF(u),$$

wobei der Grenzwert für $t \in [-\rho,\rho]$, $o < \rho < \infty$, angenommen wird. Der Beweis wird bei Curry und Schoenberg (1966), S. 95, geführt. Aus (3.42) und (3.43) erhalten wir

$$(3.44)\quad \lim_{n \to \infty} \frac{1}{\psi_n(it)} = \lim_{n \to \infty} \frac{1^{*}}{\prod_{\nu=1}^{n}(1+\frac{t_{\nu n}}{n+1}it)} = \int_{-\infty}^{\infty} e^{-itu}dF(u).$$

Weil

$$\int_{-\infty}^{\infty} e^{-itu}dF(u) = o,\ t \in [-\rho,\rho],\ o < \rho < \infty,$$

ist, folgt, daß die Folge der Polynome $\psi_n(it)$ für $t \in [-\rho,\rho]$ gleichmäßig gegen $\psi(it)$ konvergiert. Die in 3.2.1 definierte Klasse T_2^* ist abgeschlossen bezüglich der gleichmäßigen Konvergenz auf einem Intervall $[-i\rho,i\rho]$, $\rho > o$, der imaginären Achse (siehe Karlin (1968), S. 337, Korollar 2.1), daher ist $\psi(it) \in T_2^*$. T_2^* war aber gerade dadurch ausgezeichnet, daß deren reziproke Elemente Laplacesche Transformierte von Pólya-Dichtefunktionen, bzw. hier von Pólya-Verteilungen, sind. Es gilt somit

Satz 3.6

Die Grenzverteilungsfunktion $F(t)$ einer konvergenten Folge von Spline-Verteilungsfunktionen $F_n(t)$ der Form (3.41) ist eine Pólya-Verteilungsfunktion, deren Laplace-Transformierte (3.44) ist. -

Sei $\psi(z) \in T_2^*$, $z=it$. Dann existiert per definitionem von T_2^* eine Folge von Polynomen $\psi_n(z)$ mit nur reellwertigen Nullstellen, die gleichmäßig gegen $\psi(z)$ konvergiert. Wählen wir diese Nullstellen als Knoten $t_{on},\dots,t_{nn}$, so können wir auf diese Weise die Folge der Spline-Verteilungsfunktionen $F_n(t)$ in (3.41) erzeugen.

Die Konvergenz der $F_n(t)$ gegen $F(t)$ schließen wir aus der Umkehrung des Satzes von Lévy-Cramér (siehe Fisz (1976), S. 226): 'Aus der gleichmäßigen Konvergenz der charakteristischen Funktionen zu $F_n(t)$ folgt die Konvergenz der $F_n(t)$'. Die rechte Seite in (3.42) ist asymptotisch die charakteristische Funktion

$$\varphi_n(t) = \int_{-\infty}^{\infty} e^{-itu}\, m_n(u;t_{on},\dots t_{nn})\,du ,$$

und da die linke Seite von (3.42), nämlich $1/\psi_n(z)$, gleichmäßig gegen $1/\psi(z)$ konvergiert, folgt die gleichmäßige Konvergenz der charakteristischen Funktionen $\varphi_n(t)$ gegen

$$\varphi(t) = \lim_{n\to\infty} \int_{-\infty}^{\infty} e^{-itu}\, m_n(u;t_{on},\dots,t_{nn})\,du.$$

Satz 3.7

Jede Pólya-Verteilungsfunktion $F(t)$ ist die Grenzverteilungsfunktion einer Folge von Spline-Verteilungsfunktionen $F_n(t)$ der Form (3.41).

Satz 3.8

Die Folge der Spline-Verteilungsfunktionen $F_n(t)$ in (3.41) konvergiere punktweise gegen eine Grenzverteilungsfunktion $F(t)$, und es sei

$$\int_{-\infty}^{\infty} e^{-zu} dF(u) \neq e^{\delta z}(1 + \delta_1 z)^{-1} , \; \delta,\ \delta_1 \in \mathbb{R}.$$

Dann konvergiert die Folge der $m_n(t;t_{on},\dots,t_{nn})$ für $-\infty < t < \infty$ gleichmäßig gegen die Dichtefunktion $m(t)$ von $F(t)$.

Beweis: Wird mit Hilfe des Helly'schen Auswahlprinzips (vgl. Natanson (1961)) geführt, siehe Theorem 7 bei Curry und Schönberg (1966) oder Theorem 5.2 bei Karlin (1968), S. 533f..-

Es läßt sich also jede Pólya-Dichte bzw. -Verteilung durch eine Folge von B-Splines beliebig genau approximieren, außerdem erhalten wir durch Laplacesche Transformation in (3.44) die Reziproke einer ganzen Funktion, aus der die Lage der Knoten abgelesen werden kann. Wenn nun eine Pólya-Dichtefunktion $f(t)$ vorgegeben ist, so sind die Knoten $\{t_{\nu n}\}$, $n \to \infty$, $\nu \to \infty$, für die B-Spline Approximierende so zu bestimmen, daß

$$\lim_{n \to \infty} \prod_{\nu=o}^{n} \left(1 + \frac{t_{\nu n}}{n+1} z\right) = \psi(z)$$

erfüllt ist. Wir wollen dies abschließend am Beispiel der Normalverteilung demonstrieren: Für $f(t) = 1/\sqrt{2\pi}\,\exp(-t^2/2)$ ist

$$\begin{aligned}\frac{1}{\psi(z)} &= \frac{1}{\sqrt{2\pi}} \int_{-\infty}^{\infty} e^{-zt}\, e^{-t^2/2}\, dt \\ &= \frac{1}{\sqrt{2\pi}} \int_{-\infty}^{\infty} e^{-1/2\,(2zt + t^2 + z^2) + z^2/2}\, dt \\ &= \frac{1}{\sqrt{2\pi}}\, e^{z^2/2} \int_{-\infty}^{\infty} e^{-1/2\,(t+z)^2} dt = e^{z^2/2}.\end{aligned}$$

Wie sind nun die Knoten zu wählen? Es ist

$$\begin{aligned}\psi(z) = e^{-z^2/2} &= \lim_{j \to \infty} \left(1 - \frac{z^2}{2j}\right)^j \\ &= \lim_{j \to \infty} \left(1 - \frac{z}{2j}\right)^j \left(1 + \frac{z}{2j}\right)^j ,\end{aligned}$$

d.h. die Produktdarstellung der ganzen Funktion, aus der die Lage der Knoten abgelesen werden kann, besteht aus 2j Faktoren, also ist 2j = n+1 zu setzen:

$$\prod_{\nu=o}^{2j-1} \left(1 + \frac{t_{\nu,2j-1}}{2j} z\right) = \left(1 - \frac{1}{\sqrt{2j}} z\right)^j \left(1 + \frac{1}{\sqrt{2j}} z\right)^j .$$

Durch Koeffizientenvergleich ergeben sich die beiden j-fachen Knoten

$$t_{\nu,2j-1} = \begin{cases} -\sqrt{2j} & \text{für } \nu=o,1,\ldots,j-1 \\ \sqrt{2j} & \text{für } \nu=j,j+1,\ldots,2j-1, \end{cases}$$

für $m_{2j-1}(t;t_{o,2j-1},\ldots,t_{2j-1,2j-1})$ und nach Satz 3.8 ist

$$\lim_{j \to \infty} m_{2j-1}(t;-\sqrt{2j},\ldots,-\sqrt{2j},\sqrt{2j},\ldots,\sqrt{2j}) = \frac{1}{\sqrt{2\pi}} e^{-t^2/2} .$$

3.3.3 Darstellung der Spline-Lag Dichte

Aufgrund der Glattheits- und Dichteeigenschaften von B-Splines haben wir nun ein adäquates Instrument für die Darstellung von Lag-Dichten. Wir verwenden wiederum t als Symbol für die Lagvariable und x für die Knoten. Wie in Definition 3.1 seien $o < x_1 < \ldots < x_k < N$ die Knoten im Lag-Intervall [o,N]. Die B-Splines (3.33) seien im folgenden vom Grad n, wir haben daher die (n+1)-ten dividierten Differenzen der Fundamental-Lösung

$$\Phi_{n+1}(x,t) = (n+1)\ (x - t)_+^n =: m_{n+1}(t,x)$$

zu berechnen. Da wir aber nur endlich viele Knoten betrachten, benötigen wir für die Berechnung der dividierten Differenzen 2(n+1) Hilfspunkte 'außerhalb' von $x_1,\ldots,x_k$:

$$x_{-n} < x_{-n+1} < \ldots < x_o < x_1 \text{ und } x_k < x_{k+1} < \ldots < x_{n+k+1} .$$

Setzen wir $[x_{i-j}] := m_{n+1}(t,x_{i-j})$, j=n+1,n,...,1,o ,
dann ergibt sich für ein festes i mit Hilfe der Rekursionsformel

$$[x_{i-j},x_{i-j+1},\dots,x_i] = \frac{[x_{i-j+1},\dots,x_i] - [x_{i-j},\dots,x_{i-1}]}{x_i - x_{i-j}}$$

das Rechenschema

o	1	2	.....	n+1
$[x_{i-n-1}]$	$[x_{i-n-1},x_{i-n}]$	$[x_{i-n-1},x_{i-n},x_{i-n+1}]$		
$[x_{i-n}]$	$[x_{i-n},x_{i-n+1}]$	$[x_{i-n},x_{i-n+1},x_{i-n+2}]$	.....	
$[x_{i-n+1}]$	$[x_{i-n+1},x_{i-n+2}]$	$\vdots$	.....	
$[x_{i-n+2}]$	$\vdots$	$\vdots$		
$\vdots$	$\vdots$	$\vdots$		$[x_{i-n-1},\dots,x_i]$,
$[x_{i-2}]$	$[x_{i-2},x_{i-1}]$	$[x_{i-2},x_{i-1},x_i]$	.....	
$[x_{i-1}]$	$[x_{i-1},x_i]$		.....	
$[x_i]$				

mit dem die B-Splines erzeugt werden können. Wir setzen

(3.45) $\quad m_i(t) := [x_{i-n-1},x_{i-n},\dots,x_i].$

Lemma 3.1 (vgl. Davis (1963), S. 33)

Es gilt

$$m_i(t) = \sum_{\nu=i-n-1}^{i} \frac{(n+1)\ (x_\nu - t)_+^n}{\omega'(x_\nu)}, \quad \omega(t) = \prod_{\nu=i-n-1}^{i} (t - x_\nu).$$

Beweis:

Die Behauptung folgt durch Vergleich der Interpolationsdarstellungen von Lagrange und Newton. Die Lagrangeformel lautet

$$m_{n+1}(t,x) = \sum_{j=i-n-1}^{i} m_{n+1}(t,x_j) \frac{\omega(x)}{\omega'(x_j)(x - x_j)} ,$$

die Newton-Formel

$$m_{n+1}(t,x) = \sum_{j=i-n-1}^{i} [x_{i-n-1},\ldots,x_j](x-x_{i-n-1})\cdots(x-x_j).$$

Die Koeffizienten bei x^{n+1} sind

$$\sum_{j=i-n-1}^{i} \frac{m(t,x_j)}{\omega'(x_j)} \quad \text{und} \quad [x_{i-n-1},\ldots,x_i] = m_i(t),$$

und da die beiden Interpolationsdarstellungen übereinstimmen, folgt die Behauptung. -

Die $\{m_i(t)\}_{i=1}^{n+k+1}$ bilden eine Basis für $S_{n,k}(x_1,\ldots,x_k)$, welche wegen ihrer Eigenschaft als Pólya-Dichtefunktionen für die Darstellung der Lagkurve geeigneter ist als diejenige in Definition 3.1, die Basis war dort $\phi_j(t) = t^{j-1}$, $j=1,\ldots,n+1$; $\phi_{n+1}(x_j,t) = (t - x_j)_+^n$, $j=1,\ldots,k$. Jedes Element aus $S_{n,k}$ läßt sich also als Linearkombination der $m_i(t)$ darstellen.

Wir wollen die Spline-Interpolierende in der Weise erzeugen, daß sie außerhalb von $[o,N]$ verschwindet. Zunächst wählen wir - wie in Abschnitt 3.3.1 aber mit einer anderen Indizierung - eine Auswahl von Stützstellen $\mu_1,\mu_2,\ldots,\mu_{n+k+1}$ mit

$$o =: \mu_1 < \mu_2 < \ldots < \mu_{n+k+1} := N.$$

Um zu sichern, daß die B-Splines (3.45) auf $[x_{i-n},x_i]$ positiv sind, müssen nach Satz 3.4(iii) zwischen den Knoten und den Lag-Stützstellen die Ungleichungen

(3.46) $\quad t_i < x_i < t_{i+n+1} \quad (i=1,\ldots,k)$

erfüllt sein. Nach Satz 3.5(ii) läßt sich dann die Spline-Lagfunktion für $t \in [x_o,x_{k+1}]$ eindeutig durch

$$(3.47) \quad g(t) = \sum_{i=1}^{n+k+1} s_i\, m_i(t), \quad s_i \in R,$$

festsetzen, für $t \notin [x_o, x_{k+1}]$ ist $g(t) = o$. Die Hilfspunkte wählen wir daher wie folgt:

$$x_o = \mu_1, \; x_{k+1} = \mu_{n+k+1} \;,$$

die übrigen äquidistant mit der Schrittweite $h = \frac{1}{k-1}(x_k - x_1)$,

$$(3.48) \quad x_{-j} = x_o - jh, \; x_{j+k+1} = x_{k+1} + jh \quad (j=1,\ldots,n).$$

Wir werden uns mit der Wahl der Knoten und Hilfsknoten noch in Abschnitt 6 eingehender befassen, wenn wir die Schätzung für feste und variable Knoten behandeln.

Jedes Element aus $S_{n,k}(x_1,\ldots,x_k)$ ist ein Spline vom Grad n mit den Knoten $x_1,\ldots,x_k$ der Form (3.47). Gegenüber dem kubischen Ansatz in Abschnitt 3.1.3 hat man hierbei den Vorteil, daß Knoten und Lag-Stützstellen nach Lage und Anzahl verschieden voneinander gewählt werden können (unter Beachtung von (3.46)). Es seien $\hat{s}_i$ die mit einem Regressionsverfahren bezüglich einer geeigneten Ausgleichsnorm bestimmten Schätzwerte der Spline-Koeffizienten s_i $(i=1,\ldots,n+k+1)$, dann ist

$$(3.49) \quad \hat{g}^*(t) = \sum_{i=1}^{n+k+1} \hat{s}_i\, m_i(t)$$

die geschätzte Spline-Lag Funktion, auf die wir im folgenden Bezug nehmen wollen.

In einigen wenigen Arbeiten über Lag-Verteilungen wird auf die Positivitätsforderung der Lag-Gewichte verzichtet (vgl. z.B. Thiel (1977), S. 18), mit dem Argument, daß negative Gewichte einen 'Umschwung in der Vergangenheit' anzeigen können. Ein solcher Umschwung kann auftreten, wenn die erklärende Variable

als Indikator für zwei entgegengesetzt wirkende Einflußfaktoren ist, z.B. kann das Einkommen als erklärende Lag-Variable sowohl die 'Finanzkraft' als auch die Höhe der 'Beschäftigung' bzw. 'Freizeit' anzeigen (vgl. Thiel, S. 18: Der Einfluß auf die Höhe der Ausgaben für kostspielige und zeitintensive Freizeitartikel zum Beispiel, kann in der weiter zurückliegenden Vergangenheit positiv bewertet werden, denn je höher das Einkommen, umso eher ist man in der Lage, Geld hierfür auszugeben. Steigert sich jedoch die Höhe des Einkommens weiter, so wird die Beschäftigungskomponente verstärkt, und man wird im allgemeinen immer weniger Zeit für die Nutzung der Freizeitartikel haben, d.h. in jüngerer Vergangenheit werden die Lag-Gewichte negativ sein, und die Höhe der Ausgaben für Freizeit nimmt ab.
In einem solchen Fall wird man die Lag-Gewichte aber nicht mehr als Wahrscheinlichkeiten interpretieren können (außer man betrachtet sie dem Betrage nach), d.h. es wäre in diesem Fall dann vielleicht besser, von einer Lagkurve statt von einer Lag-Dichte bzw. -Verteilung zu sprechen. Gerade die lineare Kombination der $m_i(t)$ in (3.49) bzw. (3.47) impliziert eine Flexibilität, die auch negative Gewichte ermöglicht. Die lineare Kombination der B-Splines gestattet es, daß bei einer entsprechenden Konstellation der Beobachtungsdaten 'überwiegend' negative Spline-Koeffizienten s_i, $i=1,\dots,n+k+1$, möglich sind, derart, daß für gewisse $t \in [o,N]$ $g^*(t) < o$ wird.

4. *Klassifizierung der Spline-Lag Verteilungen nach der vorgegebenen Datenstruktur*

Die Hauptschwierigkeit in den bisherigen Modellen mit verteilten Lags liegt in der Vorgabe der Funktionsform für die Beschreibung des Lag-Zusammenhangs. Eine Fehlspezifizierung führt häufig zu falschen theoretischen und statistischen Aussagen. Hinzu kommt, daß mögliche Kollinearitäten in der Regressormatrix zu wenig berücksichtigt werden. Die Frage ist nun, ob man in einem noch näher zu definierenden Sinne die Lagstruktur - repräsentiert durch einen Spline (3.49) - an die Datenstruktur - Regressoren und abhängige Variable - derart anpassen kann, daß 'stabile' Regressoren bei der Festlegung der a priori vorzugebenden Spline-Parameter (Anzahl und Anordnung der Knoten, Grad des Splines) stärker berücksichtigt werden.

Um diesen Zusammenhang zwischen Regressoren und Verteilungsform zu formalisieren, werden wir zunächst die Lag-Regressoren geeignet klassifizieren. Anschließend führen wir den Begriff der Spline-Lag Inzidenz ein, mit dem es dann möglich sein wird, eine eineindeutige Beziehung zwischen verschieden starken Forderungen an die Gestalt der Spline-Lag Dichte und den Beobachtungsdaten herzustellen.

4.1 *Das Konzept der Konditionierungsklassen von X'X*

Wir betrachten die Regressormatrix der Lagvariablen

$$X = \begin{pmatrix} x_1 & x_o & \cdots & x_{1-N} \\ x_2 & x_1 & \cdots & x_{2-N} \\ \vdots & \vdots & & \vdots \\ x_T & x_{T-1} & \cdots & x_{T-N} \end{pmatrix} =: (x^o\ x^1\ \ldots\ x^N),$$

und verwenden die Eigenwerte der symmetrischen $(N+1)\times(N+1)$-Matrix

X'X, um das Regularitätsverhalten der Lag-Regressoren feststellen zu können. Als Norm nehmen wir die Spektralnorm

$$\| X'X \|_\rho = \max_{i=1,\dots,N+1} |\lambda_i| = \lambda_{max}$$

(betragsgrößter Eigenwert) und definieren die Konditionszahl

$$\kappa(X'X) = \| X'X \| \, \|(X'X)^{-1}\|$$

(vgl. Householder (1964), S. 81). Da $1/\lambda_{min} = \|(X'X)^{-1}\|$ ist, folgt

$$\kappa(X'X) = \lambda_{max}/\lambda_{min} .$$

Die Wahl dieser Konditionszahl als Maß für die 'Qualität' der Regressoren bezüglich ihres Kollinearitätsverhaltens ist deshalb günstig, weil die Norm der Kehrmatrix implizit enthalten ist. Bei schlechter Konditionierung von X'X wird λ_{min} nahe bei Null liegen, d.h. $\kappa(X'X)$ 'groß' sein. Unter Konditionierung der $(N+1)\times(N+1)$-Matrix X'X wollen wir daher im folgenden die Maßgabe ihrer Konditionierungszahl verstehen.

Bevor wir den eigentlichen Konditionierungsprozeß von X'X in Konditionierungsklassen beschreiben, wollen wir eine Umordnung der $x^o,\dots,x^N$ vornehmen. Wir ordnen die Eigenwerte von X'X in aufsteigender Reihenfolge an

$$\lambda_{min} = \lambda_{i_o} \leq \lambda_{i_1} \leq \dots \leq \lambda_{i_N} = \lambda_{max}$$

und stellen die Regressorspalten entsprechend der Permutation $i_o,\dots,i_N$ von $o,\dots,N$ um:

$$(x^{i_o} \quad x^{i_1} \quad \dots \quad x^{i_N}).$$

Da wir für die nachfolgenden Ausführungen immer annehmen, daß die betreffende Regressormatrix im eben beschriebenen Sinne bereits umgeordnet ist, wollen wir zur Vereinfachung der Schreibweise die Permutations-Indizes weglassen und die umgeordneten Regressoren weiterhin mit $X = (x^o \quad x^1 \quad \dots \quad x^N)$ bezeichnen. Für die Konditionszahlen

$$(4.1) \qquad \kappa_i := \frac{\lambda_{max}}{\lambda_i}, \quad i=o,\ldots,N ,$$

gilt dann

$$(4.2) \qquad \kappa = \kappa_o \geq \kappa_1 \geq \ldots \geq \kappa_N = 1.$$

Wir betrachten nun die Konditionierung der Regressoren paarweise. Für ein festes $\mu \in \{o,\ldots,N-1\}$ ist dann

$$(4.3) \qquad (\, x^\mu \quad x^\nu \,)'(\, x^\mu \quad x^\nu \,) = \left(\begin{array}{c|c} x^{\mu\prime}x^\mu & x^{\mu\prime}x^\nu \\ \hline x^{\nu\prime}x^\mu & x^{\nu\prime}x^\nu \end{array}\right), \quad \nu=\mu+1,\ldots,N ,$$

eine symmetrische 2×2-Matrix, die zwei reelle Eigenwerte

$$\underline{\lambda}^{\mu\nu}, \quad \overline{\lambda}^{\mu\nu} \quad (\, \underline{\lambda}^{\mu\nu} \leq \overline{\lambda}^{\mu\nu} \,), \; \mu < \nu,$$

hat. Die Paarbildung ist für $\nu < \mu$ nicht durchzuführen, weil hierfür die Eigenwerte dieselben sind. Dies ergibt sich unmittelbar daraus, daß die Elemente außerhalb der Hauptdiagonalen gleich sind, und die Vertauschung der Hauptdiagonalelemente die Eigenwerte nicht verändert. Wir erhalten somit die $\binom{N+1}{2}$ Konditionszahlen

$$(4.4) \qquad \kappa^{\mu\nu} := \frac{\overline{\lambda}^{\mu\nu}}{\underline{\lambda}^{\mu\nu}}, \quad \mu=o,\ldots,N-1; \quad \nu=\mu+1,\ldots,N ,$$

die wir in der N×N-Dreiecksmatrix

$$\begin{pmatrix} \kappa^{o1} & \kappa^{o2} & \kappa^{o3} & \ldots & \kappa^{oN} \\ & \kappa^{12} & \kappa^{13} & \ldots & \kappa^{1N} \\ & & \kappa^{23} & \ldots & \kappa^{2N} \\ & o & & \ddots & \vdots \\ & & & & \kappa^{N-1,N} \end{pmatrix}$$

anordnen wollen.

Die Konditionierungsklassen legen wir nun dadurch fest, daß wir die $\kappa^{\mu\nu}$, $\mu=o,\ldots,N-1$, $\mu < \nu$, in die absteigende Folge (4.2) 'einordnen'. Zunächst benötigen wir jedoch noch einen Satz über symmetrische Matrizen, der uns $\kappa_N \leq \kappa^{\mu\nu} \leq \kappa_o$ sichert. Wir wollen diesen der Vollständigkeit halber angeben (vgl. z.B. Schönhage (1971), S. 57):

> Es sei A eine reelle, symmetrische $(N+1)\times(N+1)$-Matrix ($N \geq 1$) mit den Eigenwerten $\lambda_o \leq \lambda_1 \leq \ldots \leq \lambda_N$, A_k die aus A durch Fortlassen der k-ten Zeile und Spalte entstehende $N\times N$-Matrix mit den Eigenwerten $\psi_o \leq \psi_1 \leq \ldots \leq \psi_{N-1}$. Dann gilt
>
> $$\lambda_\nu \leq \psi_\nu \leq \lambda_{\nu+1} \text{ , } \nu=o,\ldots,N-1.$$

Reduziert man also die Dimension von X'X um 1, so liegt der ν-te Eigenwert der reduzierten Matrix zwischen dem ν-ten und $(\nu+1)$-ten Eigenwert der Ausgangsmatrix. Durch wiederholte Anwendung dieses Reduktionsprozesses folgt für die 2×2-Matrizen (4.2)

$$\lambda_o \leq \underline{\lambda}^{\mu\nu}, \qquad \overline{\lambda}^{\mu\nu} \leq \lambda_N \text{ ,}$$

und damit wegen (4.1) und (4.4)

$$\kappa_N \leq \kappa^{\mu\nu} \leq \kappa_o.$$

Ein Regressor x^μ, μ fest, ist also in Bezug auf x^ν, $\nu \neq \mu$, umso schlechter konditioniert, je größer $\kappa^{\mu\nu}$ ist. Die schlechteste Konditionierung - in dem eben erwähnten Sinne - ist dann durch die Maßzahl

$$\text{(4.5)} \qquad \kappa^\mu := \max_{\nu=\mu+1,\ldots,N} \kappa^{\mu\nu} \text{ , } \mu=o,\ldots,N-1 \text{ ,}$$

charakterisiert.

Für die nachfolgende Festsetzung der Konditionierungsklassen $K_j^{(1)}$ und $K_j^{(2)}$ gehen wir davon aus, daß wir alle diejenigen Lag-Zeitpunkte μ in die j-te Klasse aufnehmen, deren Konditionierung $\kappa^\mu \leq \kappa_j$ erfüllt.

Definition 4.1

a) $K_j^{(1)} := \{\mu \mid \kappa^{\mu} \leq \kappa_{\ell},\ \ell = \max\{i \mid \kappa^{\mu} \leq \kappa_i\} \text{ und } \ell \leq j\}$

heiße Lag-Konditionierungsklasse 1. Art (j=o,...,N), wobei κ^{μ} wie in (4.5), κ_j wie in (4.1) definiert ist.

b) $K_j^{(2)} := \{\mu,\nu \mid \kappa^{\mu\nu} \leq \kappa_{\ell},\ \ell = \max\{i \mid \kappa^{\mu\nu} \leq \kappa_i\} \text{ und } \ell \leq j\}$

heiße Lag-Konditionierungsklasse 2. Art (j=o,...,N), wobei $\kappa^{\mu\nu}$ wie in (4.4) definiert ist. -

Bemerkungen

1. Wir können $K_j^{(1)}$ auch als 'strenge' Lag-Konditionierungsklasse bezeichnen, da jeder Lag-Zeitpunkt $\mu \in \{o,...,N\}$ in genau einer Klasse $K_j^{(1)}$ liegt. Im Gegensatz hierzu kann in der erweiterten Klasse $K_j^{(2)}$ ein μ mehrfach auftreten. Wir wollen verabreden, daß wir in einem solchen Fall dieses mehrfache μ nur einmal schreiben.

2. Die Konditionierung von $x^{\mu}, \mu \in K_j^{(1)}$, bzw. x^{μ} und x^{ν}, $(\mu,\nu \in K_j^{(2)})$ ist umso besser, je kleiner κ_j (d.h. je größer j) gewählt werden kann. Bezeichnen wir mit $\lesssim$ eine 'Konditionierungs-Relation', dann ist

$$K_o^{(i)} \lesssim K_1^{(i)} \lesssim K_2^{(i)} \lesssim \dots \lesssim K_N^{(i)} \qquad (i=1,2),$$

d.h. $x^{\mu}, \mu \in K_j^{(i)}$, ist besser konditioniert als $x^{\mu}, \mu \in K_{j-1}^{(i)}$, i=1,2; j=1,...,N .

<u>Ein Beispiel (N = 3):</u>

Sei die Regressormatrix der Lag-Variablen (Ausschnitt aus einer Beobachtungsreihe über den Auftragseingang in der Verarbeitenden Industrie) durch

$$
X = \begin{pmatrix}
1.0300 & 1.0620 & 0.9080 & 0.9940 \\
0.9360 & 1.0300 & 1.0620 & 0.9080 \\
1.0070 & 0.9360 & 1.0800 & 1.0620 \\
1.0120 & 1.0070 & 0.9360 & 1.0300 \\
0.9970 & 1.0120 & 1.0070 & 0.9360 \\
1.0690 & 0.9970 & 1.0120 & 1.0070 \\
1.0040 & 1.0690 & 0.9970 & 1.0120 \\
1.1180 & 1.0040 & 1.0690 & 0.9970 \\
1.1930 & 1.1180 & 1.0040 & 1.0690 \\
1.3030 & 1.1913 & 1.1180 & 1.0040
\end{pmatrix}
\quad \text{(Spalten: } x^0,\ x^1,\ x^2,\ x^3\text{)}
$$

gegeben. Dann hat

$$
X'X = \begin{pmatrix}
x^{0\prime}x^0 & x^{0\prime}x^1 & x^{0\prime}x^2 & x^{0\prime}x^3 \\
x^{1\prime}x^0 & x^{1\prime}x^1 & x^{1\prime}x^2 & x^{1\prime}x^3 \\
x^{2\prime}x^0 & x^{2\prime}x^1 & x^{2\prime}x^2 & x^{2\prime}x^3 \\
x^{3\prime}x^0 & x^{3\prime}x^1 & x^{3\prime}x^2 & x^{3\prime}x^3
\end{pmatrix}
= \begin{pmatrix}
11.491 & 11.178 & 10.850 & 10.709 \\
11.178 & 10.921 & 10.588 & 10.499 \\
10.850 & 10.588 & 10.322 & 10.156 \\
10.709 & 10.449 & 10.156 & 10.060
\end{pmatrix}
$$

die Eigenwerte

$$
\begin{aligned}
\lambda_{min} = \lambda_0 &= 0.02135 \\
\lambda_1 &= 0.03351 \\
\lambda_2 &= 0.04631 \\
\lambda_{max} = \lambda_3 &= 42.69320.
\end{aligned}
$$

Die Konditionszahlen (4.1) sind

$$
\begin{aligned}
\kappa_0 &= 1999.71 \\
\kappa_1 &= 1274.05 \\
\kappa_2 &= 921.81 \\
\kappa_3 &= 1.
\end{aligned}
$$

Die Eigenwerte der $\binom{4}{2} = 6$ 2×2-Matrizen (4.3) berechnen sich zu

$$
\begin{pmatrix}
\underline{\lambda}^{01} & \underline{\lambda}^{02} & \underline{\lambda}^{03} \\
 & \underline{\lambda}^{12} & \underline{\lambda}^{13} \\
0 & & \underline{\lambda}^{23}
\end{pmatrix}
= \begin{pmatrix}
0.02406 & 0.04067 & 0.04239 \\
 & 0.02926 & 0.03279 \\
0 & & 0.03350
\end{pmatrix}
$$

$$\begin{pmatrix} \bar{\lambda}^{o1} & \bar{\lambda}^{o2} & \bar{\lambda}^{o3} \\ o & \bar{\lambda}^{12} & \bar{\lambda}^{13} \\ & & \bar{\lambda}^{23} \end{pmatrix} = \begin{pmatrix} 22.38 & 21.773 & 21.5o8 \\ & 21.214 & 2o.949 \\ o & & 2o.349 \end{pmatrix},$$

somit ist nach (4.4)

$$\begin{pmatrix} \kappa^{o1} & \kappa^{o2} & \kappa^{o3} \\ & \kappa^{12} & \kappa^{13} \\ o & & \kappa^{23} \end{pmatrix} = \begin{pmatrix} 93o.22 & 535.31 & 5o7.46 \\ & 724.82 & 638.84 \\ & & 6o7.33 \end{pmatrix},$$

und die Zeilenmaxima (4.5) sind

$$\kappa^{o} = 93o.22,\ \kappa^{1} = 724.82,\ \kappa^{2} = 6o7.33.$$

Nach Definition 4.1 erhalten wir dann die Lag-Konditionierungsklassen 1. Art

$$(4.6) \qquad K_o^{(1)} = \emptyset,\ K_1^{(1)} = \{o\},\ K_2^{(1)} = \{1,2\},\ K_3^{(1)} = \emptyset,$$

und 2. Art

$$(4.7) \qquad K_o^{(2)} = \emptyset,\ K_1^{(2)} = \{o,1\},\ K_2^{(2)} = \{1,2,3\},\ K_3^{(2)} = \emptyset.$$

4.2 Definition der Lag-Inzidenz

Wir schreiben den deterministischen Anteil des linearen Lag-Modells jetzt in der Form $y = x^o g_o + x^1 g_1 + \ldots + x^N g_N$. Die Klassifizierung der Lag-Regressoren nach der Größe ihrer Konditionszahlen ermöglicht es nun, die Forderungen an die Gewichte g_μ, $\mu=o,\ldots,N$, direkt von diesen Konditionszahlen abhängig zu machen. Da diejenigen Lag-Regressoren $\mathbf{x}^\mu$ mit $\mu \in K_o^{(i)}$ (i=1,2) am 'labilsten', diejenigen x^μ mit $\mu \in K_N^{(i)}$ (i=1,2) am 'stabilsten' sind, wollen wir an die g_μ, $\mu \in K_o^{(i)}$, schwache, an die g_μ, $\mu \in K_N^{(i)}$ (i=1,2) starke Forderungen stellen.

Was verstehen wir unter Forderung an die Lag-Gewichte ? Unsere Grundannahme war, einer möglichst glatten Darstellung der Spline-Lag Dichtefunktion den Vorzug zu geben, d.h. je glatter die Spline-Lag Dichte sein soll, desto stärker ist die Forderung an den Differenzierbarkeitsgrad. Ist daher ein Lag-Zeitpunkt $\mu \in K_j^{(i)}$ (i=1,2), so verlangen wir, daß die j-te Ableitung der Spline-Dichte an der Stelle μ geschätzt werden soll. Betrachten wir ein Rechteckschema, in dem die Zeilen die Lag-Zeitpunkte, die Spalten die Zugehörigkeit zu den Konditionierungsklasssen anzeigen, so haben wir die Möglichkeit, die Konditionierung der Beobachtungsdaten mit den Glattheitsforderungen in Beziehung zu setzen.

Definition 4.2

Die (N+1)×(N+1)-Matrix

$$\tilde{E}_N^{(i)} = (\tilde{e}_{\mu j}^{(i)})_{\mu,j=o,\ldots,N} \text{ mit } \tilde{e}_{\mu j}^{(i)} = \begin{cases} 1, & \mu \in K_j^{(i)} \\ o, & \text{sonst} \end{cases}$$

heiße Inzidenzmatrix i-ter Art (i=1,2). -

Für das Beispiel (4.6) bzw. (4.7) ist

$$(4.8) \qquad \tilde{E}_3^{(1)} = \begin{pmatrix} o & 1 & o & o \\ o & o & 1 & o \\ o & o & 1 & o \\ o & o & o & o \end{pmatrix} \text{ und } \tilde{E}_3^{(2)} = \begin{pmatrix} o & 1 & o & o \\ o & 1 & 1 & o \\ o & o & 1 & o \\ o & o & 1 & o \end{pmatrix},$$

d.h. wählen wir die strenge Klassifizierung erster Art der Lag-Regressoren, so ist die erste Ableitung in μ=o und die zweite Ableitung in μ = 1 und μ = 2 zu schätzen, im Falle der Klassifizierung zweiter Art ist die erste Ableitung in μ = o und μ = 1, die zweite Ableitung in μ = 1,2,3 zu schätzen.
Wie dieses Beispiel zeigt, können die Beobachtungsdaten durchaus so strukturiert sein, daß Nullspalten in den Inzidenzmatrizen auftreten können, d.h. daß an die entsprechende Ableitung der Spline-Funktion keine Forderungen gestellt werden. Insbesondere wird sehr häufig die (N+1)-te Spalte nur mit Nullen besetzt sein, da die $\kappa^{\mu\nu}$ (μ=o,...,N-1; $\nu=\mu$+1,...,N) in (4.5) im allgemeinen größer 1 sind. Da der Differenzierbarkeitsgrad

(und damit die Festlegung des Splinegrades n) von der Anzahl der besetzten Spalten von $\tilde{E}_N^{(i)}$ (Spalten mit wenigstens einer Eins) abhängt, treffen wir folgende

Definition 4.3

Die Ordnung der Inzidenzmatrix $\tilde{E}_N^{(i)}$ (i=1 oder 2) sei derjenige Spaltenindex j*, für den

$$\tilde{e}_{\mu j}^{(i)} = o, \; j=j^*+1, \; j^*+2,\dots,N; \; \mu=o,\dots,N \; ,$$

gilt (i=1 oder 2). -

Wir haben nun noch für die Lag-Konditionierungsklassen 1. Art eine Zusatzbedingung einzuführen. Nach Konstruktion der $K_j^{(1)}$, $j=o,\dots,N$, bzw. der κ^μ in (4.5), $\mu=o,\dots,N-1$, ist die letzte Zeile der Inzidenz $\tilde{E}_N^{(1)}$ immer eine Nullzeile, da κ^N nicht definiert ist. Außerdem ist wenigstens eine Eins in der ersten Spalte (j = o) erforderlich, damit die Existenz der Spline-Funktion gesichert ist (vgl. Abschnitt 4.3). Um dieser Notwendigkeit zu entsprechen, nehmen wir an, daß bei Wahl der Lag-Klassifizierung erster Art stets das Lag-Gewicht g_N im rechten Lag-Intervallendpunkt $\mu = N$ aus der Schätzung bestimmt werden soll, es soll also stets

$$(4.9) \qquad \mu = N \in K_o^{(1)}$$

sein. Dies veranlaßt uns zu der

Definition 4.4

Unter Einbeziehung von (4.9) heiße die $(N+1)\times(j^*+1)$-Matrix

$$E_N^{(i)} = (e_{\mu j}^{(i)})_{\mu=o,\dots,N;\, j=o,\dots,j^*}, \quad \text{mit } e_{\mu j}^{(i)} = \begin{cases} 1, \mu \in K_j^{(i)} \\ o, \text{ sonst} \end{cases} ,$$

eine Lag-Inzidenzmatrix i-ter Art (i=1,2) der Ordnung j*.

Bemerkungen:

1. Für das Beispiel (4.8) (N = 3) sind

$$E_3^{(1)} = \begin{pmatrix} o & 1 & o \\ o & o & 1 \\ o & o & 1 \\ 1 & o & o \end{pmatrix} \quad \text{und} \quad E_3^{(2)} = \begin{pmatrix} o & 1 & o \\ o & 1 & 1 \\ o & o & 1 \\ o & o & 1 \end{pmatrix}$$

die Lag-Inzidenzen 1. und 2. Art der Ordnung $j^*=2$.

2. Bei der Lag-Klassifizierung 1. Art haben wir genau N+1 Bedingungen für die Schätzung der Spline-Lag Gewichte. Ist insbesondere $j^*=o$ und $e_{\mu j^*}^{(2)} = 1$, $\mu=o,\ldots,N$, so haben wir die klassischen Spline-Interpolationsbedingungen, ist $j^*=N$ und $e_{oj}^{(2)} = 1$, $j=o,\ldots,j^*$, so wäre die Taylorentwicklung der Spline-Funktion mit Entwicklungspunkt $\mu=o$ zu bestimmen.

3. Da die Spline-Lag Dichtefunktion $\in S_{n,k}(x_1,\ldots,x_k)$ (vgl. Definition 3.1) (n-1)-mal stetig differenzierbar ist, legt die Ordnung j^* der Spline-Lag Inzidenz den Spline-Grad n fest:

(4.1o) $\quad n = j^* + 1.$

4. Sei

(4.11) $\quad \varepsilon_o^{(i)} := \sum_{\mu=o}^{N} \sum_{j=o}^{j^*} e_{\mu j}^{(i)} .$

Für die Bestimmung der n+k+1 Spline-Koeffizienten $\{s_i\}_{i=1}^{n+k+1}$ in (3.47) benötigen wir n+k+1 Bedingungen, die durch $E_N^{(i)}$ (i=1 oder 2) festgelegt sind. Setzen wir daher $\varepsilon_o=n+k+1$, so liegt die Anzahl der zu wählenden Knoten $x_1,\ldots,x_k$ fest:

(4.12) $\quad k = \varepsilon_o - j^* - 2.$

Mit der Wahl der Anordnung der Knoten werden wir uns noch ausführlich in Abschnitt 5.6 und 6.2.6 beschäftigen.

4.3 Charakterisierung von Spline-Lag Inzidenzen

Die Spline-Lag Inzidenzmatrix $E_N^{(i)}$ der Ordnung j* aus der Definition 4.4 ist ein sehr einfaches Hilfsmittel, mit dem die Konditionierung der Lag-Regressoren und die Glattheitsforderungen an die Spline-Lag Dichte in Beziehung gesetzt werden können. Außerdem ergibt sich der Spline-Grad n und die Knotenanzahl k direkt aus j* und der Gesamtzahl der Einsen in $E_N^{(i)}$. Jede Lag-Inzidenz identifiziert also eindeutig die Glattheitsforderungen

(4.17) $$g^{(j)}(\mu) =: g^{\mu j}, \text{ für } e_{\mu j}^{(i)} = 1, \ (i=1 \text{ oder } 2),$$

an die Spline-Lag Dichtefunktion. Wir haben bereits in dem Beispiel in Abschnitt 4.2 angedeutet, daß nicht jede beliebige Anordnung der Einsen in $E_N^{(i)}$ auch die Existenz und Eindeutigkeit der Spline-Funktion garantiert. Anders ausgedrückt, die Einsen müssen in einem noch näher zu beschreibenden Sinne derart über die Lag-Inzidenzmatrix 'verteilt' sein, daß die Anzahl der Interpolationsbedingungen an die j-te Ableitung nicht größer ist, als die Anzahl der Koeffizienten, welche diese in den Lag-Teilintervallen bestimmen. Eine heuristische Erklärung läßt sich hierfür zunächst angeben, wenn wir den Spline in seiner ursprünglichen Begriffserklärung als Stückpolynom verstehen, d.h. daß der Spline in jedem der durch die Knoten $x_1,\ldots,x_k$ gebildeten Teilintervalle durch ein Polynom vom Grad n repräsentiert wird. Da bei der Differentiation Koeffizienten verschwinden, wären gewisse Koeffizienten überhaupt nicht zu bestimmen, wenn man nur Bedingungen an die j-te und höhere Ableitungen stellt. Würde man zum Beispiel nur an die erste Ableitung Interpolationsbedingungen stellen, würde in jedem Teilintervall der Absolutkoeffizient verschwinden und könnte daher überhaupt nicht bestimmt werden. Deshalb müssen wir wenigstens eine Bedingung an die Interpolierende selbst stellen (j=o).

Wie muß nun die 'Verteilung' der Einsen in der Spline-Lag Inzidenz $E_N^{(i)}$ geartet sein, daß für jede beliebige Wahl von Lag-Zeitpunkten $\mu=o,\dots,N$ und beliebige $g^{\mu j} \in \mathbb{R}$ (vgl. (4.17)) eine Spline-Lag Dichte g(t) mit der Inzidenzeigenschaft (4.17) angegeben werden kann? Gibt es Kriterien, die eine Aussage über die Existenz von Spline-Lag Dichten bei vorgegebener Spline-Lag Inzidenz ermöglichen?
Zunächst gelte folgende

Definition 4.5

Sei $e^{(i)} := \{(\mu j) \mid e_{\mu j}^{(i)} = 1,\ \mu=o,\dots,N;\ j=o,\dots,j^*\}$. Die Spline-Lag Inzidenz heiße <u>frei</u>, wenn es für jede beliebige Wahl der Lag-Zeitpunkte $\mu=o,\dots,N$ und für beliebige $g^{\mu j} \in \mathbb{R}$, $(\mu j) \in e^{(i)}$, eine Spline-Lag Dichtefunktion g(t) gibt, die den Inzidenzforderungen

$$g^{(j)}(\mu) = g^{\mu j}, \quad \mu j \in e^{(i)}, \quad (i=1 \text{ oder } 2),$$

genügt. -

Freie Spline-Lag Inzidenzen garantieren somit die eindeutige Bestimmbarkeit der Spline-Lag Dichte. Da $g^{(j)}(\mu) = g^{\mu j}$ ein lineares Gleichungssystem mit den Spline-Koeffizienten als Unbekannte darstellt, ist $E_N^{(i)}$ genau dann frei, wenn das zugehörige homogene System

$$g^{(j)}(\mu) = o, \quad \mu=o,\dots,N ,$$

nur die triviale Lösung $g \equiv o$ besitzt (Haarsche Bedingung). Wir konzentrieren uns daher im folgenden auf die Charakterisierbarkeit freier Spline-Lag Inzidenzen.

Als nächstes führen wir die sogenannten 'Pólya-Konstanten'

$$(4.18) \qquad M_j := \sum_{i=o}^{j} n_i \quad , \quad n_j := \sum_{\mu=o}^{N} e_{\mu j}^{(i)} \quad ,$$

ein, d.h. M_j ist die Summe der Einsen in den Spalten o,...,j in

$E_N^{(i)}$. Pólya (1931) war der erste, der die Bedeutung dieser Konstanten für die Lösbarkeit von Interpolationsproblemen erkannt hat. Als eine Verallgemeinerung eines Ergebnisses von Pólya läßt sich für Spline-Lag Dichtefunktionen der folgende Satz beweisen:

Satz 4.1 (notwendige Bedingung):

Ist $E_N^{(i)}$ (i=1 oder 2) frei, so erfüllen die Pólya-Konstanten die Ungleichungen

(4.19) $\quad M_j \geq j + k + 1 \quad (j=o,\ldots,j^*).$

Beweis:

Angenommen (4.19) gelte nicht, dann gibt es ein $\ell \in \mathbb{N}$ mit $o \leq \ell \leq j^*$, sodaß

$$M_\ell < \ell + k + 1$$

ist. Wir zeigen, daß es ein nichttriviales $g(t) \in S_{n,k}(x_1,\ldots,x_k)$ gibt, welches das homogene System $g^{(j)}(\mu) = o$, $\mu=o,\ldots,N$; $j=o,\ldots,j^*$, erfüllt. Dies ist dann ein Widerspruch zur Voraussetzung, daß $E_N^{(i)}$ frei ist.

Sei $g(t) \in S_{\ell,k}$, dann gilt für $j > \ell$

(4.2o) $\quad g^{(j)}(\mu) = o, \quad \mu=o,\ldots,N ,$

da g vom Grad ℓ ist. Die Anzahl der Gleichungen in (4.2o) ist für $j \leq \ell+1$

$$n_o + n_1 + \ldots + n_\ell = M_\ell < \ell + k + 1,$$

wir haben somit weniger Gleichungen als die zu bestimmenden Spline-Koeffizienten $s_o,\ldots,s_{n+k+1}$, und unterbestimmte Systeme haben stets eine nichttriviale Lösung.-

Bemerkung: Die Pólya-Bedingungen sind nicht hinreichend, wie

das folgende Beispiel zeigt:
Wir betrachten für N = 4 den Fall, daß g(t) keinen Knoten besitzt (k=o), das heißt $g(t) \in P_n$ ist. Die Interpolationsforderungen seien g(o) = g(4) = o, $g^{(j)}(2) = o$ für j=1,2,3. Dann ist die zugehörige Lag-Inzidenz 2. Art

$$E_4^{(2)} = \begin{pmatrix} 1 & o & o & o \\ o & o & o & o \\ o & 1 & 1 & 1 \\ o & o & o & o \\ 1 & o & o & o \end{pmatrix}$$

von der Ordnung j* = 3. $E_4^{(2)}$ erfüllt die Pólya-Bedingungen (4.19), aber $E_4^{(2)}$ ist nicht frei, denn wegen $\varepsilon_o = n+k+1$ ist n=4, d.h. $g(t) = -(t-2)^4 + 16$ erfüllt $E_4^{(2)}$ und $g(t) \not\equiv o$.

Definition 4.6

Die Spline-Lag Inzidenz $E_N^{(i)}$ (i=1 oder 2) heiße eine Pólya-Inzidenz, wenn $E_N^{(i)}$ die Pólya-Bedingungen erfüllt. -

Wenn wir für die vorgegebenen Lag-Regressoren die Konditionierung festgestellt und je nach Anforderung an das betreffende Problem die Spline-Lag Inzidenz erster oder zweiter Art aufgebaut haben, so interessiert uns natürlich insbesondere, ob $E_N^{(i)}$, i=1 oder 2, frei ist. Neben dem notwendigen Kriterium ist daher vor allem eine hinreichende Bedingung dafür erforderlich, daß $E_N^{(i)}$ frei ist. Die Pólya-Bedingungen (4.19) sind offensichtlich nicht 'stark' genug, um auch hinreichend zu sein, daher muß die 'Verteilung' der Einsen in $E_N^{(i)}$ noch weiteren Bedingungen genügen

Betrachten wir nochmals das obige Beispiel und lassen die letzte Spalte weg (also j*=2), dann ist

$$E_4^{(2)} = \begin{pmatrix} 1 & o & o \\ o & o & o \\ o & 1 & 1 \\ o & o & o \\ 1 & o & o \end{pmatrix}$$

frei, denn ein Polynom 3. Grades, das diese Nullstellen-Bedingungen erfüllt, kann nur das Nullpolynom sein. Dies deutet darauf hin, daß hier die Anzahl aufeinanderfolgender Interpolationsbedingungen von $g^{(j)}(2)$ von Bedeutung ist. Da wir das homogene System $g^{(j)}(\mu) = o$, $\mu=o,\dots,N$; $j=o,\dots,j^*$, auf eine nichttriviale Lösung $g(t) \not\equiv o$ auf dem Lag-Intervall untersuchen, sind die durch die Spline-Lag Inzidenz festgelegten Interpolationsbedingungen gerade Nullstellen-Bedingungen. Wir werden sehen, daß die zusätzlichen Bedingungen durch die Anordnung, Anzahl und Vielfachheit der Nullstellen von $g^{(j)}(t)$, $j=o,\dots,j^*$, bestimmt werden. Die Eigenschaften der Nullstellen von $g^{(j)}(t)$ müssen wir daher noch eingehender behandeln, um hinreichende Kriterien zu erhalten.

Definition 4.7

Sei $\tilde{n}_o$ die Anzahl der Nullstellen von $g(t)$, entsprechend ihrer Vielfachheit oft gezählt. Sei $\tilde{n}_j$ die ebenfalls ihrer Vielfachheit entsprechend oft gezählten Nullstellen von $g^{(j)}(t)$, $j=1,\dots,j^*$, und zwar so, daß bereits in $\tilde{n}_o,\dots,\tilde{n}_{j-1}$ gezählte Nullstellen in $\tilde{n}_j$ nicht mehr mitgezählt werden. Sei

$$(4.21) \qquad \tilde{M}_j := \sum_{i=o}^{j} \tilde{n}_i . -$$

Lemma 4.1

Sind die Pólya-Bedingungen (4.19) erfüllt, dann gilt

$$\tilde{M}_j \geq j + k + 1, \quad j=o,\dots,j^*.$$

Beweis:

Da die Nullstellen ihrer Vielfachheit entsprechend oft gezählt werden, folgt unmittelbar $\tilde{M}_j \geq M_j$, $j=o,\dots,j^*$, somit $\tilde{M}_j \geq j+k+1$ (wegen Satz 4.1).

Lemma 4.2

Seien t_1 und t_2 zwei aufeinanderfolgende Nullstellen von $g(t)$. Dann hat $g'(t)$ eine Nullstelle ungerader Ordnung im offenen Lag-Intervall (o,N).

Beweis:

Für $g(t) \neq o$ existiert eine Extremalstelle $t^* \in (t_1,t_2)$, d.h. $g'(t)$ wechselt an der Stelle t^* das Vorzeichen. Ungerade Nullstellen sind aber gerade durch solche Vorzeichenwechsel charakterisiert.

Lemma 4.3

Die Spline-Lag Inzidenz $E_N^{(2)}$ habe die Eigenschaft, daß die $\tilde{n}_j$ neu hinzukommenden Nullstellen von $g^{(j)}(t)$, $1 \leq j \leq j^*$, von gerader Anzahl sind, d.h. falls für ein $\mu \in [o,N]$

$$e^{(2)}_{\mu,j-1} = o, \; e^{(2)}_{\mu j} = e^{(2)}_{\mu,j+1} = \ldots = e^{(2)}_{\mu,j+\ell-1} = 1, \; e^{(2)}_{\mu,j+\ell} = o$$

ist, sei ℓ gerade.
Dann hat $g^{(j)}(t)$, $t \in [o,N]$, $\tilde{M}_j - j$ reelle Nullstellen.

Beweis:

Durch vollständige Induktion nach j: $g^{(o)}(t)$ hat nach Definition 4.7 $\tilde{n}_o = \tilde{M}_o$ Nullstellen. $g^{(o)}(t), g^{(1)}(t),\ldots,g^{(j-1)}(t)$ habe $\tilde{M}_o, \tilde{M}_1-1,\ldots, \tilde{M}_{j-1}-(j-1)$ Nullstellen (Vielfachheiten entsprechend oft mitgezählt). Nach Lemma 4.2 hat $g^{(j)}(t)$ zwischen je zwei aufeinanderfolgenden Nullstellen von $g^{(j-1)}(t)$ eine ungerade Nullstelle. Die Anzahl der ungeraden Nullstellen von $g^{(j-1)}(t)$ war nach Induktionsannahme gleich $\tilde{M}_{j-1}-(j-1)$, somit ist

$$\tilde{M}_{j-1} - (j-1) - 1 = \tilde{M}_{j-1} - j \tag{4.22}$$

die Anzahl der Nullstellen von $g^{(j)}(t)$. Die Nullstellen von $g^{(j)}(t)$ sind

a) solche Nullstellen, die auch schon Nullstellen von $g^{(j-1)}(t)$ waren und damit in $\tilde{M}_{j-1}$ bereits mitgezählt wurden und nicht mehr berücksichtigt werden müssen.

b) ungerade Nullstellen nach Lemma 4.2

c) und außerdem die $\tilde{n}_j$ nach Voraussetzung neu hinzukommenden geraden Nullstellen.
Die Anzahl der Nullstellen ergibt sich somit aus b) und c), und mit (4.22) folgt die Behauptung:

$$\tilde{M}_{j-1} - (j-1) - 1 + \tilde{n}_j = \tilde{M}_{j-1} + \tilde{n}_j - j = \tilde{M}_j - j. -$$

Für Spline-Lag Inzidenzen mit aufeinanderfolgenden Einsen gerader Anzahl treffen wir folgende

Definition 4.8

a) Es sei $e^{(i)} = \{(\mu j) \mid e^{(i)}_{\mu j}=1,\ \mu=o,\ldots,N;\ j=o,\ldots,j^*\}$. Wir nennen aufeinanderfolgende Indexpaare

$$(4.23)\qquad \begin{array}{l}(\mu j),\ (\mu,j+1),\ldots,(\mu,j+\ell-1) \in e^{(i)},\ j \geq 1,\\ (\mu,j-1),\ (\mu,j+\ell) \notin e^{(i)},\end{array}$$

eine Folge bezüglich des Lag-Zeitpunkts μ.

b) Ist ℓ gerade, so heiße (4.23) eine gerade Folge bezüglich μ.-

Die geraden Folgen in einer Spline-Lag Inzidenz charakterisieren $g^{(j)}(t)$, $j \geq 1$, dadurch, daß jede Nullstelle, die für $g^{(j)}(t)$ neu hinzukommt (und bisher nicht aufgetreten ist), gerade Ordnung hat. Spline-Lag Inzidenzen, die dieser Forderung genügen, werden im allgemeinen nur 2. Art sein, außer die Einsen liegen nur in der ersten Spalte (j=o). Dies erklärt sich unmittelbar dadurch, daß Inzidenzen 1. Art nur eine Eins in jeder Zeile haben. Das bedeutet aber, daß Lag-Inzidenzen 1. Art für die praktische Anwendung ohne Bedeutung sind, da die Konditionierung der Lag-Regressoren fast immer so beschaffen sein wird, daß die Inzidenz von der Ordnung $j^* > o$ ist, d.h. Einsen nicht nur in der ersten Spalte auftreten. Damit wir aber dennoch Lag-Inzidenzen erster Art durch das hinreichende Kriterium in Satz 4.3 abdecken können, gelte folgende

Definition 4.9

a) Eine Folge (4.23) der Länge ℓ bezüglich des Lag-Zeitpunkts μ

(μ=o,...,N) heiße normal, wenn entweder ℓ gerade, oder j=o ist.
b) Eine Spline-Lag Inzidenz $E_N^{(i)}$ (i=1 oder 2) heiße normal, wenn jede Zeile von $E_N^{(i)}$ durch eine normale Folge charakterisiert ist (wenn die Indexpaare der Einsen in jeder Zeile von $E_N^{(i)}$ eine normale Folge bilden). -

Zum Beispiel wäre

$$E_1^{(2)} = \begin{pmatrix} o & 1 & 1 \\ 1 & o & o \end{pmatrix}$$

normal. Aus Lemma 4.3 folgt nun unmittelbar

Satz 4.2

Ist die Spline-Lag Inzidenz $E_N^{(i)}$ (i=1 oder 2) normal, dann hat $g^{(j)}(t)$, $t \in [o,N]$, $\tilde{M}_j - j$ reelle Nullstellen (j=o,...,j*).

Nach diesen Vorbereitungen können wir nun eine hinreichende Bedingung angeben:

Satz 4.3

Eine normale Spline-Lag Inzidenz $E_N^{(i)}$ (i=1 oder 2), welche die Pólya-Bedingungen (4.19) erfüllt, ist frei.

Beweis:

Nach Definition der Spline-Lag Inzidenz und deren Eigenschaft, frei zu sein, können wir $g^{(j)}(\mu) = o$, $e_{\mu j}^{(i)}=1$, annehmen, und haben $g^{(j)} \equiv o$, j=o,...,j* , zu zeigen.

a) Sei j = j*. Weil $E_N^{(i)}$ normal ist, hat $g^{(j^*)}(t)$ nach Satz 4.2 wenigstens $M_{j^*}-j^*$ reelle Nullstellen. Nach Lemma 4.1 gilt

$$\tilde{M}_{j^*} \geq j^* + k + 1 \quad \Leftrightarrow \quad \tilde{M}_{j^*} - j^* \geq k + 1.$$

Dann hat $g^{(j^*)}(t)$ mindestens eine reelle Nullstelle. Es gibt daher mindestens ein $t^* \in (o,N)$ mit

$$g^{(j^*+1)}(t^*) = o. \tag{4.24}$$

Weil $g(t) \in S_{j^*+1,k}(x_1,\ldots,x_k)$, folgt $g^{(j^*+1)}(t) = \text{const}$, wegen (4.24) ist somit $g^{(j^*+1)} \equiv o$, d.h. $g(t) \in S_{j^*,k}(x_1,\ldots,x_k)$.

b) Sei $o \leq j \leq j^*-1$. Wir wiederholen nun die Schlußweise wie in a) für $j \leq j^*-1$. Es ist $\widetilde{M}_j - j \geq k+1$ und $g^{(j)}(t)$ hat mindestens k+1, $g^{(j+1)}(t)$ mindestens eine reelle Nullstelle. Daher ist

$$g^{(j+1)}(t^*) = o, \quad t^* \in [o,N]. \quad g^{(j+1)}(t) = \text{const},$$

da $g(t) \in S_{j+1,k}(x_1,\ldots,x_k)$. Somit ist $g^{(j+1)} \equiv o$ und daher $g(t) \in S_{j,k}(x_1,\ldots,x_k)$. Dies gilt für jedes $o \leq j \leq j^*$, also insbesondere für $j = o$:

$$g(t) \in S_{o,k}(x_1,\ldots,x_k), \text{ d.h. } g \equiv \text{const}.$$

g(t) hat aber mindestens eine reelle Nullstelle, daher ist $g \equiv o$ und somit $E_N^{(i)}$ frei. -

Wie bereits erwähnt, ist nur in ganz speziellen Fällen eine Spline-Lag Inzidenz 1. Art normal, sodaß diese im allgemeinen das hinreichende Kriterium in Satz 4.3 nicht erfüllt. Es lassen sich aber in Anlehnung an die sogenannten quasi-Hermiteschen Systeme von Schoenberg (1966) Verallgemeinerungen angeben, die Ferguson (1969), S. 26, als 'Pyramidensysteme' bezeichnet hat. Insbesondere lassen sich häufig Lag-Inzidenzen 1. Art als spezielle pyramidenförmige Inzidenzen charakterisieren, z.B.

$$(4.25) \qquad E_4^{(1)} = \begin{pmatrix} o & o & 1 \\ o & 1 & o \\ 1 & o & o \\ o & 1 & o \\ o & o & 1 \end{pmatrix}, \quad j^*=2,\ n=3,\ k=1.$$

Wir wollen zeigen, daß pyramidenförmige Lag-Inzidenzen frei sind, wenn die Pólya-Bedingungen (4.19) gelten.

Definition 4.10

Sei

$$\nu_\mu = \min_{j=0,\ldots,j^*} j \;\Big|_{e^{(i)}_{\mu j}=1} \quad , \; \mu=0,\ldots,N \; ,$$

der kleinste Spaltenindex in der Zeile μ von $E_N^{(i)}$, $\mu=0,\ldots,N$, für den erstmals eine Eins auftritt. Dann heiße $E_N^{(i)}$ (i=1 oder 2) eine pyramidenförmige Spline-Lag Inzidenz i-ter Art, wenn für

$$e^{(i)}_{\mu j} = 1 \quad \text{auch } e^{(i)}_{\mu j'} = 1, \; \nu_\mu \leq j' \leq j,$$

gilt, und es einen Index $\mu \in \{0,\ldots,N\}$ gibt, sodaß die Indexfolge ν_μ, $\mu=0,\ldots,N$, eine 'Pyramide' bildet:

(4.26) $\quad \nu_1 \geq \nu_2 \geq \nu_3 \geq \ldots \geq \nu_{\mu^*}$ und $\nu_{\mu^*} \leq \nu_{\mu^*+1} \leq \ldots \leq \nu_N$.-

Neben der 'reinen' pyramidenförmigen Inzidenz (4.25) ($\mu^*=2$) sind bei dieser Definition aber auch Spline-Lag Inzidenzen 2. Art wie zum Beispiel

$$E_5^{(2)} = \begin{pmatrix} 0 & 1 & 0 \\ 1 & 0 & 0 \\ 1 & 1 & 0 \\ 0 & 1 & 0 \\ 0 & 1 & 0 \\ 0 & 0 & 1 \end{pmatrix}, \; n=3, \; k=3, \; \mu^*=2; \quad \nu_0=1, \; \nu_1=0, \; \nu_2=0, \; \nu_3=1, \; \nu_4=1, \; \nu_5=2,$$

möglich. Wir wollen zeigen, daß pyramidenförmige Spline-Lag Inzidenzen frei sind, wenn die Pólya-Bedingungen gelten. Zunächst jedoch zeigen wir, daß die Aussage von Lemma 4.3 auch für pyramidenförmige Spline-Lag Inzidenzen gilt:

Lemma 4.4

Bei einer pyramidenförmigen Spline-Lag Inzidenz $E_N^{(i)}$ besitzt $g^{(j)}(t)$ wenigstens $\mathfrak{M}_j - j$ reelle Nullstellen ($j=0,\ldots,j^*$).

Beweis:

Wir definieren zunächst das abgeschlossene Intervall

$$I_j = [\min_\mu \{\mu \mid \nu_\mu \leq j\}, \max_\mu \{\mu \mid \nu_\mu \leq j\}], \; j=o,\ldots,j^*,$$

und zeigen durch vollständige Induktion nach j, daß dann wenigstens $\tilde{M}_j-j$ reelle Nullstellen von $g^{(j)}(t)$ in I_j liegen, wobei $\tilde{M}_j$ in (4.21) erklärt ist.

Alle μ mit $\nu_\mu=o$ sind demnach in I_o enthalten und sind gerade die $\tilde{n}_o = \tilde{M}_o-o$ reelle Nullstellen (ihrer Vielfachheit entsprechend oft gezählt) von $g^{(o)}(t) = g(t)$.

$g^{(j-1)}(t)$ habe wenigstens $\tilde{M}_{j-1}-(j-1)$ reelle Nullstellen in

$$I_{j-1} = [\min_\mu \{\mu \mid \nu_\mu \leq j-1 , \max_\mu \{\mu \mid \nu_\mu \leq j-1\}].$$

Nach dem Satz von Rolle liegen dann $\tilde{M}_{j-1}-(j-1)-1$ reelle Nullstellen von $g^{(j)}(t)$ in I_{j-1}.

Sei $I_j^* = \{\mu \mid \nu_\mu = j\}$ die Menge derjenigen Nullstellen von $g^{(j)}(t)$, die neu hinzukommen, also bisher noch nicht gezählt wurden.

Da die $\{\nu_\mu\}_{\mu=o}^N$ eine Pyramide (4.26) bilden, liegen alle $\mu \in I_j^*$ nicht in I_{j-1}, d.h. $I_{j-1} \cap I_j^* = \emptyset$. Die Anzahl der neu hinzukommenden Nullstellen ist per definitionem $\tilde{n}_j$, somit liegen die

$$\tilde{M}_{j-1}-(j-1)-1 + \tilde{n}_j = \tilde{M}_j-j$$

Nullstellen im Intervall $I_j = [\min (I_{j-1} \cup I_j^*), \max (I_{j-1} \cup I_j^*)]$.

Der 'Reduktionsprozeß' im Beweis von Satz 4.3 läßt sich nun mit Hilfe von Lemma 4.4 analog für pyramidenförmige Spline-Lag Inzidenzen durchführen. Es gilt daher

Satz 4.4

Eine pyramidenförmige Spline-Lag Inzidenz $E_N^{(i)}$ (i=1 oder 2), die (4.19) genügt, ist frei.

4.4 *Zerlegbarkeit von Spline-Lag Inzidenzen*

Wir waren bei der Festlegung der Spline-Lag Inzidenzmatrix und deren Ordnung (Definition 4.3 und 4.4) von der Annahme ausgegangen, daß wir die ursprüngliche Inzidenzmatrix (Definition 4.2) um die $j^* < j$-ten Nullspalten reduziert haben. Es kann nun auch der Fall auftreten, daß die Spalten 1 bis $j_1 < j^*$ Nullspalten sind, z.B. daß aufgrund der Konditionierung der Lag-Regressoren keine Forderungen an g'(t) gestellt werden. Unsere bisherige Definition der Spline-Lag Inzidenz umfaßte solche Nullspalten.

Gehen wir von der Annahme aus, daß für die vorgegebenen Lag-Regressoren $(x^0\ x^1\ \ldots x^N)$ verschiedene Datensätze zur Verfügung stehen, so wäre es immerhin möglich, daß aus der entsprechenden Klassifizierung der Lag-Regressoren Inzidenzmatrizen resultieren, wie sie im nebenstehenden Schema dargestellt sind. Die Frage, die sich hierbei stellt, ist, ob durch 'Abschneiden' der Nullspalten und durch 'Zusammensetzen' der Teilinzidenzen A, A_1, B bzw. A, B_1, B eine 'informativere' Gesamtinzidenz (A A_1 B) bzw. (A B_1 B) erreicht werden kann, wobei noch zu klären ist, nach welchem Kriterium man den 'Überlappungsbereich' A_1 bzw. B_1 auswählt.

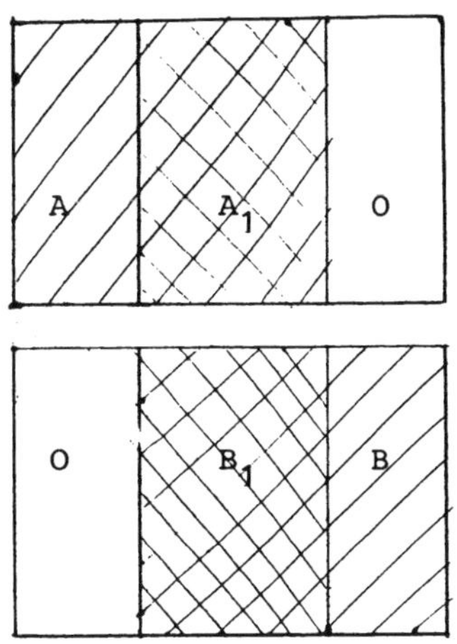

Für die praktische Anwendung ist diese Fragestellung kaum von Bedeutung, weil die Ordnung der Spline-Lag Inzidenzmatrix, und damit der Spline-Grad, sehr schnell anwächst. Dennoch ist sie von theoretischem Interesse. Wir werden daher den Begriff der Zerlegung einer Spline-Lag Inzidenz einführen, und die Teilinzidenzen als Zerlegungskomponenten näher zu charakterisieren versuchen.

Umgekehrt könnte man fragen, ob eine gegebene Spline-Lag Inzidenz spaltenweise so 'gestückelt' werden kann, daß man für jede Teilinzidenz die hinreichende Bedingung in Satz 4.3 und Satz 4.4 überprüft, und - falls alle Teilinzidenzen frei sind - auch die gesamte Spline-Lag Inzidenz frei ist. Solche Zerlegungen können sicher nicht beliebig erfolgen, sondern jede Teilinzidenz muß z.B. die Pólya-Bedingungen erfüllen, wir müssen also insbesondere die Ordnungen der Teilinzidenzen so konstruieren, daß die Pólya-Bedingungen erfüllt sind. Bevor wir nun eine Zerlegung bestimmen, müssen wir verabreden, wann eine Spline-Lag Inzidenz nicht (mehr) zerlegbar ist. Wir gehen hierbei davon aus, daß solche Inzidenzmatrizen, die zum rechten Rand hin wesentlich schwächer besetzt sind, als - den Pólya-Bedingungen entsprechend - erforderlich, nicht zerlegt werden können, da sonst die schwach besetzte Teilinzidenzmatrix die Pólya-Bedingungen, die Normalitäts- und Pyramiden-Bedingung nicht erfüllen kann. Es gelte daher folgende

Definition 4.11

Die Spline-Lag Inzidenz $E_N^{(i)}$ (i=1 oder 2) der Ordnung j* sei nicht zerlegbar, wenn entweder $j^* = o$ ist oder $M_j > j+k+1$, $j=o,\dots,j^*-1$, gilt. -

Wie läßt sich nun $E_N^{(i)}$ 'auftrennen'? Wir wählen Spalten j_ν, $\nu=1,\dots,r$, von $E_N^{(i)}$, welche für die Pólya-Bedingungen 'gerade noch' erfüllt sind:

$$M_{j_\nu} = j_\nu + k + 1, \quad \nu=1,\dots,r ,$$

und o.B.d.A. können wir $j_r = j^*$ annehmen. Für die Spaltenindizes j mit $j_{\nu-1} < j < j_\nu$ gelten dann die strikten Ungleichungen

$$M_j > j + k + 1,$$

also gerade die Nichtzerlegbarkeitsrelation in Definition 4.11.

Da

$$o \leq j_1 < j_2 < \dots < j_r = j^*$$

gilt, setzen wir die Ordnungen der Teilinzidenzen durch

$$j_1^* = j_1 + k + 1$$

$$j_2^* = j_2 - j_1$$

$$j_r^* = j_r - j_{r-1} = j^* - j_{r-1}$$

fest. Dann sind

$$
\begin{aligned}
& E^{(i)}_{j_1^*} = (e^{(i)}_{\mu j})_{\mu=o,\dots,N;\; j=o,\dots,j_1+k}\,, \\
(4.27)\quad & E^{(i)}_{j_2^*} = (e^{(i)}_{\mu j})_{\mu=o,\dots,N;\; j=j_1+k+1,\dots,j_2}\,, \\
& \vdots \\
& E^{(i)}_{j_r^*} = (e^{(i)}_{\mu j})_{\mu=o,\dots,N;\; j=j_{r-1}+1,\dots,j^*}\,,
\end{aligned}
$$

die Teilinzidenzen.

Definition 4.12

a) Wir nennen $Z(E_N^{(i)}) = \{E^{(i)}_{j_\nu^*}\}_{\nu=1}^{r}$ eine <u>Zerlegung</u> von $E_N^{(i)}$.

b) Aufgrund der Konstruktion von $Z(E_N^{(i)})$ sind alle Zerlegungskomponenten $E^{(i)}_{j_\nu^*}$, $\nu=1,\dots,r$, nicht mehr weiter zerlegbar, im Falle

$$Z(E_N^{(i)}) = E_N^{(i)}$$

sprechen wir von der trivialen Zerlegung.-

Da für jede nichttriviale Zerlegung $Z(E_N^{(i)})$ die Pólya-Bedingungen (4.19) erfüllt sind, läßt sich für Inzidenz-Zerlegungen eine Satz 4.3 und Satz 4.4 entsprechende hinreichende Bedingung wie folgt formulieren:

Satz 4.5

Es sei $Z(E_N^{(i)})$ eine nichttriviale Zerlegung der Spline-Lag Inzidenzmatrix $E_N^{(i)}$, deren Komponenten $E_{j_\nu^*}^{(i)}$, $\nu=1,\ldots,r$, entweder normal oder pyramidenförmig sind. Dann ist die gesamte Spline-Lag Inzidenz frei.

Beweis:

Satz 4.3 bzw. Satz 4.4 auf jede Komponente von $Z(E_N^{(i)})$ angewandt, ergibt zunächst, daß jede Komponente von $Z(E_N^{(i)})$ frei ist, da die Pólya-Bedingungen per definitionem erfüllt sind, und die Zerlegungskomponenten nach Voraussetzung entweder normal oder pyramidenförmig sind.
Zu zeigen bleibt also noch, daß wenn jede Zerlegungskomponente frei ist, auch $E_N^{(i)}$ frei ist. Es genügt, dies für zwei Komponenten der Zerlegung zu zeigen, da wir jede Zerlegung von r Komponenten als eine Zerlegung von einer und r-1 anderen Komponenten von $Z(E_N^{(i)})$ auffassen können, o.B.d.A. sei

$$Z(E_N^{(i)}) = \{\{E_{j_\nu^*}^{(i)}\}_{\nu=1}^{r-1}, E_{j_r^*}^{(i)}\} .$$

Eine wiederholte Anwendung des nachfolgenden Beweisschritts auf $\{E_{j_\nu^*}^{(i)}\}_{\nu=1}^{r-1}$ ergibt dann die Behauptung für jede Komponente von $Z(E_N^{(i)})$.

Es sei ℓ_1 die Anzahl der Spalten von $\{E_{j_\nu^*}^{(i)}\}_{\nu=1}^{r-1}$. Dann ist

$$\ell_2 = j^* + 1 - \ell_1$$

die Anzahl der Spalten von $E_{j_r^*}^{(i)}$, da $\ell_1 + \ell_2 = j^* + 1$ ist.

Sei $g(t) \in S_{\ell_1+\ell_2,k}(x_1,\ldots,x_k)$ eine Lösung des homogenen Problems $g^{(j)}(\mu) = o$, $\mu=o,\ldots,N$; $j=o,\ldots,j^*$. Dann ist

$$g^{(\ell_1+1)}(t) \in S_{\ell_2-1,k}(x_1,\ldots,x_k)$$

eine Lösung des homogenen Systems für $E_{j_r^*}^{(i)}$:

$$(4.28) \quad g^{(\ell_1+1+j)}(\mu) = o, \quad \mu=o,\ldots,N; \; j=o,\ldots,\ell_2-1.$$

Nach Voraussetzung ist $E^{(i)}_{j^*_r}$ frei, somit folgt aus (4.28)

$$g^{(\ell_1+1)} \equiv o.$$

Dann ist $g(t) \in S_{\ell_1,k}(x_1,\ldots,x_k)$, also insbesondere eine Lösung des homogenen Systems

$$(4.29) \quad g^{(j)}(\mu) = o, \; \mu=o,\ldots,N; \; j=o,\ldots,\ell_1-1 ,$$

für $\{E^{(i)}_{j^*_\nu}\}^{r-1}_{\nu=1}$. Da nach Voraussetzung $\{E^{(i)}_{j^*_\nu}\}^{r-1}_{\nu=1}$ frei ist, folgt aus (4.29) $g \equiv o$, also ist $E^{(i)}_N$ frei. -

5. *Statistische Eigenschaften der Spline-Lag Verteilung*

5.1 *Die Schätzgleichungen für die Spline-Lag Dichte*

Wir haben in (3.47) eine sehr flexible Basisdarstellung für die Spline-Lag Kurve g(t), die es einerseits erlaubt, die Forderungen, welche durch die Spline-Lag Inzidenzmatrix festgelegt sind, in einem linearen Regressionssystem zu erfassen, und andererseits die Spline-Koeffizienten s_i $(i=1,\ldots,n+k+1=:\varepsilon_o)$ so zu bestimmen, daß sie den Forderungen an die Gestalt der Lag-Kurve im quadratischen Mittel bestmöglich entsprechen. Das lineare Regressionssystem lautet

$$(5.1) \qquad y = \sum_{\mu=o}^{N} x^{\mu} \left[\sum_{j=o}^{j^*} e_{\mu j}^{(l)} g^{(j)}(\mu) \right] + u, \quad l=1 \text{ oder } 2,$$

wobei y, x und u Vektoren mit T Komponenten sind, und die Störterme den klassischen Annahmen der OLS-Theorie genügen. (3.47) in (5.1) eingesetzt ergibt

$$y = \sum_{\mu=o}^{N} x^{\mu} \left[\sum_{j=o}^{j^*} e_{\mu j}^{(l)} \sum_{i=1}^{n+k+1} s_i m_i^{(j)}(\mu) \right] + u,$$

und durch Umordnung der Summierungsreihenfolge folgt

$$y = \sum_{i=1}^{n+k+1} s_i \left[\sum_{\mu=o}^{N} \sum_{j=o}^{j^*} e_{\mu j}^{(l)} m_i^{(j)}(\mu)\, x^{\mu} \right] + u.$$

Setzen wir den Ausdruck in der eckigen Klammer gleich dem $T\times 1$-Vektor z^i, $Z := (z^1\ z^2 \ldots z^{n+k+1})$ und $s := (s_1,\ldots,s_{n+k+1})'$, so erhalten wir das lineare Regressionssystem

$$(5.2) \qquad y = Z\, s + u.$$

Der OLS-Schätzer der Spline-Koeffizienten ist

$$(5.3) \qquad \hat{s} = Z^{+} y.$$

Setzen wir nun (5.3) in die Spline-Lag Darstellung $g^*(t)$ in (3.49) ein, so lassen sich durch Auswertung von $\hat{g}^*(t)$ in $t = o,\dots,N$ die Schätzwerte

$$(5.4) \qquad \hat{g}^* := (\hat{g}^*_o, \hat{g}^*_1, \dots, \hat{g}^*_N)'$$

der Spline-Lag Gewichte berechnen.

Sei

$$\bar{g} = \sum_{\mu=o}^{N} \sum_{i=1}^{n+k+1} \hat{s}_i \, m_i(\mu),$$

dann sind

$$(5.5) \qquad \hat{g}_\mu = \frac{\hat{g}^*_\mu}{\bar{g}}, \quad \mu=o,\dots,N,$$

die normierten Spline-Lag Gewichte, falls die $\hat{g}^*_\mu \geq o$ sind. Diese können dann als Wahrscheinlichkeiten zu der Realisierung $\{o,\dots,N\}$ der Lag-Zeitvariablen interpretiert werden.

Fassen wir die Schritte unseres bisherigen Vorgehens nochmals zusammen:

1. Für ein vorgegebenes Problem bestimmen wir die Spline-Lag Inzidenz $E_N^{(i)}$ (i=1 oder 2), die den Spline-Grad n und die Knotenanzahl k festlegt.

2. Anschließend stellen wir das Regressionssystem (5.2) auf und bestimmen den L_2-Schätzer (5.3) der Spline-Koeffizienten $\hat{s}$. Hierbei eignet sich für die Berechnung der $m_i^{(j)}(\mu)$ die Darstellung aus Lemma 3.1:

$$m_i^{(j)}(\mu) = \sum_{\nu=i-n-1}^{i} \frac{[(n+1)(x_\nu - \mu)_+^n]^{(j)}}{\omega'(x_\nu)}$$

$$= \sum_{\nu=i-n-1}^{i} \frac{(-1)^j (n+1)n(n-1)\cdots(n-j+1)(x_\nu-\mu)_+^{n-j}}{\omega'(x_\nu)}$$

wobei

$$\omega'(x_\nu) = (x_\nu - x_{i-n-1})(x_\nu - x_{i-n})\cdots(x_\nu - x_{\nu-1})(x_\nu - x_{\nu+1})\cdots \cdots (x_\nu - x_i)$$

ist.

3. Danach berechnen wir die normierten Spline-Lag Gewichte (5.3)

$$\hat{g} = \frac{1}{e'M\,\hat{s}}\,M\,\hat{s}\ ,$$

wobei $e' = (1,1,\ldots,1)$ ein $1\times(N+1)$-Vektor ist, und die Elemente der $(N+1)\times(n+k+1)$-Matrix

$$(5.6)\qquad M = \begin{pmatrix} m_1(o) & m_2(o) & \cdots & m_{n+k+1}(o) \\ m_1(1) & m_2(1) & \cdots & m_{n+k+1}(1) \\ \vdots & \vdots & & \vdots \\ m_1(N) & m_2(N) & \cdots & m_{n+k+1}(N) \end{pmatrix}$$

über das dividierte Differenzenschema (3.45) oder nach der äquivalenten Darstellung in Lemma 3.9 berechnet werden. Diese Matrix-Darstellung der Spline-Lag Gewichte $\hat{g}$ wird sich für die nachfolgenden Ausführungen als sehr vorteilhaft erweisen.

Bemerkungen

Neben der klassischen L_2-Minimierung der Residuen in (5.2) haben in den letzten Jahren auch Verfahren in der L_p-Norm $(o < p \leq \infty)$ zunehmend an Bedeutung gewonnen, insbesondere weil eine unterschiedliche Wahl von p mögliche 'Ausreißer' in den Daten unterschiedlich stark in die Regression einbezieht. Für $p > 1$ ist die L_p-Norm konvex, hierfür konvergieren also die Iterationsverfahren vom Newton-Gauß Typ (siehe z.B. bei Kahng (1972) oder auch bei Harvey (1977)). Für $p = 1$ ist die L_p-Norm nicht mehr strikt konvex, daher versagen häufig die klassischen Iterationsverfahren, weil das Minimum nicht mehr eindeutig ist. L_1-Probleme werden daher häufig mit Methoden der Linearen Programmierung behandelt, das bekannteste ist wohl dasjenige von Barrodale und Roberts (1972). Allerdings sind für wachsendes p mehr Iterationsschritte erforderlich, um dieselbe Genauigkeit zu erhalten (siehe auch Merle und Späth (1973)). Auch die Schätzprobleme in der Maximum-Norm L_∞ werden meist als LP-Problem formuliert (Stiefel (196o), Barrodale und Young (1965)). Für asymmetrische Fehlerdichten empfiehlt Ekblom (1974) eine L_p-Regressionsmethode mit $o < p \leq 1$.

Als spezielle L_p-Schätzer (für $o < p \leq 2$) können die M-Schätzer von Huber ((1964, 1972, 1973) angesehen werden. Der M-Schätzer ist der bekannteste robuste Schätzer, für den eine verallgemeinerte Residuen-Zielfunktion

$$\sum_{i=1}^{T} \rho(u_i(s))$$

der Datengestalt angepaßt wird. Eine häufig verwendete Huber-Funktion ist

$$\rho(t) = \begin{cases} \frac{1}{2} t^2 , & |t| \leq c \\ c\ |t| , & |t| > c \end{cases} , \quad \sigma_u \leq c \leq 2\ \sigma_u ,$$

also eine 'gemischte' Schätzung, bei der 'innen' L_2-geschätzt und 'außen' L_1-geschätzt wird. M-Schätzungen haben den Nachteil, daß sie eine Zielfunktion mit vielen lokalen Minima erzeugen, und daher algorithmisch schwierig zu behandeln sind.

Ein weiterer, sehr bekannt gewordener robuster Schätzer ist der Median-Schätzer von Andrews (1974). Hier werden die Abhängigkeiten zwischen den Regressoren mit Hilfe einer Vektor-Abbildung ('sweep'-Operator), die nichtlinear und nicht idempotent ist, beseitigt. Dieser Operator ist eine Kontraktion, d.h. es gibt einen Fixpunkt. Leider ist das Verfahren sehr rechenaufwendig. Andrews empfieht daher, die 'sweep'-Operation nach wenigen Iterationsschritten abzubrechen und den zugehörigen iterierten Schätzer als Startpunkt (siehe Andrews (1974), S. 525-526) für einen Sinus-Schätzer (siehe Andrews et al. (1972)) zu verwenden.

Hinzuweisen ist auch auf ein zweistufiges Vorgehen von Hill und Holland (1977), die im Rahmen einer Monte Carlo-Studie das Verhalten der robusten Regression bei normal- und nicht-normalverteilten Residuen untersucht haben. In der ersten Stufe bestimmen sie über eine L_1-Schätzung die Residuen $\hat{u}_i$, $i=1,\ldots,T$, die dann in der zweiten Stufe als Startwerte für eine Sinus-Schätzung genommen werden. Für den Spline-Koeffizienten-Schätzer $\hat{s}$ in (5.3) ergäbe sich dann der im allgemeinen verbesserte Schätzer

$$\hat{s}_{Sinus} = (Z'WZ)^{-1}Z'Wy ,$$

mit $W := \text{diag}(w_{11},\ldots,w_{TT})$,

$$w_{ii} = \begin{cases} 1, & u_i = o \\ \dfrac{\sin\,(u_i/\sigma_u)}{(u_i/\sigma_u)}, & o \le u_i \le \pi\,\sigma_u \\ o, & u_i > \pi\,\sigma_u\,. \end{cases}$$

Es gibt noch zahlreiche andere Ansätze der robusten Schätzung von (5.2), die wir im Rahmen dieser Arbeit nicht ausführen können. Es ist klar, daß im konkreten Fall entschieden werden muß, welche Schätztechnik für die Bestimmung von $\hat{s}$ und dem zugehörigen $\hat{g}$ in (5.5) angewendet wird. Die Darstellung des Spline-Lag Schätzers ist also keinesfalls auf die klassische OLS-Schätzung beschränkt, sondern das Spline-Lag Regressionssystem (5.2) läßt sich jederzeit auch mit robusten Schätzmethoden behandeln, sodaß der statistische Eigenschaften auch für den Spline-Lag Schätzer gelten.

5.2 *Testkriterien für die Spline-Lag Hypothese*

Wir wollen uns in diesem Abschnitt mit Testverfahren für den Test der Spline-Lag Hypothese befassen, und versuchen die Effizienz des Spline-Lag Schätzers $\hat{g}$ gegenüber dem klassischen OLS-Schätzer herauszustellen. Zunächst muß jedoch festgestellt werden, daß wir uns durch die Zuordnung der Lag-Regressoren zu den beiden Konditionierungsklassen einen Nachteil 'erkauft' haben, denn die Spline-Lag Schätzer $\hat{g}$ bzw. $\hat{g}^*$ werden im allgemeinen verzerrt sein. Eine sehr strenge hinreichende Bedingung für die Unverzerrtheit liefert das

Lemma 5.1

Sei $X = (x^o\ x^1\ \dots\ x^N)$, und Z sei definiert wie in (5.2).
$\hat{g}$ ist unverzerrt, wenn $Z^+XM = I_{n+k+1}$ gilt.

Beweis:

$$(5.7)\qquad \begin{aligned} \text{bias}(\hat{g}) &= E(\hat{g}) - g = E(MZ^+y) - g \\ &= MZ^+\ E(Xg + u) - g \\ &= MZ^+Xg - g = (MZ^+X - I)g, \text{ da } E(u) = o, \\ &= (MZ^+XM - M)s \\ &= o, \text{ da } Z^+XM = I_{n+k+1}. - \end{aligned}$$

Die MSE-Effizienz zweier Schätzer definiert man üblicherweise dadurch, daß die Differenz der entsprechenden Mean-Square-Error-Matrizen positiv semidefinit ist:

$$\text{MSE}(\hat{g}_{OLS}) - \text{MSE}(\hat{g}) \in M^{\geq}_{N+1}.$$

Unter den klassischen Annahmen ist bekanntermaßen

$$\text{MSE}(\hat{g}_{OLS}) = \sigma^2 (X'X)^{-1}.$$

Die Kovarianzmatrix von $\hat{s} = Z^+y$ ist $\text{cov}(\hat{s}) = \hat{\sigma}^2(Z'Z)^{-1}$, und nach linearer Transformation mit M erfolgt

$$\text{cov}(\hat{g}) = \sigma^2 M(Z'Z)^{-1}M' .$$

Somit ist

$$(5.8)\qquad \begin{aligned} \text{MSE}(\hat{g}) &= \text{cov}(\hat{g}) + \text{bias}(\hat{g})\ \text{bias}(\hat{g})' \\ &= \sigma^2 M(Z'Z)^{-1}M' + (MZ^+X - I)gg'(MZ^+X - I)'. \end{aligned}$$

(Der Einfachheit halber lassen wir den Index n+k+1 bei der

Einheitsmatrix, der die Dimension kennzeichnet, weg. Aus der jeweiligen Darstellung läßt sich leicht ermitteln, um welche Einheitsmatrix es sich handelt).
Da g nicht bekannt ist, kann man $MSE(\hat{g}) - MSE(\hat{g}_{OLS}) \in M^{\geq}_{N+1}$ nicht überprüfen, daher macht man häufig eine Transformation von $MSE(\hat{g})$ auf ein skalares Maß. Zum Beispiel nehmen Amemiya und Morimune (1974) die Spur von $MSE(\hat{g})$. Betrachtet man den systematischen Anteil Xg in $y = Xg + u$, so ergibt sich für die Spline-Lag Gewichte $\hat{g}$ unter Berücksichtigung der Eigenschaften der Spur

$$\begin{aligned}
\text{sp } MSE(X\hat{g}) &= \text{sp } E[(X\hat{g} - g)(X\hat{g} - g)'] + bias(X\hat{g})bias(X\hat{g})' \\
&= \text{sp } E[X\hat{g}\hat{g}'X' - Xg\hat{g}'X' - X\hat{g}g'X' + Xgg'X'] \\
&= \text{sp } X\, E[\hat{g}\hat{g}' - g\hat{g}' - \hat{g}g' + gg'\; X'] \\
&= \text{sp } X\, MSE(\hat{g})\, X' \\
&= \text{sp } MSE(\hat{g})\, X'X \\
&= \text{sp } \sigma^2 [M(Z'Z)^{-1}M' + (MZ^+X-I)gg'(MZ^+X-I)]X'X \\
&= \text{sp}[\sigma^2\, M(Z'Z)^{-1}M' + g'X'(MZ^+-I)'(MZ^+-I)Xg],
\end{aligned}$$

$$\begin{aligned}
\text{sp } MSE(X\hat{g}_{OLS}) &= \text{sp } \sigma^2 (X'X)^{-1}X'X \\
&= \sigma^2 (N+1).
\end{aligned}$$

Hieraus folgt für den Ansatz von Amemiya und Morimune

$$\begin{aligned}
\text{sp } [MSE(X\hat{g}_{OLS}) - MSE(X\hat{g})] = \sigma^2(N+1) - g'X'(MZ^+X-I)'\cdot \\
\cdot (MZ^+X-I)Xg - \text{sp } \sigma^2\, M(Z'Z)^{-1}M'.
\end{aligned}$$

Wir wollen diesen Ansatz nicht weiter verfolgen, weil wir über das Vorzeichen dieses Ausdrucks nichts aussagen können. Außerdem kann das Spur-Kriterium nur bei erwartungstreuen Schätzfunktionen angewandt werden, der Spline-Lag Schätzer erfüllt aber im allgemeinen das notwendige und hinreichende Kriterium für die Erwartungstreue in Lemma 5.1 nicht.

Bei der bisherigen Herleitung haben wir die Spline-Koeffizienten s implizit (über die Normalgleichungen von s) betrachtet. Für die Entwicklung eines Testmaßes für die Spline-Lag Hypothese wird es sich jedoch als günstiger erweisen, wenn wir s explizit in der Spline-Lag Restriktion erscheinen lassen. Wir nehmen an, daß M vollen Spaltenrang besitzt, sodaß die Moore-Penrose Inverse $M^+ = (M'M)^{-1}M'$ eine $(n+k+1)\times(N+1)$-Matrix ist. Den Spline-Lag Schätzer fassen wir nun als OLS-Schätzer unter der Spline-Lag Restriktion

(5.9) $\quad M^+g = s$

auf, oder als einen GLS-Schätzer, wenn wir für die Kovarianzmatrix der Störterme eine beliebige, positiv semidefinite und symmetrische Matrix Ω zulassen. Die Normalgleichungen sind dann (vgl. Theil (1971), S. 285)

(5.1o) $\quad \hat{g} = \hat{g}_{OLS} + CM^{+\prime}(M^+CM^{+\prime})^{-1}(s - M^+\hat{g}_{OLS})$

mit $C = (X'X)^{-1}$ bzw. $C = (X'\Omega^+X)^{-1}$.

Wie wir anschließend sehen werden (z.B. in Lemma 5.5), ist die Herleitung mit $C = (X'\Omega^+X)^{-1}$ sehr schwierig, wir betrachten daher im folgenden den OLS-Schätzer, also $C = (X'X)^{-1}$.

Die Kovarianzmatrix ist dann

(5.11) $\quad cov(\hat{g}) = \sigma^2[I - CM^{+\prime}(M^+CM^{+\prime})^{-1}M^+]C.$

Hieraus folgt

(5.12) $\quad cov(\hat{g}_{OLS}) - cov(\hat{g}) = \sigma^2 CM^{+\prime}(M^+CM^{+\prime})^{-1}M^+C.$

Wie man unmittelbar aus (5.11) sieht, unterschreitet die Kovarianzmatrix des restringierten OLS-Schätzers diejenige des OLS-Schätzers ohne Restriktion, d.h. (5.12) ist positiv semidefinit. Dies gilt insbesondere auch dann, wenn die lineare Restriktion (5.9) nicht streng erfüllt werden kann. Daher kann nur der Bias als Maß für die Abweichung $s - M^+g$ verwendet werden:

$$\begin{aligned} MSE(\hat{g}) &= cov(\hat{g}) + bias(\hat{g})\, bias(\hat{g})' \\ &= cov(\hat{g}) + CM^{+\prime}(M^+CM^{+\prime})^{-1}(s-M^+g)(s-M^+g)'\cdot \\ &\qquad \cdot(M^+CM^{+\prime})^{-1}M^+C\ . \end{aligned}$$

Dann ist

$$\begin{aligned}MSE(\hat{g}_{OLS})-MSE(\hat{g}) &= cov(\hat{g}_{OLS})-cov(\hat{g})+bias(\hat{g})bias(\hat{g})' \\ &= \sigma^2 CM^{+\prime}(M^+CM^{+\prime})^{-1}M^+C-CM^{+\prime}(M^+CM^{+\prime})^{-1}\cdot \\ &\quad \cdot(s-M^+g)(s-M^+g)'(M^+CM^{+\prime})^{-1}M^+C \\ &= \sigma^2 CM^{+\prime}(M^+CM^{+\prime})^{-1}[M^+C-\frac{1}{\sigma^2}(s-M^+g)\cdot \\ &\quad (s-M^+g)'(M^+CM^{+\prime})^{-1}M^+C] \\ &= \sigma^2 CM^{+\prime}(M^+CM^{+\prime})^{-1}[M^+CM^{+\prime}-\frac{1}{\sigma^2}(s-M^+g)\cdot \\ &\quad (s-M^+g)'](M^+CM^{+\prime})^{-1}M^+C \\ &=: \sigma^2\, C^*M^*C^{*\prime}.\end{aligned}$$

Nun ist $MSE(\hat{g}_{OLS}) - MSE(\hat{g}) \in M^{\geq}_{N+1}$ genau dann, wenn

$$C^*M^*C^{*\prime} \in M^{\geq}_{N+1} \,.$$

Da C^* regulär ist, folgt

$$MSE(\hat{g}_{OLS}) - MSE(\hat{g}) \in M^{\geq}_{N+1}$$

genau dann, wenn für alle $x \in \mathbb{R}^{N+1}$, $x \neq o$, $x'M^*x \geq o$ oder

$$\frac{1}{\sigma^2}\;\frac{x'(s - M^+g)(s - M^+g)'x}{x'M^+XM^{+\prime}x} \leq 1 \tag{5.13}$$

ist. Der Einfachheit halber setzen wir

$$A := M^+CM^{+\prime} \quad \text{und} \quad a := s - M^+g. \tag{5.14}$$

(5.13) ist ein verallgemeinerter Raleigh-Quotient des verallgemeinerten Eigenwertproblems

$$aa'x = \lambda Ax$$

(vgl. Zurmühl (1961), S. 3o9), die Extrema des Quotienten in (5.13) sind gerade die Eigenwerte.

Kann man x nun so finden, daß die Ungleichung in (5.13) möglichst gut erfüllt wird? Um den Quotienten nach oben abzuschätzen zu können, benötigen wir zunächst eine Abschätzung für den Zähler des Quotienten.

Lemma 5.2

Sei B eine reguläre $(N+1)\times(N+1)$-Matrix derart, daß sie als Cholesky-Zerlegungsfaktor der Matrix A aufgefaßt werden kann: $A = B'B$. Dann gilt für den Zähler in (5.13) die Abschätzung

$$x'aa'x \leq (x'Ax)(a'A^{-1}a),$$

und das Gleichheitszeichen wird für $x = A^{-1}a$ angenommen.

Beweis:

Wir setzen $w:=(B^{-1})'a$, $v:=Bx$. Dann lautet die Cauchy-Schwarz'sche Ungleichung (vgl. Rao (1965), S. 42)

$$\begin{aligned} x'aa'x = (a'x)'(a'x) &= (w'v)'(w'v) \\ &\leq (w'w)'(v'v) \\ &= (a'B^{-1}(B^{-1})'a)'(x'B'Bx) \\ &= (a'A^{-1}a)(x'Ax). \end{aligned}$$

Das Gleichheitszeichen wird genau dann angenommen, wenn w und v linear abhängig sind, d.h. wenn die Diskriminante der quadratischen Form

$$(r_1w + r_2v)'(r_1w + r_2v),\quad r_1,r_2 \in \mathbb{R},$$

verschwindet;

$$\det\begin{pmatrix} w'w & v'w \\ w'v & v'v \end{pmatrix} = 0.$$

Dies ist gleichbedeutend mit

$$(a'A^{-1}a)(x'Ax) - a'xx'B'(B^{-1})'a = 0 \quad \text{oder}$$

$$a'(A^{-1}a)x'(Ax) - a'xx'a = 0.$$

Der zweite Teil der Behauptung folgt nun unmittelbar aus dieser letzten Gleichung, wenn wir $a = Ax \Leftrightarrow x = A^{-1}a$ setzen. -

Wir schätzen nun den Quotienten in (5.13) nach oben ab:

$$\frac{1}{\sigma^2} \frac{x'aa'x}{x'Ax} \leq \frac{1}{\sigma^2} a'A^{-1}a.$$

Weil diese obere Schranke für $x = A^{-1}a$ angenommen wird, und (5.13) für alle $x \neq o$ gilt, folgt

$$(5.15) \qquad MSE(\hat{g}_{OLS}) - MSE(\hat{g}) \in M^{\geq}_{N+1} \Leftrightarrow \frac{1}{\sigma^2} a'A^{-1}a \leq 1.$$

In Fahrion (1978) haben wir ein Maß für den Test der Spline-Lag Hypothese angegeben, allerdings nur für den Fall, daß die Spline-Lag Gewichte interpoliert werden, also ohne Berücksichtigung der Konditionierungseigenschaften der Lag-Regressoren. Dort wurde gezeigt, daß man $(\hat{u}'\hat{u} - \hat{u}'_{OLS}\hat{u}_{OLS})/\hat{u}'_{OLS}\hat{u}_{OLS}$ mit der zentralen F-Verteilung testen kann. Zur vereinfachenden Schreibweise setzen wir nun

$$(5.16) \qquad S_o = \frac{\hat{u}'\hat{u}}{\sigma^2}, \quad \hat{u} = y - X\hat{g},$$

$$S_1 = \frac{\hat{u}'_{OLS}\hat{u}_{OLS}}{\sigma^2} = \frac{1}{\sigma^2} y'(I - XCX')y, \quad \hat{u}_{OLS}=y-X\hat{g}_{OLS}.$$

Wir wollen zeigen, daß $(S_o - S_1)/S_1$ nichtzentral F-verteilt ist. Hierzu benötigen wir noch einige vorbereitende Lemmas:

Lemma 5.3

Es ist $D := XCM^{+'}$ vom Typ $T \times n+k+1$. Dann ist die $T \times T$-Matrix

$$(5.17) \qquad D^* = DA^{-1}D'$$

idempotent, wobei A die symmetrische $(n+k+1) \times (n+k+1)$-Matrix in (5.14) ist.

Beweis:

$$(D^*)^2 = XCM^{+'}(M^+CM^{+'})^{-1}M^+CX'XCM^{+'}(M^+CM^{+'})^{-1}M^+CX'$$

$$= XCM^{+\prime}(M^+CM^{+\prime})^{-1}M^+CM^{+\prime}(M^+CM^{+\prime})^{-1}M^+CX'$$
$$= XCM^{+\prime}(M^+CM^{+\prime})^{-1}M^+CX'$$
$$= DA^{-1}D' = D^*.$$

Lemma 5.4

Sei $\hat{a}_{OLS} = s - M^+\hat{g}_{OLS}$. Dann ist

$$(5.18) \qquad S_o - S_1 = \frac{1}{\sigma^2}\, \hat{a}'_{OLS}\, A^{-1}\, \hat{a}_{OLS}.$$

Beweis:

$$S_o - S_1 = \frac{1}{\sigma^2}[(y-Xg)'(y-Xg) - y(I-XCX')y]$$
$$= \frac{1}{\sigma^2}[-y'X(\hat{g}_{OLS}+CM^{+\prime}A^{-1}\hat{a}_{OLS}) - (\hat{g}_{OLS}+CM^{+\prime}A^{-1}\hat{a}_{OLS})'X'y$$
$$+ (\hat{g}_{OLS}+CM^{+\prime}A^{-1}\hat{a}_{OLS})'C^{-1}(\hat{g}_{OLS}+CM^{+\prime}A^{-1}\hat{a}_{OLS})$$
$$+ y'XCX'y],\ \text{wegen (5.1o) und (5.14)},$$

$$= \frac{1}{\sigma^2}[-y'XCX'y - y'XCM^{+\prime}A^{-1}\hat{a}_{OLS} - y'XCX'y - \hat{a}'_{OLS}A^{-1\prime}M^+CX'y$$
$$+ y'XCC^{-1}CX'y + y'XCC^{-1}CM^{+\prime}A^{-1}\hat{a}_{OLS}$$
$$+ \hat{a}'_{OLS}A^{-1\prime}M^+CC^{-1}CX'y + \hat{a}'_{OLS}A^{-1\prime}M^+CC^{-1}CM^{+\prime}A^{-1}\hat{a}_{OLS}$$
$$+ y'XCX'y]$$

$$= \frac{1}{\sigma^2}[\hat{a}'_{OLS}A^{-1\prime}M^+CM^{+\prime}A^{-1}\hat{a}_{OLS}] = \frac{1}{\sigma^2}[\hat{a}'_{OLS}A^{-1\prime}\hat{a}_{OLS}]$$
$$= \frac{1}{\sigma^2}[\hat{a}'_{OLS}(A')^{-1}\hat{a}_{OLS}] = \frac{1}{\sigma^2}[\hat{a}'_{OLS}A^{-1}\hat{a}_{OLS}].$$

Lemma 5.5

Es ist

(5.15) $\quad \hat{a}'_{OLS} = -(y - DA^{-1}s)'D$, wobei D wie in Lemma 5.3 definiert ist.

Beweis:

$$-(y-DA^{-1}s)'D = -y'D + s'A^{-1}D'D, \text{ da } A' = A,$$
$$= -y'D + s'A^{-1}M^{+}CX'XCM^{+}{}'$$
$$= -y'D + s'A^{-1}M^{+}CM^{+}{}'$$
$$= (s - D'y)' = (s - M^{+}CX'y)'$$
$$= (s - M^{+}\hat{g}_{OLS})' = \hat{a}'_{OLS}.$$

Lemma 5.6

Sei $u \sim N(o;\sigma^2 I)$. Dann ist

$$(y - DA^{-1}s) \sim N(Xg - DA^{-1}s;\ \sigma^2 I). \qquad (5.2o)$$

Beweis:

Nach Schönfeld (1971), Satz 4.1/2 ist

$$y = I\,u + Xg \sim N(Xg;\ \sigma^2 I)$$

und

$$y - DA^{-1}s = I\,y - DA^{-1}s \sim N(Xg - DA^{-1}s;\ \sigma^2 I).$$

Aus (5.18) und (5.19) ergibt sich damit die quadratische Form

$$S_o - S_1 = \frac{1}{\sigma^2}(y-DA^{-1}s)'DA^{-1}D'(y-DA^{-1}s) \qquad (5.21)$$
$$= \frac{1}{\sigma^2}(y-DA^{-1}s)'D^*(y-DA^{-1}s).$$

Wir haben nun sämtliche Voraussetzungen, die für die Anwendung von Satz 4.2/1 bei Schönfeld (1971), S. 1o3, erforderlich ist:

> D^* (definiert wie in Lemma 5.3) ist genau dann eine idempotente Matrix vom Rang T, wenn die quadratische Form (5.21) $\chi'(T,\lambda)$-verteilt ist mit dem nichtzentralen Parameter

$$\lambda = \frac{1}{\sigma^2} E(y-DA^{-1}s)'D^*E(y-DA^{-1}s) \qquad (5.22)$$
$$= \frac{1}{\sigma^2}(Xg - DA^{-1}s)'D^*(Xg - DA^{-1}s), \text{ vgl. (5.2o).}$$

Lemma 5.7

Für die quadratische Form (5.21) gilt

$$S_o - S_1 \sim \chi'^2(T, \frac{1}{\sigma^2} a'A^{-1}a).$$

Beweis:

Wir haben noch zu zeigen, daß in (5.22) $\lambda = \frac{1}{\sigma^2} a'A^{-1}a$ gilt:

$$\begin{aligned}\lambda &= \frac{1}{\sigma^2} (Xg - DA^{-1}s)'D^*(Xg - DA^{-1}s) \\ &= \frac{1}{\sigma^2} [g'X'D^*Xg - g'X'D^*DA^{-1}s - s'A^{-1}D'D^*Xg + s'A^{-1}D'D^*DA^{-1}s] \\ &= \frac{1}{\sigma^2} [g'X'DA^{-1}D'Xg - g'X'DA^{-1}D'DA^{-1}s - s'A^{-1}D'DA^{-1}D'X'g \\ &\qquad + s'A^{-1}D'DA^{-1}D'DA^{-1}s].\end{aligned}$$

Da

$$\begin{aligned}D'D &= M^+CX'XCM^{+'} = M^+CM^{+'} = A, \\ D'X &= M^+CX'X = M^+, \\ X'D &= X'XCM^{+'} = M^{+'}\end{aligned}$$

ist, folgt

$$\begin{aligned}\lambda &= \frac{1}{\sigma^2} [g'M^{+'}A^{-1}M^+g - g'M^{+'}A^{-1}s - s'A^{-1}M^+g + s'A^{-1}s] \\ &= \frac{1}{\sigma^2} [s'A^{-1}s - s'A^{-1}M^+g - g'M^{+'}A^{-1}s + g'M^{+'}A^{-1}M^+g] \\ &= \frac{1}{\sigma^2} (s - M^+g)'A^{-1}(s - M^+g) = \frac{1}{\sigma^2} a'A^{-1}a.\end{aligned}$$

Lemma 5.8

Sei λ der nichtzentrale Parameter der χ'^2-Verteilung aus Lemma 5.7. Dann gilt

$$(5.23) \qquad MSE(\hat{g}_{OLS}) - MSE(\hat{g}) \in \mathcal{M}^{\geq}_{N+1} \Leftrightarrow \lambda \leq 1.$$

Beweis:

folgt unmittelbar aus der Ungleichung (5.15) und Lemma 5.7 . -

Da $A \neq 0$, folgt für den Spezialfall $\lambda = o \Leftrightarrow a = o$ unmittelbar aus Lemma 5.7:

Satz 5.1

Die Hypothese, daß die wahren Lag-Gewichte exakt auf der Spline-Kurve liegen, läßt sich mit der zentralen χ^2-Verteilung testen. -

Nun wird natürlich in praktischen Anwendungen die exakte Hypothese $\lambda = o \Leftrightarrow M^+g = s$ im allgemeinen nicht erfüllt werden können, d.h. der zentrale χ^2-Test wird die Hypothese im allgemeinen verwerfen. Da wir aber für $o \leq \lambda \leq 1$ einen Spline-Lag Schätzer $\hat{g}$ erhalten, der im MSE-Sinne besser ist als der OLS-Schätzer $\hat{g}_{OLS}$, liegt es nahe, die Bereichshypothese

(5.24) $\quad H_o^\lambda \; : \; o \leq \lambda \leq 1$

gemäß Lemma 5.7 mit der nichtzentralen χ'^2-Verteilung und dem nichtzentralen Parameter λ zu testen. Es werden dann also auch solche Lag-Gewichte zugelassen, die von der Spline-Kurve abweichen können.

Die Dichte der nichtzentralen χ'^2-Verteilung ist durch

(5.25) $$f(S_o-S_1,T,\lambda) = \sum_{i=o}^{\infty} e^{-\lambda/2} \frac{(\lambda/2)^i (S_o-S_1)^{(1/2)(T-2i)-1} Q}{i!\; 2^{(1/2)(T+2i)} \Gamma\left(\frac{T+2i}{2}\right)},$$

$Q = e^{(-1/2)(S_o-S_1)}$, für $o \leq S_o-S_1 < \infty$ definiert (vgl. Schönfeld (1971), S. 1oo). Das Problem bei nichtzentralen Verteilungen ist, daß diese nur für spezielle Fälle tabelliert werden können, da die kritischen Punkte von S_o-S_1 von den variablen Parametern λ und T abhängig sind. Die Bestimmung der kritischen Punkte $(S_o-S_1)_\alpha$ aus

$$\int_{(S_o-S_1)_\alpha}^{\infty} f(S,T,\lambda)dS = 1 - \alpha$$

ist für eine vorgegebene Irrtumswahrscheinlichkeit α schon deswegen schwierig, weil man das Integral approximativ berechnen muß (d.h. man kann nur endlich viele Summanden in (5.25) berück-

sichtigen), und $(S_o-S_1)_\alpha$ in einem Suchprozeß ermittelt werden muß. Dieser Suchprozeß kann sehr aufwendig sein, weil das gesamte Intervall (o,∞) kritische Punkte enthält. Es werden daher sehr viele Integralauswertungen erforderlich sein, bis man den Integralwert 1 - α im Rahmen einer vorgegebenen Fehlerschranke 'eingeschachtelt' hat.
Wesentlich günstiger und weniger rechenaufwendig wäre es, wenn das Intervall für die kritischen Punkte vergleichsweise 'klein' wäre. In der Tat gibt es für eine andere nichtzentrale Verteilung, nämlich der nichtzentralen F-Verteilung, eine monotone Transformation des nichtzentralen F-Maßes, für welche die kritischen Punkte im Intervall (o,1) liegen (vgl. Abschnitt 4.3 bei Graybill (1961) über die nichtzentrale F-Verteilung). Diese Transformation führt zur nichtzentralen Beta-Verteilung.

Im folgenden wollen wir eine nichtzentrale Beta-Verteilung für den Test von (5.24) konstruieren und tabellieren. Nach Satz 4.3/3 bei Schönfeld (1971), S. 1o6, ist $S_1 \sim \chi^2(T-(n+1))$, daher gilt

Satz 5.2

Der normierte Quotient

$$F' = \frac{S_o - S_1}{S_1} \quad \frac{T-(N+1)}{T}$$

besitzt die nichtzentrale F-Verteilung mit T Zähler- und T-(N+1) Nennerfreiheitsgraden und dem nichtzentralen Parameter λ.

Beweis:

Der normierte Quotient einer nichtzentral χ^2-verteilten und einer zentral χ^2-verteilten Zufallsvariablen, die stochastisch unabhängig sind, besitzt die nichtzentrale F-Verteilung. Hinreichend für die stochastische Unabhängigkeit der beiden quadratischen Formen $S_o - S_1$ und S_1 ist nach Schönfeld (1971), S. 1o5, die Orthogonalität von D* und (I - XCX') (wegen (5.21) und weil

$$\sigma^2 S_1 = y'(I - XCX')y = y'(I-XCX')y-y'DA^{-1}s+y'DA^{-1}s-s'A^{-1}{}'D'y$$
$$+s'A^{-1}{}'D'y+s'A^{-1}{}'s-s'A^{-1}{}'s$$
$$= y'y-y'DA^{-1}s-y'XCX'y+y'XCX'XCM^{+}{}'A^{-1}s$$
$$-s'A^{-1}{}'D'y+s'A^{-1}{}'D'DA^{-1}s+s'A^{-1}{}'D'XCX'y$$
$$-s'A^{-1}{}'D'XCX'DA^{-1}s$$
$$= (y'-y'XCX'-s'A^{-1}{}'D'+s'A^{-1}{}'D'XCX')(y-DA^{-1}s)$$
$$= (y-DA^{-1}s)'(I-XCX')(y-DA^{-1}s)$$

ist):

$$D^*(I-XCX') = XCM^{+}{}'A^{-1}M^{+}CX' - XCM^{+}{}'A^{-1}M^{+}CX'XCX'$$
$$= XCM^{+}{}'A^{-1}M^{+}CX' - XCM^{+}{}'A^{-1}M^{+}CX' = 0. -$$

Die Dichtefunktion von F' ist für $o \leq F' < \infty$ gegeben durch

$$f'(F',T,T-(N+1),\lambda) = \sum_{i=o}^{\infty} \Lambda(i,T,T-(N+1),\lambda)\left(\frac{T}{T-(N+1)}\right)^{\frac{T}{2}+i} F(T,N,i)$$

wobei

$$\Lambda(i,T,T-(N+1),\lambda) = e^{(-\lambda/2)}\ \frac{(\lambda/2)^i}{i!}\ \frac{\Gamma(\frac{2T-(N+1)}{2}+i)}{\Gamma(\frac{T}{2}+i)\,\Gamma(\frac{T-(N+1)}{2})} \quad \text{und}$$

$$F(T,N,i) = \frac{(F')^{\frac{T}{2}+i-1}}{\left(1+\frac{T}{T-(N+1)}F'\right)^{(2T-(N+1))/2+i}}$$

ist (siehe Schönfeld (1971), S. 1o1f. oder Graybill (1961, S.79). Betrachten wir nun die Transformation

$$\mathcal{T} : \mathbb{R}_+ \to \mathbb{R}_+ : F' \to \mathcal{T}(F') = \frac{T \cdot F'}{(T-(N+1) + T \cdot F')},$$

dann ist

$$o \leq \mathcal{T}(F') \leq 1,$$

$\mathcal{T}(F')$ monoton wachsend, und wir erhalten die nichtzentrale Beta-

Verteilung, deren Dichtefunktion durch

(5.26) $$f'(T(F'),T,T-(N+1),\lambda) = \sum_{i=o}^{\infty} \Lambda(i,T,T-(N+1),\lambda)\,[T(F')]^{\frac{T}{2}+i-1}\,[1-T(F')]^{\frac{1}{2}(T-(N+1)-1)}$$

gegeben ist. Es gilt

$$\int_o^1 f'(T(F'),T,T-(N+1),\lambda)\,d\,T(F') = 1,$$

und die kritischen Punkte $[T(F')]_\alpha$ zur Irrtumswahrscheinlichkeit α bestimmen sich aus

(5.27) $$\int_{[T(F')]_\alpha}^1 f'(T(F'),T,T-(N+1),\lambda)\,dT(F') = \alpha.$$

Tang (1938) hat die kritischen Punkte $[T(F')]_\alpha$ durch Auswertung des Integrals

$$\int_{[T(F')]_\alpha}^1 f'(T(F'),T,T-(N+1),o)\,dT(F') = \alpha$$

berechnet. Will man zum Beispiel die Hypothese $\lambda=o$ testen, so wird diese verworfen, wenn ein beobachtetes (bzw. berechnetes) $T(F')$ in den kritischen Bereich

$$[T(F')]_\alpha \leq T(F') < 1$$

fällt. Die Machtfunktion

(5.28) $$\beta(\lambda) = \int_{[T(F')]_\alpha}^1 f'(T(F'),T,T-(N+1),\lambda)\,dT(F')$$

ist die Wahrscheinlichkeit, daß das beobachtete $T(F')$ in den kritischen Bereich fällt, wenn $\lambda \neq o$ ist. $p_{II} := 1 - \beta(\lambda)$ ist dann gerade die Wahrscheinlichkeit für einen Fehler zweiter Art.

In Graybill (1961), S. 444ff., sind für α=o.o5 und α=o.o1 für die Zählerfreiheitsgrade $1 \leq m \leq 8$ und die Nennerfreiheitsgrade

$2 \leq n \leq 6o$ die kritischen Punkte $[T(F')]_{\alpha}$ und die Fehler zweiter Art p_{II} ausgewiesen, allerdings nicht für λ direkt, sondern für

$$\varphi := \left(\frac{2\lambda}{m+1}\right)^{\frac{1}{2}} , \quad \varphi = 1, 1.5, 2, 2.5, 3, 4, \dots, 8 .$$

(Diese Tabellierung stammt ebenfalls von Tang).
Die Berechnung der Machtfunktion $\beta(\lambda)$ für ein vorgegebenes α erfolgt dann folgendermaßen:

1. Für die Irrtumswahrscheinlichkeit α 1. Art bestimmt man (aus der Tabelle) $[T(F')]_{\alpha}$
2. berechnet

$$p_{II} = \int_{o}^{[T(F')]_{\alpha}} f'(T(F'),m,n,\lambda)dT(F')$$

für die betreffenden Freiheitsgrade m, n und für λ. Dann ist $\beta(\lambda) = 1 - p_{II}$ die gesuchte Machtfunktion zur Alternative λ.

Für den Test des MSE-Kriteriums der Spline-Lag Hypothese (5.24) lassen sich die Tabellen von Tang nicht verwenden, da dessen kritische Punkte mit der zentralen Beta-Verteilung (λ=o) ermittelt wurden. Wir wollen daher im nächsten Abschnitt einige grundlegende Aussagen aus der Testtheorie heranziehen, die uns

a) die theoretische Grundlage für die Bestimmung der kritischen Punkte für $o \leq \lambda \leq 1$ liefern und
b) die Tabellierung der Machtfunktion $\beta(\lambda)$ ermöglicht.

5.3 *Bemerkungen zu gleichmäßig besten Tests*

Für den Test der Hypothese (5.24) zerfällt die Klasse der Dichtefunktionen

$$F := \{f'(T(F'),m,n,\lambda) \mid \lambda \in \mathbb{R}_{+} \cup \{o\}\}$$

in zwei Klassen, nämlich eine solche, für welche die Hypothese richtig (H), und in eine solche, für welche die Hypothese falsch ist (K):

$$\mathcal{F} = H \cup K \ , \quad \mathbb{R}_+^H = [o,1], \quad \mathbb{R}_+^K = \mathbb{R}_+ \setminus \mathbb{R}_+^H.$$

Wir wollen nun versuchen, einen Test so aufzubauen, daß die Fehler erster bzw. zweiter Art minimal werden. Gleichbedeutend hiermit ist, eine 'kritische' Funktion

$$\Phi : \mathbb{R} \to \mathbb{R} \quad \text{mit } o \leq \Phi(T(F')) \leq 1$$

zu finden, sodaß die Machtfunktion des Tests

$$(5.28) \qquad \beta(\lambda) = E_\lambda \Phi(T(F')) = \int_{[T(F')]_\alpha}^{1} \Phi(T(F'))f'(T(F'),m,n,\lambda)dT(F'),$$

gegen die Alternative $\lambda \in \mathbb{R}_+^K$, maximal wird unter der Restriktion

$$E_\lambda \ \Phi(T(F')) \leq \alpha, \ \lambda \in \mathbb{R}_+^H,$$

(vgl. Lehmann (1959), S. 62). Man nennt einen solchen Test, der die Machtfunktion für alle Alternativen in K maximiert, einen gleichmäßig besten Test. Der Test, der $\beta(\lambda)$ für ein $\lambda \in \mathbb{R}_+^K$ maximiert, ist abhängig von diesem λ, und im allgemeinen existiert dann kein gleichmäßig bester Test (vgl. hierzu Fisz (1976), S. 649f.). Nur wenn K aus genau einer Dichtefunktion besteht, existiert ein gleichmäßig bester Test, da wir dann in (5.28) das Integral über genau eine Dichtefunktion zu maximieren haben, unter Berücksichtigung der vorgegebenen Verwerfungswahrscheinlichkeit α.

In unserem Fall ist der Test der Hypothese (5.24) gegen die Alternativhypothese $H_1 : \lambda > 1$ ($\lambda \in \mathbb{R}_+^K$) abhängig von λ und ist daher kein gleichmäßig bester Test. Es gibt jedoch dann einen gleichmäßig besten Test, wenn man monotone Likelihood-Verhältnisse voraussetzen kann (vgl. Lehmann (1959), S. 68). Wir treffen daher folgende

Definition 5.1

$\mathcal{F}$ besitze ein monotones Likelihood-Verhältnis, wenn für beliebige $\lambda_o, \lambda_1 \in \mathbb{R}_+, \lambda_o < \lambda_1$, der Quotient

$$(5.29) \quad \frac{f'_{\lambda_1}}{f'_{\lambda_o}} := \frac{f'(T(F'),m,n,\lambda_1)}{f'(T(F'),m,n,\lambda_o)}$$

als Funktion von $T(F')$ schwach monoton wachsend ist, und die zugehörigen Verteilungsfunktionen verschieden sind. -

Diese Definition und zwei Sätze aus der Testtheorie bilden die theoretische Grundlage für den nächsten Abschnitt:

a) Ein geringfügig modifiziertes Fundamental-Lemma von Neyman und Pearson (1933), bzw. eine Verallgemeinerung (1936) (siehe Lehmann (1959), S. 65), das eine Aussage über die Existenz und über eine notwendige und hinreichende Bedingung eines gleichmäßig besten Tests liefert;

b) Ein Theorem von Lehmann (1959), S. 68, das die theoretische Begründung dafür gibt, daß wir die kritischen Punkte $[T(F')]_\alpha$ in (5.27) durch Auswertung der nichtzentralen Beta-Verteilung (5.26) für den nichtzentralen Parameter $\lambda=1$ erhalten.

Satz 5.3 (Lehmann (1959), S. 65)

(i) Gegeben seien die Dichten $f'(T(F'),m,n,\lambda_o)$ und $f'(T(F'),m,n,\lambda_1)$, $\lambda_o < \lambda_1$. Dann existiert ein Test Φ und eine Konstante C, sodaß

$$(5.3o) \quad E_{\lambda_o} \Phi(T(F')) = \alpha$$

und

$$(5.31) \quad \Phi(T(F')) = \begin{cases} 1, & f'_{\lambda_1}/f'_{\lambda_2} > C \\ o, & \text{sonst} \end{cases}$$

gilt.

(ii) (hinreichende Bedingung)

Erfüllt Φ (5.3o) und (5.31) für ein beliebiges C, so ist Φ ein gleichmäßig bester Test für $H_o : \lambda=\lambda_o$ gegen $H_1 : \lambda=\lambda_1$ bei vorgegebener Fehlerwahrscheinlichkeit α.

(iii) (notwendige Bedingung)
Wenn Φ ein gleichmäßig bester Test auf dem Signifikanz-Niveau α ist, dann ist (5.31) erfüllt. Es ist auch (5.3o) erfüllt, wenn kein anderer Test mit Verwerfungsbereich $< \alpha$ und mit $\beta(\lambda)=1$ existiert.

Satz 5.4

$T(F')$ habe eine Dichte mit schwach monoton wachsendem Likelihood-Verhältnis (5.29).

(i) Für den Test von $H_o : \lambda \leq \lambda_o$ gegen $H_1 : \lambda > \lambda_o$ existiert ein gleichmäßig bester Test

$$(5.32) \qquad \Phi(T(F')) = \begin{cases} 1, & T(F') > C \\ \gamma, & T(F') = C \\ o, & T(F') < C, \end{cases}$$

wobei die Konstanten C und γ durch

$$(5.33) \qquad E_{\lambda_o} \Phi(T(F')) = \alpha$$

bestimmt sind (vgl. hierzu den Beweis des Fundamental-Lemmas von Neyman und Pearson bei Lehmann (1959), S. 65, Theorem 1).

(ii) Die Machtfunktion $\beta(\lambda) = E_\lambda \Phi(T(F'))$ ist streng monoton wachsend für alle λ mit $\beta(\lambda) < 1$.

(iii) Für jedes $\lambda' \in \mathbb{R}_+$ ist der durch (5.32) und (5.33) bestimmte Test ein gleichmäßig bester Test für $H_o' : \lambda \leq \lambda'$ gegen $H_1' : \lambda > \lambda'$ auf dem Signifikanz-Niveau $\alpha' = \beta(\lambda')$.

Bemerkung:

Es ist in (5.26) $f'(T(F')=o,m,n,\lambda) = o$, $f'(T(F')>o,m,n,\lambda) > o$, daher genügt es $o < T(F') \leq 1$ zu betrachten. Weiter ist $f'_{\lambda_1}/f'_{\lambda_2} > o$. Falls wir zeigen können, daß (5.29) schwach monoton wachsend ist, erfüllt die Konstante $C = o$ (5.31) und (5.32), und es gilt

$$(5.34) \qquad \Phi(T(F')) = 1.$$

5.4 *Der MSE-Test der Spline-Lag Hypothese*

Wie wir bereits erwähnt haben, lassen sich die Tabellen von Tang für die Bestimmung der kritischen Punkte $[T(F')]_\alpha$ nicht verwenden, da diese für $\lambda = o$ berechnet wurden. Für $H_o^\lambda : \lambda \leq 1$ gegen $H_1^\lambda : \lambda > 1$ liefert uns Satz 5.3 und 5.4 eine Aussage über die Existenz eines gleichmäßig besten Tests, und wegen (5.3o) wissen wir, welches $\lambda \in [o,1]$ wir für die Bestimmung der $[T(F')]_\alpha$ nehmen können, nämlich $\lambda_o = 1$. Zu zeigen bleibt noch, daß das Likelihood-Verhältnis (5.29) für $o < T(F') \leq 1$ monoton wachsend ist.

Lemma 5.9

(5.29) ist strikt monoton wachsend in $T(F')$.

Beweis:

Wir setzen für $i \in \mathbb{N}_o$

$$\pi_{ji} := e^{-\frac{\lambda_j}{2}} \left(\frac{\left(\frac{\lambda_j}{2}\right)^i}{i!}\right) \left(\frac{\Gamma\left(\frac{2T-(N+1)}{2}+i\right)}{\Gamma\left(\frac{T}{2}+i\right)\Gamma\left(\frac{T-(N+1)}{2}\right)}\right), \quad j=o,1;$$

$$\omega^i := \left(\frac{T}{T-(N+1)}\right)^{T/2+i} \frac{\left(\frac{T(F')}{1-T(F')}\right)^{\frac{T}{2}+i+1}}{\left(1+\frac{T(F')}{1-T(F')}\right)^{1/2(2T-(N+1)+i}},$$

wobei

$$F' = \frac{T-(N+1)}{T} \; \frac{T(F')}{1-T(F')}$$

in die Dichtefunktion von F' eingesetzt ist. Dann haben wir für $f'_{\lambda_1}/f'_{\lambda_o}$ den Quotienten zweier Potenzreihen,

$$\frac{f'_{\lambda_1}}{f'_{\lambda_o}} = \frac{\sum_{i=o}^{\infty} \pi_{1i}\, \omega^i}{\sum_{i=o}^{\infty} \pi_{2i}\, \omega^i},$$

auf Monotonie zu untersuchen. Wir können hierbei $f'_{\lambda_1}/f'_{\lambda_o}$ als Funktion von ω betrachten, da für alle $i \in \mathbb{N}_o$

$$\frac{d(\omega^i)}{dT(F')} = \frac{1}{(1-T(F'))^2}\left(1+\frac{T(F')}{1-T(F')}\right)^{\frac{2T-(N+1)}{2}+i-1}\left(\frac{T(F')}{1-T(F')}\right)^{\frac{T}{2}+i}$$

$$> o, \quad o < T(F') \leq 1,$$

ist, d.h. ω^i ist monoton wachsend in $T(F')$. Es ist dann

$$\frac{d}{d\omega}\left[\frac{f'_{\lambda_1}}{f'_{\lambda_o}}\right] = \frac{\left[\sum\limits_{i=o}^{\infty}\sum\limits_{j=1}^{\infty}\pi_{oi}(j\pi_{1j}) - \sum\limits_{j=o}^{\infty}\sum\limits_{i=1}^{\infty}\pi_{1j}(i\pi_{oi})\right]\omega^{i+j+1}}{\left[\sum\limits_{i=o}^{\infty}\pi_{oi}\,\omega^i\right]^2}$$

$$= \frac{\left[\sum\limits_{i=o}^{\infty}\sum\limits_{j=1}^{\infty}j(\pi_{oi}\pi_{1j}) - \sum\limits_{i=o}^{\infty}\sum\limits_{j=1}^{\infty}j(\pi_{1i}\pi_{oj})\right]\omega^{i+j-1}}{\left[\sum\limits_{i=o}\pi_{oi}\,\omega^i\right]^2}$$

$$= \frac{\left[\sum\limits_{i=o}^{\infty}\sum\limits_{j=1}^{\infty}j(\pi_{oi}\pi_{1j} - \pi_{1i}\pi_{oj})\right]\omega^{i+j+1}}{\left[\sum\limits_{i=o}^{\infty}\pi_{oi}\,\omega^i\right]^2}.$$

Da $\omega > o$ ist für $o < T(F') \leq 1$, genügt es zu zeigen, daß der Ausdruck in der eckigen Klammer im Zähler größer o ist. Wir zeigen zunächst durch vollständige Induktion nach k

$$\sum_{i=o}^{k=\infty}\sum_{j=1}^{k=\infty} j(\pi_{oi}\pi_{1j} - \pi_{1i}\pi_{oj}) = \sum_{\substack{i=o\\ i<j}}^{k=\infty}\sum_{j=1}^{k=\infty}(j-i)(\pi_{oi}\pi_{1j} - \pi_{1i}\pi_{oj}).$$

Auf der linken Seite dieser Gleichung verschwinden die Summanden für i = j, somit gilt für k = 2

$$\left.\begin{matrix} 1(\pi_{oo}\pi_{11}-\pi_{1o}\pi_{o1}) \\ +2(\pi_{oo}\pi_{12}-\pi_{1o}\pi_{o2}) \\ +2(\pi_{o1}\pi_{12}-\pi_{11}\pi_{o2}) \\ +1(\pi_{o2}\pi_{11}-\pi_{12}\pi_{o1}) \end{matrix}\right\} = \left\{\begin{matrix} (1-o)(\pi_{oo}\pi_{11}-\pi_{1o}\pi_{o1}) \\ +(2-o)(\pi_{oo}\pi_{12}-\pi_{1o}\pi_{o2}) \\ +(2-1)(\pi_{o1}\pi_{12}-\pi_{11}\pi_{o2}). \end{matrix}\right.$$

Es sei

$$\sum_{i=o}^{k} \sum_{j=1}^{k} j(\pi_{oi}\pi_{1j}-\pi_{1i}\pi_{oj}) = \sum_{\substack{i=o \\ i<j}}^{k} \sum_{j=1}^{k} (j-i)(\pi_{oi}\pi_{1j}-\pi_{1i}\pi_{oj})$$

bereits bewiesen. Es ist nun

$$\sum_{i=o}^{k+1} \sum_{j=1}^{k+1} j(\pi_{oi}\pi_{1j}-\pi_{1i}\pi_{oj}) = \sum_{i=o}^{k} \sum_{j=1}^{k} j(\pi_{oi}\pi_{1j}-\pi_{1i}\pi_{oj})$$

$$+ \sum_{i=o}^{k+1} (k+1)(\pi_{oi}\pi_{1,k+1}-\pi_{1i}\pi_{o,k+1})$$

$$+ \sum_{j=1}^{k+1} j(\pi_{o,k+1}\pi_{1j}-\pi_{1,k+1}\pi_{oj})$$

$$= \sum_{\substack{i=o \\ i<j}}^{k} \sum_{j=1}^{k} (j-i)(\pi_{oi}\pi_{1j}-\pi_{1i}\pi_{oj})$$

$$+ \sum_{i=o}^{k+1} (k+1-i)(\pi_{oi}\pi_{1,k+1}-\pi_{1i}\pi_{o,k+1})$$

$$= \sum_{\substack{i=o \\ i<j}}^{k+1} \sum_{j=1}^{k+1} (j-i)(\pi_{oi}\pi_{1j}-\pi_{1i}\pi_{oj}) .$$

Weiterhin gilt für alle $i,j \in \mathbb{N}_o$, $i < j$,

$$\pi_{oi}\pi_{1j} - \pi_{1i}\pi_{oj} > o \Leftrightarrow \frac{\pi_{oi}}{\pi_{1j}} > \frac{\pi_{oj}}{\pi_{1j}} ,$$

denn

$$\frac{\pi_{oi}}{\pi_{1i}} = \frac{j!}{i!} e^{-(\lambda_o-\lambda_1)/2}\left(\frac{\lambda_o}{\lambda_1}\right)^i$$

$$> \frac{j!}{i!} e^{-(\lambda_o-\lambda_1)/2}\left(\frac{\lambda_o}{\lambda_1}\right)^j , \text{ da } \lambda_o/\lambda_1 < 1 \text{ und } i < j,$$

$$= \frac{\pi_{oj}}{\pi_{1j}} . -$$

Wir können nun den Hauptsatz dieses Abschnitts angeben:

Satz 5.5

Für das MSE-Kriterium (5.23) der Spline-Lag Hypothese gegen die OLS-Hypothese (d.h. H_o^λ : $o \leq \lambda \leq 1$ gegen H_1^λ : $\lambda > 1$) gibt es einen gleichmäßig besten Test $\Phi(T(F')) \equiv 1$, und die kritischen Punkte $[T(F')]_\alpha$ sind durch

$$(5.35) \qquad E_1\Phi(T(F')) = \int_{[T(F')]_\alpha}^{1} f'(T(F'),T,T-(N+1),1)\,dT(F') = \alpha$$

eindeutig bestimmt. -

Als nächstes wollen wir die kritischen Punkte $[T(F')]_\alpha$ für einen 'Ausschnitt' der T Zähler- und T-(N+1) Nennerfreiheitsgrade tabellieren. Statt dem Integral in (5.35) betrachten wir

$$\int_o^{[T(F')]_\alpha} f'(T(F'),T,T-(N+1),1)\,dT(F') = 1-\alpha,$$

weil dieses Integral eine monoton wachsende Funktion von $T(F')$ ist, und wir die Monotonie in dem weiter unten beschriebenen 'Einschachtelungsprozeß' ausnützen können.
Die Reihe in (5.26) konvergiert, und daher dürfen wir die Summations- und Integrationsfolge vertauschen:

$$(5.36) \qquad W_\alpha := \int_o^{[T(F')]_\alpha} f'(T(F'),T,T-(N+1),1)\,dT(F')$$

$$= \sum_{i=o}^{IS=\infty} \Lambda(i,T,T-(N+1),1) \int_o^{[T(F')]_\alpha} T(F')^{\frac{T}{2}+i+1} (1-T(F'))^{\frac{1}{2}(T-N-2)}\,dT(F').$$

Folgende Rechenschritte sind dann für die Bestimmung der $[T(F')]_\alpha$ durchzuführen:

(i) Startsituation: Die Irrtumswahrscheinlichkeit α, der Zähler- und Nennerfreiheitsgrad T bzw. T-(N+1), eine Fehlerschranke ε seien vorgegeben.

(ii) Berechnung von (5.36) für IS = 6 Summanden.
(iii) Ist die betragsmäßige Abweichung zweier aufeinanderfolgender W_α größer als 10^{-6}, so wird ein weiterer Summand in (5.36) berechnet und zu dem bestehenden Integralwert hinzuaddiert.
(iv) Ist $W_\alpha \in [1-\alpha-\varepsilon, 1-\alpha+\varepsilon]$, so ist der betreffende kritische Punkt $[T(F')]_\alpha$ gefunden.

Ist $W_\alpha \notin [1-\alpha-\varepsilon, 1-\alpha+\varepsilon]$, so wird die obere Integrationsgrenze um

$$h = \pm \frac{1}{3} \text{ (Differenz zweier aufeinanderfolgender } [T(F')]_\alpha\text{-Iterierten)}$$

'korrigiert': Das bisherige $[T(F')]_\alpha$ wird um h erhöht, wenn $W_\alpha < 1-\alpha-\varepsilon$, sonst um h verkleinert. Dieses Vorgehen ist wegen der bereits erwähnten Monotonie von W_α bezüglich $[T(F')]_\alpha$ zulässig.

Wir haben im Anhang die kritischen Punkte für T=15,...,48, und für den Maximal-Lag N=10, und exemplarisch für T=25 die Machtfunktionen $\beta(\lambda)$ für die Alternativen λ=0.1, 0.25, 0.33, 0.5, 0.75, 0.95, 1.5, 2.0, 3.0, 5.0, 8.0 und 10.0 ausgewiesen. Werden kritische Punkte gewünscht, die durch die Tabellen nicht abgedeckt sind, so müssen in dem beigefügten Programm die betreffenden Parameter für Zähler- und Nennerfreiheitsgrade und für λ geändert werden.

5.5 *Asymptotische Eigenschaften des Spline-Lag Schätzers bei variablen Knoten*

Wie wir aus Lemma 5.1 wissen, wird die notwendige und hinreichende Bedingung $Z^+MX = I$ im allgemeinen nicht erfüllt und daher der Spline-Lag Schätzer $\hat{g}$ verzerrt sein. Es stellt sich daher die Frage, wie sich $\hat{g}$ asymptotisch für wachsenden Stichprobenumfang T verhält, bzw. ob die Verzerrung asymptotisch abnimmt.

Hierzu kennzeichnen wir den Spline-Lag Schätzer und die zugehörigen Koeffizientenmatrizen mit dem Index T. Zunächst stellen wir fest, daß $\hat{g}_T$ auch asymptotisch verzerrt ist, wenn wir keine Annahmen über die Verteilungseigenschaften von $\hat{g}_T$ machen. Im übrigen sind diese praktisch nicht bekannt. Manchmal läßt sich jedoch durch eine geeignete Transformation erreichen, daß man für den transformierten Schätzer die Grenzverteilung für $T \to \infty$ kennt, d.h. für hinreichend große T kann man dann aus dieser Grenzverteilung die Verteilungseigenschaften des Spline-Lag Schätzers approximativ ableiten. Häufig wird jedoch der asymptotischen Unverzerrtheit weniger Bedeutung zugemessen, als zum Beispiel der stochastischen Konvergenzeigenschaft (Konsistenz) von $\hat{g}_T$ gegen die wahren Lag-Gewichte g.

Das Hauptergebnis dieses Abschnitts ist die Konsistenz von $\hat{g}_T$ und $\hat{\sigma}_T^2$ bei festen und variablen Knoten, wenn wir eine Annahme über das Konvergenzverhalten des systematischen Anteils im Regressionssystem (5.2) machen. Diese Annahme ist sehr schwach und für die meisten Fälle in natürlicher Weise erfüllt; wir benötigen diese aber aus formalen Gründen, um die entsprechenden Abschätzungen in der Beweisführung durchführen zu können.

Wir betrachten das Regressionssystem (5.2)

$$y = \sum_{i=1}^{n+k+1} s_i \left[\sum_{\mu=o}^{N} \sum_{j=o}^{j^*} e_{\mu j}^{(\ell)} m_i^{(j)}(\mu, x) x^{\mu} \right] + u$$

(ℓ=1 oder 2), wobei $x := (x_1, \ldots, x_k)$ der Vektor der Spline-Knoten sei. Wir schreiben jetzt

$$m_i^{(j)}(\mu) = m_i^{(j)}(\mu, x),$$

weil wir die Knoten als Variable mit in die Schätzung aufnehmen wollen, bisher war x fest vorgegeben. Das System wird nun nichtlinear, sodaß wir einen L_2-Schätzer für die Spline-Koeffizienten s (wie bisher in (5.2)) und für die Knoten x zu bestimmen haben. Wir müssen hierzu noch einige Bezeichnungen einführen.

Sei $s := (s,x) \in \mathbb{R}^{n+2k+1}$ und

$$z : \mathbb{R}^{n+2k+1} \to \mathbb{R}^T : s \to z(s)$$

mit

$$z(s) = \begin{pmatrix} z_1(s) = \sum_{i=1}^{n+k+1} \sum_{\mu=o}^{N} \sum_{j=o}^{j^*} e_{\mu j}^{(\ell)} s_i m_i^{(j)}(\mu,x)\, x_1^{\mu} \\ \vdots \\ z_T(s) = \sum_{i=1}^{n+k+1} \sum_{\mu=o}^{N} \sum_{j=o}^{j^*} e_{\mu j}^{(\ell)} s_i m_i^{(j)}(\mu,x)\, x_T^{\mu} \end{pmatrix},$$

wobei $(x^{\mu}) = (x_1^{\mu},\ldots,x_T^{\mu})'$, $\mu=o,\ldots,N$, der μ-te Lag-Regressor mit T Komponenten ist. Wir belassen es bei dieser Symbolik, da zwischen den Knoten $x_1,\ldots,x_k$ und den Regressor-Komponenten $x_1^{\mu},\ldots,x_T^{\mu}$ keine Verwechslung möglich ist. Somit entspricht das System

$$y = z(s) + u$$

mit variablen Knoten dem System (5.2) mit festen Knoten. Wir wollen noch verabreden, daß wir den 'wahren Zustand' mit s^o für den Koeffizienten-Knotenvektor, mit g^o für die Spline-Lag Gewichte, und mit σ_o^2 für die unbekannte Varianz der L_2-Residuen bezeichnen.

Lemma 5.1o

Wir nehmen an, zu jedem $\varepsilon > o$ gebe es ein $\delta_1 = \delta_1(\varepsilon)$ und ein $T_1 = T_1(\varepsilon)$, sodaß für alle $\delta \geq \delta_1$ und $T \geq T_1$ eine Menge

$$X_{\delta} = \{ s_T \mid \|s_T - s^o\|_2 > \delta \}$$

existiert, für die

$$(5.37)\quad p\{\inf_{s_T \in X_\delta} \|z(s_T) - z(s^o)\|_2 > \varepsilon\} \geq 1 - \frac{1}{\sqrt{T}}$$

gilt. Dann gilt für den OLS-Schätzer $\hat{s}_T$

$$\lim_{T \to \infty} p\{\|\hat{s}_T - s_T^o\|_2 \leq \delta\} = 1.$$

Beweis:

Wir setzen

$$u^o := y - z(s_T^o), \quad v^o := z(s_T) - z(s_T^o).$$

Wegen $\|u^o - v^o\| \geq \|u^o\| - \|v^o\|$ folgt

$$\|u^o - v^o\|^2 \geq \|u^o\|^2 - 2\|u^o\|\,\|v^o\| + \|v^o\|^2$$
$$= \|u^o\|^2 + \|v^o\|(\|v^o\| - 2\|u^o\|).$$

Unter Verwendung von (5.37) folgt dann für alle $s_T \in X_\delta$ die Abschätzung

$$\|u^o - v^o\|^2 > \|u^o\|^2 + \|v^o\|(\varepsilon - 2\|u^o\|).$$

Wir wählen $T_1(\varepsilon) = \frac{\varepsilon^2}{16\,\sigma_o^2}$, dann ist für alle $T \geq T_1(\varepsilon)$

$$\|u^o - v^o\|^2 \geq \|u^o\|^2 + \|v^o\|(\varepsilon - 2(\sigma_o\sqrt{T})$$
$$\geq \|u^o\|^2 + \frac{\varepsilon^2}{2} > \|u^o\|^2,$$

da asymptotisch $\sigma_o^2 = \frac{\|u^o\|^2}{T}$ gilt. Für $s_T \in X_\delta$ und für alle $T \geq T_1$ folgt insbesondere

$$(5.38)\quad \inf_{s_T \in X_\delta} \|u^o - v^o\|^2 > \inf_{s_T \in X_\delta} \|u^o\|^2 \geq \inf_{s_T \in \mathbb{R}^{n+2k+1}} \|u^o\|^2.$$

Wegen

$$u^o - v^o = u$$

ist

$$p\{ \inf_{\delta_T \in X_\delta} \| u \| > \inf_{\delta_T \in \mathbb{R}^{n+2k+1}} \| u^o \| \} \geq 1 - \frac{1}{\sqrt{T}} .$$

Da der OLS-Schätzer $\hat{\delta}_T$ per definitionem

$$\inf_{\delta_T \in \mathbb{R}^{n+2k+1}} \| u^o \|$$

annimmt, ist wegen der strikten Ungleichung (5.38) $\hat{\delta}_T \notin X_\delta$, und daher

$$p\{ \| \hat{\delta}_T - \delta_T^o \| \leq \varepsilon\} \geq 1 - \frac{1}{\sqrt{T}} ,$$

für alle $T \geq T_1(\varepsilon)$.-

Lemma 5.11

Unter der Annahme (5.37) gibt es eine Konstante $K > o$, sodaß

$$p\{ \| z(\hat{\delta}_T) - z(\delta_T^o) \| \leq K\} \geq 1 - \frac{1}{\sqrt{T}} .$$

Beweis:

Sei

$$\overline{X}_\delta := \{ \delta_T | \ \| \delta_T - \delta_T^o \| \leq \delta\}.$$

Seien $\tilde{\delta}_T$ die bezüglich $\overline{X}_\delta$ restringierten, nichtlinearen OLS-Schätzer. Dann ist

$$(5.39) \qquad \| \tilde{\delta}_T - \hat{\delta}_T \| = \| \tilde{\delta}_T - \delta_T^o + \delta_T^o - \hat{\delta}_T \|$$

$$\leq \| \tilde{\delta}_T - \delta_T^o \| + \| \delta_T^o - \hat{\delta}_T \|$$

$$\leq \delta + \delta = 2\delta.$$

Sei $\tilde{v}_T := z(\tilde{\delta}_T) - z(\delta_T^o)$. Wir zeigen, daß es eine Konstante $K_1 > o$

gibt mit

(5.4o) $\quad \| \tilde{v}_T \| \leq K_1 \| \tilde{\delta}_T - \delta_T^o \| =: \eta_T .$

Sei

$$V := \{ \tilde{v}_T | \; \| \tilde{v}_T \| > \eta_T \} .$$

Sei $\tilde{u} := y - z(\tilde{\delta}_T)$. Dann ist

(5.41) $\quad \| \tilde{u} - \tilde{v} \| = \| u^o \|$

und

$$\| \tilde{u} - \tilde{v} \|^2 \geq \| \tilde{u} \|^2 + \| \tilde{v} \| \left(\| \tilde{v} \| - 2 \| \tilde{u} \| \right) .$$

Wie im Beweis vom Lemma 5.1o wählen wir

$$T_1 = T_1(\eta_T) = \frac{\eta_T^2}{16 \, \tilde{\sigma}_{T_1}^2} , \quad \tilde{\sigma}_{T_1}^2 = \frac{\| \tilde{u} \|^2}{T_1} .$$

Für alle $T \geq T_1(\eta_T)$ gilt dann

$$\| \tilde{u} - \tilde{v} \|^2 > \| \tilde{u} \|^2 + \eta_T \left(\eta_T - \eta_T/2 \right) > \| \tilde{u} \|^2 ,$$

und wegen (5.41) folgt $\| u^o \|^2 > \| \tilde{u} \|^2$, dies ist aber ein Widerspruch, denn es gilt

$$\inf_{\delta_T \in \overline{X}_\delta} \| \tilde{u} \|^2 \geq \inf_{\delta_T \in \mathbb{R}^{n+2k+1}} \| u^o \|^2 .$$

Also ist $\tilde{v} \notin V$, d.h. $\| \tilde{v} \| \leq \eta_T$.

Da $z(\delta_T)$ differenzierbar ist, gibt es eine Konstante $K_2 > o$, sodaß für alle $T \geq T_1(\eta_T)$

(5.42) $\quad \| \tilde{v} - \hat{v} \| = \| z(\tilde{\delta}_T) - z(\hat{\delta}_T) \|$

$$\leq K_2 \| \tilde{\delta}_T - \hat{\delta}_T \| \leq 2K_2 \delta, \text{ wegen (5.39)},$$

gilt. Dann folgt mit (5.4o) und (5.42)

$$\begin{aligned} \| z(\hat{s}_T) - z(s_T^o) \| &= \| z(\hat{s}_T) - z(\tilde{s}_T) + z(\tilde{s}_T) - z(s_T^o) \| \\ &\leq \| z(\hat{s}_T) - z(\tilde{s}_T) \| + \| z(\tilde{s}_T) - z(s_T^o) \| \\ &= \| \tilde{v} - \hat{v} \| + \| \tilde{v} \| \\ &\leq 2K_2\delta + \eta_T =: K, \end{aligned}$$

und

$$p\{ \| z(\hat{s}_T) - z(s_T^o) \| \leq K \} \geq 1 - \frac{1}{\sqrt{T}}$$

ergibt sich unmittelbar aus der Annahme (5.37). -

Wir kommen nun zur Formulierung des Hauptsatzes dieses Abschnitts:

Satz 5.6

Die Spline-Lag Inzidenz $E_N^{(i)}$ (i=1 oder 2) für die nichtlinearen Spline-Lag Gewichte

$$g: \mathbb{R}^{n+2k+1} \to \mathbb{R}^{N+1} : s_T \to g(s_T) := \begin{pmatrix} \sum_{i=1}^{n+k+1} s_i m_i(o,x) \\ \vdots \\ \sum_{i=1}^{n+k+1} s_i m_i(N,x) \end{pmatrix}$$

sei frei, und es seien g^o die 'wahren' Spline-Lag Gewichte $\in \mathbb{R}^{N+1}$. Außerdem sei die Annahme (5.37) erfüllt. Dann sind die nichtlinearen OLS-Schätzer $\hat{g}$ und $\hat{\sigma}^2$ konsistent:

$$\lim_{T \to \infty} p\{ \hat{g}_T = g^o \} = 1 \text{ und } \lim_{T \to \infty} p\{ \hat{\sigma}_T^2 = \sigma_o^2 \} = 1.$$

Beweis:

a) $g(s_T)$ ist differenzierbar, daher gibt es eine Konstante $C > o$ mit

(5.43) $\| g(\hat{s}_T) - g(s_T^o) \| \leq C \| \hat{s}_T - s_T^o \|$.

Wählt man in der Annahme (5.37) $\delta_1(\varepsilon) = \frac{1}{C} \varepsilon$, dann folgt aus

Lemma (5.1o)

$$p\{\| \hat{s}_T - s_T^o \| \leq \frac{1}{C} \varepsilon\} \geq 1 - \frac{1}{\sqrt{T}} ,$$

und wegen (5.43)

$$p\{\| g(\hat{s}_T) - g(s_T^o)\| \leq C \frac{1}{C}\varepsilon\} \geq 1 - \frac{1}{\sqrt{T}} .$$

Somit ist für jedes $\varepsilon > o$

$$\lim_{T \to \infty} p\{\| g(\hat{s}_T) - g(s_T^o) \| \leq \varepsilon\} = 1.$$

b) Es ist $\hat{\sigma}_T^2 = \frac{1}{T} \|\hat{u}\|^2$ zwar verzerrt, die Verzerrung geht aber asymptotisch gegen Null, sodaß wir diese vernachlässigen können, da wir $\hat{\sigma}_T^2$ nur asymptotisch betrachten. Es ist dann

$$\begin{aligned}
\hat{\sigma}_T^2 - \sigma_o^2 &\approx \frac{1}{T} \|\hat{u}\|^2 - \frac{1}{T}\| u^o \|^2 \\
&= \frac{1}{T}(\|\hat{u}\|^2 - \| u^o \|^2) \\
&= \frac{1}{T}(\|\hat{u}\|^2 - \|\hat{u} - \hat{v}\|^2), \text{ da}
\end{aligned}$$

$$\begin{aligned}
u^o &= y - z(s_T^o) = y - z(\hat{s}_T) - (z(s_T^o) - z(\hat{s}_T)) \\
&= \hat{u} - \hat{v} ,
\end{aligned}$$

$$\begin{aligned}
&\leq \frac{1}{T}(\|\hat{u} - (\hat{u} - \hat{v})\|^2) \\
&= \frac{1}{T}\|\hat{v}\|^2 \leq \frac{1}{T} K^2, \text{ wegen Lemma 5.11.}
\end{aligned}$$

Hieraus folgt wegen der Annahme (5.37)

$$p\{ \hat{\sigma}_T^2 - \sigma_o^2 \leq \frac{1}{T} K^2\} \geq 1 - \frac{1}{\sqrt{T}}$$

und somit

$$\lim_{T \to \infty} p\{ \hat{\sigma}_T^2 = \sigma_o^2\} = 1. -$$

5.6 *Ein heuristisches Verfahren zur Schätzung der nichtlinearen Spline-Lag Gewichte*

Wir wollen uns jetzt mit der Schätzung des nichtlinearen Regressionssystems

$$y = z(s_T) + u$$

befassen. Über nichtlineare Regressionstechniken gibt es sehr viele Arbeiten in der Literatur, insbesondere sind modifizierte Gauß-Newton Verfahren für die Schätzung von 'Stück-Regressions'-Problemen verwendet worden (siehe hierzu Hartley (1961), Gallant und Hartley (1973)). Allerdings sind die Annahmen, welche die Konvergenz gewährleisten, zu streng, als daß sie für unser Problem gemacht werden könnten. Insbesondere ist die folgende Forderung an die zu minimierende quadratische Form $q(s_T) := \| u\|^2$ im allgemeinen nicht zu erfüllen: Es gibt $s', s'' \in \mathbb{R}^{n+2k+1}$ mit $\nabla q(s') = \nabla q(s'') = o$ und $q(s') = q(s'')$.

In neuerer Zeit haben daher insbesondere für die Kleinstquadrat-Minimierung ableitungsfreie Verfahren zunehmend an Bedeutung gewonnen (siehe z.B. bei Betts (1976), Davidon (1976), Dennis und Welch (1976)), insbesondere sind Algorithmen vom Gauß-Newton Typ den Maximum-Likelihood Schätzprozeduren sehr ähnlich (vgl. Bradley (1973), Charnes und Frome (1976), Jennrich und Moore (1975) oder Nelder und Wedderburn (1972)).
Im folgenden wollen wir ein heuristisches Schätzverfahren entwickeln - wir nennen es 'Verfahren der kippenden Hyperebene' -, mit dem die Bestimmung der nichtlinearen Spline-Lag Gewichte $g(\hat{s}_T)$ iterativ erfolgen kann. Heuristisch ist das Verfahren deswegen, weil die Konvergenz der Iteriertenfolge gegen den nichtlinearen OLS-Schätzer nicht in jedem Falle gesichert ist. Wir werden aber Möglichkeiten aufzeigen, wie man die Norm von $q(s_T)$ sukzessive reduzieren kann. Zur Vereinfachung der Schreibweise lassen wir für die nachfolgenden Ausführungen den Index T bei s_T weg.

Das Prinzip ist folgendes: Eine Regressions-Hyperebene der Dimension n+2k+1 ist durch n+2k+2 Punkte festgelegt. Wir nehmen daher zunächst an, wir hätten bereits eine Folge von Schätzern

$$(5.44) \qquad \{\hat{s}^{(i)} \in \mathbb{R}^{n+2k+1}\}_{i=1}^{n+2k+2} \quad ,$$

die in einer solchen Hyperebene liegen. Aus einer L_2-Minimierung bestimmen wir nun einen neuen Schätzer, der im allgemeinen nicht auf der Hyperebene liegt, und ersetzen nach einem noch zu beschreibenden Auswahlverfahren einen Schätzer der Folge (5.44) durch diesen neuen Schätzer. Hierdurch wird die Hyperebene 'gekippt'. Dieser Austausch der Schätzer erfolgt dann fortlaufend so, daß der Abstand zwischen der abhängigen Variablen y und der Hyperebene in der L_2-Norm reduziert wird. Ein Abbruchkriterium für die Iteriertenfolge wird darin bestehen, daß

a) die relative Veränderung der Abstandsnorm eine vorzugebende Schranke unterschreitet, oder
b) daß man mit Hilfe des F-Tests und der Cramér-Rao Kovarianz ein statistisches Abbruchkriterium verwendet.

Zunächst sei ein spezieller Schätzer der Folge (5.44) als 'Niveau-Schätzer' ausgezeichnet, o.B.d.A. $\hat{s}^{(1)}$. Dann spannen die n+2k+1 Differenzenvektoren

$$(5.45) \qquad z(\hat{s}^{(2)})-z(\hat{s}^{(1)}),\ z(\hat{s}^{(3)})-z(\hat{s}^{(1)}),\ldots,z(\hat{s}^{(n+2k+2)})-z(\hat{s}^{(1)})$$

die Regressions-Hyperebene auf. Diese hat dann die Darstellung

$$(5.46) \qquad h(d) = z(\hat{s}^{(1)}) + \mathcal{H}d \quad \in \mathbb{R}^{n+2k+1},$$

wobei jedes $d \in \mathbb{R}^{n+2k+1}$ einen Punkt $h(d)$ auf der Hyperebene definiert und $\mathcal{H}$ die $T\times(n+2k+1)$-Matrix der Erzeugenden (5.45) ist. Analog betrachten wir die Hyperebene

$$\hat{s}^* = \hat{s}(d) = \hat{s}^{(1)} + \mathcal{D}d, \; d \in \mathbb{R}^{n+2k+1},$$

mit der Erzeugendenmatrix

$$\mathcal{D} = (\hat{s}^{(2)} - \hat{s}^{(1)}, \hat{s}^{(3)} - \hat{s}^{(1)}, \ldots, \hat{s}^{(n+2k+2)} - \hat{s}^{(1)})$$

vom Typ $(n+2k+1) \times (n+2k+1)$. $\mathcal{D}$ ist regulär, wir können daher (5.46) in Abhängigkeit von $\hat{s}^*$ ausdrücken:

$$(5.47) \qquad h^{(o)} := h(\hat{s}^*) = z(\hat{s}^{(1)}) + H\mathcal{D}^{-1}(\hat{s}^* - \hat{s}^{(1)}),$$

und versuchen den neuen Schätzer $\hat{s}^*$ so zu bestimmen, daß $h(\hat{s}^*)$ die zu erklärende Variable $y' = (y_1, \ldots, y_T)$ im L_2-Sinne bestmöglich ausgleicht:

$$\tau(s^*) = \| y - h(\hat{s}^*) \|_2^2 = (y - h(\hat{s}^*))'(y - h(\hat{s}^*)) \rightarrow \min.$$

Nach einfachen algebraischen Umformungen ergibt sich dann

$$\begin{aligned} \nabla\tau(\hat{s}^*) &= -y'H\mathcal{D}^{-1} + 2z(\hat{s}^{(1)})'H\mathcal{D}^{-1} - (H\mathcal{D}^{-1})'y \\ &\quad + 2(H\mathcal{D}^{-1})'(H\mathcal{D}^{-1})\hat{s}^* - (H\mathcal{D}^{-1})'(H\mathcal{D}^{-1})\hat{s}^{(1)} \\ &\quad - \hat{s}^{(1)}(H\mathcal{D}^{-1})'(H\mathcal{D}^{-1}) \\ &= -2(H\mathcal{D}^{-1})'y + 2(H\mathcal{D}^{-1})'z(\hat{s}^{(1)}) - 2\hat{s}^{(1)}{}'(H\mathcal{D}^{-1})'(H\mathcal{D}^{-1}) \\ &\quad + 2(H\mathcal{D}^{-1})'(H\mathcal{D}^{-1})\hat{s}^*. \end{aligned}$$

Aus der notwendigen Bedingung für ein extremales $\hat{s}^*$ folgt

$$(5.48) \qquad \hat{s}^* = \hat{s}^{(1)} + (H\mathcal{D}^{-1})^+[y - z(\hat{s}^{(1)})].$$

Die Heuristik des Verfahrens besteht darin, daß keinesfalls

$$\tau(\hat{s}^*) < \tau(\hat{s}^{(1)})$$

gelten muß, d.h. wir müssen dann (5.48) für ein anderes $\hat{s}^{(i^*)}$, $i^* \in \{2, 3, \ldots, n+2k+2\}$, statt $\hat{s}^{(1)}$, bestimmen, bis wir eine Normreduktion erreicht haben. $\hat{s}^{(i^*)}$ wäre dann der ausgezeichnete Punkt.

Verlangen wir, daß

$$\{\hat{\mathfrak{z}}^{(1)},\ldots,\hat{\mathfrak{z}}^{(i^*-1)},\hat{\mathfrak{z}}^*,\hat{\mathfrak{z}}^{(i^*+1)},\ldots,\hat{\mathfrak{z}}^{(n+2k+2)}\}$$

wiederum auf einer Hyperebene $h^{(1)}$ liegen, dann erscheint $h^{(1)}$ gegenüber $h^{(o)}$ in (5.47) 'gekippt'. Fährt man nach diesem Prinzip fort, erhält man beim Übergang vom ν-ten zum $(\nu+1)$-ten Iterationsschritt eine Reduktion von $\tau(\hat{\mathfrak{z}}^*)$.

Im einzelnen schlagen wir für die Bestimmung des nichtlinearen Spline-Lag Schätzers $\hat{g}$ folgendes Vorgehen vor:

a) Da wir nicht in der Lage sind, n+2k+2 verschiedene Schätzer $\hat{\mathfrak{z}}^{(i)}$ als 'Start-Schätzer' vorzugeben, nehmen wir an, daß sich diese paarweise 'nicht wesentlich' unterscheiden. Wir wählen die a priori-Knoten $x^{(1)} = (x_1,\ldots,x_k)^{(1)'}$ und bestimmen den linearen Schätzer $\hat{\mathfrak{s}}^{(1)} = (\hat{s}_1,\ldots,\hat{s}_{n+k+1})^{(1)'}$ aus dem Regressionssystem (5.2). Wir können also

$$\hat{\mathfrak{z}}^{(1)} = (\hat{\mathfrak{s}}^{(1)},x^{(1)})$$

als bekannt voraussetzen. Von den übrigen n+2k+1 'Start-Schätzern' $\hat{\mathfrak{z}}^{(2)},\hat{\mathfrak{z}}^{(3)},\ldots,\hat{\mathfrak{z}}^{(n+2k+2)}$ verlangen wir, daß sie sich von $\hat{\mathfrak{z}}^{(1)}$ in jeweils nur einer Komponente unterscheiden. Sei $o \leq \delta \leq 1$, und mit $[\hat{\mathfrak{z}}^{(1)}]_i$ bezeichnen wir die i-te Komponente von $\hat{\mathfrak{z}}^{(1)}$.

Sei

$$\hat{\eta}_i := \delta[\hat{\mathfrak{z}}^{(1)}]_i + (1-\delta)\ [\hat{\mathfrak{z}}^{(1)}]_{i-1}$$

eine konvexe Kombination der i-ten und (i-1)-ten Komponente von $\hat{\mathfrak{z}}^{(1)}$, i=2,...,n+2k+1, und sei

$$\hat{\eta}_{n+2k+2} := [\hat{\mathfrak{z}}^{(1)}]_{n+2k+1}\ .$$

Dann definieren wir die übrigen 'Start-Schätzer' durch

$$\hat{\mathfrak{z}}^{(i)} = \hat{\mathfrak{z}}^{(1)} + \begin{pmatrix} o \\ \vdots \\ o \\ \hat{\eta}_i \\ o \\ \vdots \\ o \end{pmatrix} , \quad i=2,3,\ldots,n+2k+2.$$

Ohne Beschränkung der Allgemeinheit können wir annehmen, daß die n+2k+2 Startschätzer so angeordnet seien, daß

$$(\hat{\delta}^{(1)}) \leq (\hat{\delta}^{(2)}) \leq \ldots \leq (\hat{\delta}^{(n+2k+2)})$$

gilt, und wir daher $z(\hat{\delta}^{(1)})$ als 'Niveau' der Hyperebene (5.47) annehmen können.

b) Wir kennzeichnen nun die bisherigen Symbole mit dem Label ν für die Iterationsstufe. Im ν-ten Iterationsschritt ist dann (5.48) entsprechend

$$\hat{\delta}^{*,\nu} = \hat{\delta}^{(1),\nu-1} + [H^{(\nu-1)}D^{-1,(\nu-1)}]^{+}(y - z(\hat{\delta}^{(1),\nu-1}))$$

zu berechnen. Ist nun

$$(5.49) \qquad \tau(\hat{\delta}^{*,\nu}) < \tau(\hat{\delta}^{(1),\nu-1}),$$

so wird im $(\nu+1)$-ten Iterationsschritt

$$\hat{\delta}^{(1),\nu+1} = \hat{\delta}^{*,\nu}$$

der ausgezeichnete Schätzer, d.h. $\hat{\delta}^{(1),\nu}$ wird durch $\hat{\delta}^{(1),\nu+1}$ ersetzt ('Kippen der Regressionsebene $h^{(\nu)}$'). Ist

$$\tau(\hat{\delta}^{*,\nu}) \geq \tau(\hat{\delta}^{(1),\nu-1}),$$

so ist $\hat{\delta}^{*,\nu}$ von $\hat{\delta}^{(1),\nu-1}$ 'zu weit entfernt'. Wir suchen dann einen Punkt auf der 'Verbindungsgeraden' von $\hat{\delta}^{*,\nu}$ und $\hat{\delta}^{(1),\nu-1}$ derart, daß (5.49) erfüllt ist. Wir diskretisieren hierzu in geeigneter Weise das Intervall (o,1),

$$o < \delta_1 < \delta_2 < \ldots < \delta_q < 1,$$

und - beginnend mit δ_1 - berechnen wir sukzessive für

$$\hat{\delta}^{*,\nu} = \delta_j\, \hat{\delta}^{*,\nu} + (1-\delta_j)\, \hat{\delta}^{(1),\nu-1} \qquad (j=1,\ldots,q)$$

$\tau(\hat{\delta}^{*,\nu})$, bis für ein δ_j (5.49) erfüllt ist. Die entsprechende konvexe Kombination wird dann den bisherigen ausgezeichneten Schätzer $\hat{\delta}^{(1),\nu-1}$ ersetzen. Daher enthält die Hyperebene $h^{(\nu+1)}$ im $(\nu+1)$-ten Iterationsschritt die Schätzer

$$\{\hat{\delta}^{*,\nu}, \hat{\delta}^{(2),\nu-1}, \hat{\delta}^{(3),\nu-1}, \ldots, \hat{\delta}^{(n+2k+2),\nu-1}\}.$$

Im $(\nu+1)$-ten Iterationsschritt wird diese Folge wiederum so umgeordnet, daß

$$\tau(\hat{\delta}^{(1),\nu}) \leq \tau(\hat{\delta}^{(2),\nu}) \leq \ldots \leq \tau(\hat{\delta}^{(n+2k+2),\nu})$$

gilt.

c) Hinreichend für die Konvergenz der Folge

$$\{\hat{\delta}^{(i),\nu}\}_{i=1}^{n+2k+2}$$

gegen den gesuchten OLS-Schätzer $\hat{\delta}$ ist

$$\tau(\hat{\delta}^{(1),\nu+1}) < \tau(\hat{\delta}^{(1),\nu}) \qquad (\nu \geq 1). \tag{5.5o}$$

Eine hinreichende Bedingung für ein Minimum von τ im $(\nu+1)$-ten Iterationsschritt ist bekanntlich

$$\nabla\nabla\tau(\hat{\delta}^{(1),\nu+1}) = 2(H^{(\nu)}D^{-1,(\nu)})'(H^{(\nu)}D^{-1,(\nu)}) \in \overset{>}{M}_{n+2k+1} \tag{5.51}$$

(5.5o) ist erfüllt, wenn (5.51) gilt. Bevor wir daher bei Nichterfülltsein von (5.5o) die in b) beschriebenen konvexen Kombinationen bilden, ist es sinnvoll, in jedem Iterationsschritt zuvor (5.51) zu überprüfen. Hierfür ist eine Vorabschätzung der Eigenwerte der $(n+2k+1) \times (n+2k+1)$-Matrix $\nabla\nabla\tau(\hat{\delta}^{(1),\nu+1})$ ausreichend, insbesondere interessiert, ob der kleinste Eigenwert positiv ist. Die Eigenwerte sind reell, nach dem Kreisesatz von Gerschgorin (vgl. Householder (1964), S. 66, oder auch von Finkenstein (1977), S. 174)) läßt sich daher

$$\min \left\{ \lambda \;\middle|\; \lambda \in \left(\bigcup_{i=1}^{n+2k+1} G_i^Z\right) \cap \left(\bigcup_{j=1}^{n+2k+1} G_j^S\right) \right\} \tag{5.52}$$

bestimmen, wobei

$$\nabla\nabla\tau(\mathfrak{s}^{(1),\nu+1}) := (h_{ij})_{i,j=1,\dots,n+2k+1} ,$$

$$G_i^Z := \{ \lambda \mid \lambda \in [h_{ii} - \sum_{\substack{j=1\\ i\neq j}}^{n+2k+1} |h_{ij}|,\ h_{ii} + \sum_{\substack{j=1\\ i\neq j}}^{n+2k+1} |h_{ij}|] \},$$

$$G_j^S := \{ \lambda \mid \lambda \in [h_{jj} - \sum_{\substack{i=1\\ i\neq j}}^{n+2k+1} |h_{ij}|,\ h_{jj} + \sum_{\substack{j=1\\ i\neq j}}^{n+2k+1} |h_{ij}|] \}$$

gesetzt sei. Ist (5.52) positiv, so ist (5.5o) erfüllt, und der nächste Iterationsschritt kann durchgeführt werden. Ist (5.52) nicht erfüllt, so bilden wir die konvexen Kombinationen wie in b) beschrieben.

d) Abgebrochen wird die Iteriertenfolge $\{\mathfrak{s}^{(1),\nu}\}_{\nu\geq 1}$ nach den üblichen Kriterien bei Iterationsverfahren, z.B. wenn die relative Veränderung zweier aufeinanderfolgender Iterierten unter eine vorzugebende Schranke ω fällt:

$$\frac{|\tau(\mathfrak{s}^{(1),\nu+1}) - \tau(\mathfrak{s}^{(1),\nu})|}{\tau(\mathfrak{s}^{(1),\nu})} \leq \omega.$$

Ein statistisches Abbruchkriterium wäre, daß man die Veränderung zweier aufeinanderfolgender Iterierten auf statistische Signifikanz überprüft, etwa mit der zentralen F-Verteilung. Das Prüfmaß ist dann von der Form

$$\hat{F} = \frac{(\hat{\mathfrak{s}}^{(1),\nu+1} - \hat{\mathfrak{s}}^{(1),\nu})'\,[\mathrm{cov}(\hat{\mathfrak{s}}^{(1),\nu+1})]^{-1}\,(\hat{\mathfrak{s}}^{(1),\nu+1} - \hat{\mathfrak{s}}^{(1),\nu})}{(y - z(\hat{\mathfrak{s}}^{(1),\nu+1}))'\,(y - z(\hat{\mathfrak{s}}^{(1),\nu+1}))} \cdot \frac{T}{T-(n+2k+1)}, \tag{5.53}$$

für $o \leq F_{1-\alpha,T,T-(n+2k+1)} = \hat{F} < F^*$ (=kritischer Punkt) würde die Iteration abgebrochen und $\mathfrak{s}^{(1),\nu+1} = (\mathfrak{s}^{(1),\nu+1}, x^{(1),\nu+1})$ als Näherung für $\mathfrak{s}$ genommen.

Schwierigkeiten bei der Berechnung des Prüfmaßes (5.53) macht lediglich $\mathrm{cov}(\hat{\delta}^{(1),\nu+1})$ im nichtlinearen Fall. Wenn wir annehmen, daß

$$u = y - z(\hat{\delta}^{(1),\nu+1}) \sim N(o,\ \sigma^2 I)$$

ist, können wir zumindest approximativ die Cramér-Rao-Kovarianz verwenden (siehe Goldfeldt und Quandt (1972), S. 162). Ausgehend von der Likelihood-Funktion

$$L(\hat{\delta}^{(1),\nu+1}) \approx (2\pi\hat{\sigma}^2)^{-1} \exp\left(-\frac{\tau(\hat{\delta}^{(1),\nu+1})}{2\hat{\sigma}^2}\right),$$

folgt

$$\nabla\nabla \log L(\hat{\delta}^{(1),\nu+1}) \approx -\frac{1}{2}\nabla\nabla\tau(\hat{\delta}^{(1),\nu+1}).$$

Die Cramér-Rao-Kovarianz ist dann

$$\mathrm{cov}(\hat{\delta}^{(1),\nu+1}) = \frac{1}{\hat{\sigma}^2}\left[\frac{1}{2\hat{\sigma}^2}\nabla\nabla\tau(\hat{\delta}^{(1),\nu+1})\right]^{-1}$$

$$= \frac{1}{\hat{\sigma}^2}\left\{\frac{1}{2\hat{\sigma}^2}\left[(H^{(\nu)}D^{-1,(\nu)})'(H^{(\nu)}D^{-1,(\nu)})\right]^{-1}\right\},$$

mit $\hat{\sigma}^2 = \dfrac{1}{T-(n+2k+1)}\tau(\hat{\delta}^{(1),\nu+1})$, die wir zur Berechnung der Kovarianzmatrix in (5.53) verwenden.

6. Bayessche Lagstrukturen

6.1 Pseudo-Bayessche Lagstrukturen

6.1.1 Bemerkungen zu Pseudo-Bayesschen Schätzern

In neuerer Zeit sind verschiedene Anstrengungen gemacht worden, um OLS-Schätzer unter gewissen linearen Restriktionen zu verbessern. Insbesondere wurde die Existenz von Schätzern gezeigt, die zwar verzerrt sind, aber kleinere Varianzen als die unverzerrten OLS-Schätzer haben (erstmals von Stein (1956) erwähnt, vgl. auch Zellner und Vandalae (1975)). Solche Schätzer können in der Bayesschen Analyse als Erwartungswert der a posteriori-Verteilung interpretiert werden, und werden daher häufig als Pseudo-Bayessche Schätzer bezeichnet. Unter der Annahme, daß die Varianz der Störterme u bekannt ist (wir werden auf die Problematik dieser Annahme noch eingehen), und die a priori-Verteilung für die Lagstruktur g normal ist mit $E(g) = g^o$ und der Kovarianzmatrix $(h_o N_o)^{-1}$, wobei h_o die Prozeßgenauigkeit sei, ist der Erwartungswert der a posteriori-Verteilung (vgl. Schönfeld (1971), S. 14o)

$$(6.1) \qquad \hat{g}_{PB} = (X'X + h_o \, \sigma_u^2 \, N_o)^{-1} (X'X\hat{g}_{OLS} + h_o \, \sigma_u^2 \, g^o),$$

wobei wir PB als Kennzeichnung für einen Pseudo-Bayesschen Schätzer verwenden. g^o ist nicht stochastisch und muß vorgegeben werden. Allgemein sind Pseudo-Bayessche Schätzer von der Form

$$(6.2) \qquad \hat{g}_{PB} = S \, \hat{g}_{OLS} + (I - S) g^o,$$

wobei $S = (A + B)^{-1}B$, $A \in M_{N+1}^{\geq}$, $B \in M_{N+1}^{>}$, ist (siehe Ronning (1977)). Die Eigenwerte der Matrix S liegen alle zwischen o und 1, und da

$$\| S\, \hat{g}_{OLS} \|_2 \leq \| S \|_2 \| \hat{g}_{OLS} \|_2$$

$$\leq (\max_i |\lambda_i|) \| \hat{g}_{OLS} \|_2 < \| \hat{g}_{OLS} \|_2$$

gilt, hat S eine normreduzierende Wirkung auf $\hat{g}_{OLS}$. Pseudo-Bayessche Schätzer werden daher häufig auch als Schrumpfungs-Schätzer ('shrinking') bezeichnet. Verschiedene Schätzer mit dieser Eigenschaft werden bei Bunke (1975) diskutiert. Setzt man für A und B Kommutativität voraus, so läßt sich die Gesamtheit der möglichen Pseudo-Bayesschen Schätzer angeben (vgl. Chamberlain und Leamer (1976)).

Bewertet man die statistischen Eigenschaften der Pseudo-Bayesschen Schätzer mit der MSE-Matrix

$$MSE(\hat{g}_{PB}) = E[(\hat{g}_{PB}) - g)(\hat{g}_{PB} - g)'],$$

so ist

$$(\hat{g} - g^o)'A(\hat{g} - g^o) \leq 2\ \sigma_u^2$$

hinreichend für

$$MSE(\hat{g}_{OLS}) - MSE(\hat{g}_{PB}) \in M_{N+1}^{\geq}$$

(siehe Ronning (1977); Verallgemeinerung eines Ergebnisses von Theobald (1974); siehe auch bei Bunke (1975)).

Ein spezieller PB-Schätzer ist der von Hoerl und Kennard (197o) eingeführte Ridge-Schätzer (im folgenden mit R indiziert), der dann von Marquardt (197o), Mayer und Wilke (1973), Goldstein und Smith (1974) (um nur die wichtigsten zu nennen) weiterentwickelt wurde (Bibliographie über Ridge-Regression bei Alldredge und Gilb (1976) und bei Vinod (1978)):

$$\hat{g}_R = (X'X + kI)^{-1} X'X\hat{g}_{OLS},$$

wobei also A = kI, B = X'X, g^o = o in (6.2) zu setzen ist. Der

Faktor k ist so zu wählen, daß

$$(6.3) \qquad MSE(\hat{g}_{OLS}) - MSE(\hat{g}_R) \in M^{>}_{N+1}$$

ist. Vinod (1977) gibt ein $k = k_{max}$ an, derart daß (6.3) für alle $k \leq k_{max}$ gilt. Die ökonometrischen Anwendungsmöglichkeiten der Ridge-Regression sind vor allem von Bacon und Hausman (1974) und von Swamy und Rapoport (1975) diskutiert worden. $\hat{g}_R$ ist, wie bereits erwähnt, verzerrt, weist aber zum Teil erheblich kleinere Varianzen als $\hat{g}_{OLS}$ auf.

Betrachtet man den Ridge-Schätzer als Funktion von k auf dem Intervall $[o, k_{max}]$, und beobachtet die Abweichungen von der OLS-Schätzung (k=o), so spricht man von der 'Ridge-trace Analyse'. Hoerl und Kennard haben vorgeschlagen, dasjenige k_o zu nehmen, für das sich die Ridge-trace stabilisiert hat. Von Vinod (1976) wurde jedoch darauf hingewiesen, daß es Klassen von Regressormatrizen gibt, für welche die Ridge-trace-Funktionen praktisch konstant sind, sodaß der Stabilisierungsbereich nicht unbedingt als Auswahlkriterium für k verwendet werden kann. Wir werden im nächsten

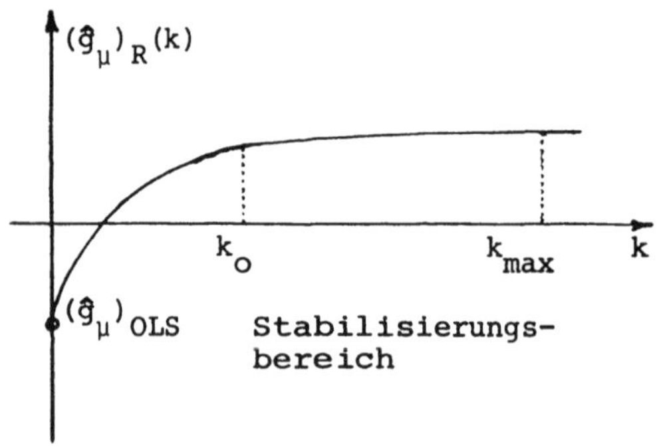

Abschnitt noch darauf zurückkommen. Hinzuweisen ist in diesem Zusammenhang noch auf eine empirische Studie von Ronning (1978), in der eine Ridge-trace Analyse für die Konsum- und Beschäftigungsfunktion des 'Heidelberger Modells' (Menges, Zwer und Heilig (1976)) durchgeführt wurde.

Wir betrachten nun die Ähnlichkeitstransformation von X'X

$$X'X = E \operatorname{diag}(\lambda_1, \ldots, \lambda_{N+1}) E' ,$$

wobei $\lambda_1, \ldots, \lambda_{N+1}$ die reellen Eigenwerte der Matrix X'X sind, und die Spalten der $(N+1)\times(N+1)$-Matrix E das zugehörige Orthonormalsystem der Eigenvektoren bilden. Der $(N+1)\times 1$-Vektor

$$\hat{c} = E' \hat{g}_{OLS}$$

stellt die Komponenten von $\hat{g}_{OLS}$ längs der Hauptachsen von $\hat{g}_{OLS}$ dar, die gerade mit den Hauptachsen von X'X zusammenfallen.
Es sei e^{ν} die ν-te Spalte von E. Dann ist

$$\hat{g}_{OLS} = EE'\hat{g}_{OLS} = E\,\hat{c} = \sum_{\nu=o}^{N} \hat{c}_{\nu}\, e^{\nu}$$

als Schätzer auf Prinzipalkomponenten aufzufassen. Führt man noch die Gewichtungsfaktoren $\theta_{\nu} \in [o,1]$ ein, so stellt sich die allgemeine Pseudo-Bayessche Lagstruktur auf Prinzipalkomponenten (PK-Lag) in der Form

$$\hat{g}_{PK} = \sum_{\nu=o}^{N} \theta_{\nu}\, \hat{c}_{\nu}\, e^{\nu}$$

dar, speziell für $\theta_{\nu} = \lambda_{\nu}/(\lambda_{\nu} + k)$ erhält man die Ridge-Lag Gewichte $\hat{g}_R$ (vgl. Wermuth (1975) oder Obenchain (1977)). Die θ_{ν} können als 'Schrumpfungsfaktoren' aufgefaßt werden. Variieren wir k zwischen o und ∞, so erhalten wir gerade den Ridge-trace Pfad zwischen $\hat{g}_{OLS}$ und $\hat{g}_R = o$. Der Zusammenhang von Ridge-Schätzern und Ridge-Schätzern auf Prinzipalkomponenten ist von Wermuth (1975) diskutiert worden. Insbesondere weist sie auf Erfahrungen mit einem Simulations-Experiment hin, bei dem Ridge-Regression gerade bei kollinearen Regressoren noch gute Ergebnisse brachte.

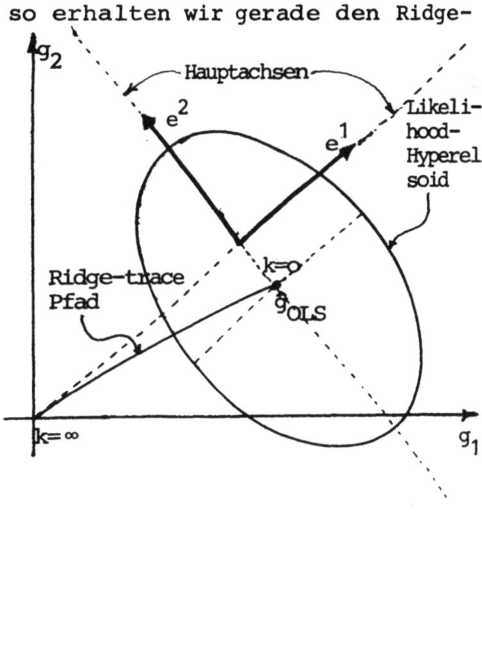

Swamy und Rapoport (1975) vergleichen Ridge-Schätzer auch mit anderen Schätzern, insbesondere mit dem MSE-Schätzer von Chipman (1964).

Schließlich wollen wir noch auf die Anwendbarkeit des t-Tests bei der Ridge-Regression eingehen. Macht man keine Annahme über die Verteilung der Störterme u, dann gilt der t-Test wie bei OLS genau dann, wenn die Schrumpfungsfaktoren θ_ν strikt positiv und nicht stochastisch sind (siehe Obenchain (1977), S. 432, Theorem 1). Wird jedoch $u \sim N(o, \sigma_u^2 I)$ angenommen, dann ist bekanntlich für $k = o \Leftrightarrow \theta_\nu = 1$ der t-Test möglich, für $k > o$ nicht (siehe hierzu Vinod (1978)).

6.1.2 Standardisierung der Lagstruktur

Fast die gesamte Literatur über Ridge-Schätzer und Pseudo-Bayessche Schätzer auf Prinzipalkomponenten betrachtet die Regressionsmodelle in standardisierter Form in der Weise, daß entweder X'X oder X'y oder beide in Korrelationsform gegeben sind. Die Frage, ob Standardisierung der Regressoren überhaupt erforderlich ist, wird von Press (1972), S. 285, dahingehend beantwortet, daß man standardisieren sollte, wenn die Variablen nicht in derselben Einheit gemessen sind.
Ausgehend von der bekannten, symmetrischen und idempotenten Transformationsmatrix

$$J = I_T - \frac{1}{T} \iota\iota', \quad \iota' = (1,1,\ldots,1) \text{ vom Typ } 1\times T,$$

welche die Beobachtungen einer Variablen in ihre Abweichungen vom Mittelwert transformiert, ist das standardisierte Lag-Modell $y = Xg + u$ von der Form

$$y^* = X^*g^* + u^*$$

mit

$$y^* = (y'Jy)^{-1/2} Jy$$

$$X^* = (JX\bar{J})^{-1/2}, \quad \bar{J} = \mathrm{diag}((X'JX)_{ii} \mid i=o,\dots,N),$$
$$u^* = (y'Jy)^{-1/2}Ju,$$
$$g^* = (y'Jy)^{-1/2}J^{1/2}g,$$

siehe Ronning (1976a). Wegen

$$JX\bar{J}^{-1/2}g^* = JX\bar{J}^{-1/2}(y'Jy)^{-1/2}\bar{J}^{1/2}g$$
$$= (y'Jy)^{-1/2}JXg$$

entsteht also das standardisierte Modell durch lineare Transformation mit $(y'Jy)^{-1/2}$. Die standardisierte Lagstruktur bezeichnen wir mit 'Beta-Lagstruktur' (in Anlehnung an die Bezeichnung 'Beta-Koeffizienten' bei Goldberger (1964), S. 198). Da die quadratische Form $(y'Jy)^{-1/2}$ stochastisch ist, werden sich die stochastischen Eigenschaften von u^* nicht direkt von denjenigen von u ableiten lassen, sodaß die Beta-Lagstruktur im allgemeinen von der nichtstandardisierten abweichen wird. Obwohl von einem Bayesschen Standpunkt aus die Schätzung in Korrelationsform vorteilhaft sein kann (vgl. hierzu auch Lindley und Smith (1972), S. 11), sollte man praktisch beide Schätzungen durchführen, damit mögliche Abweichungen erkannt werden können.

Mit der Korrelationsmatrix $X^{*\prime}X^*$ und $X^{*\prime}y^*$ sind die Normalgleichungen für g^* von der Form

$$\hat{g}^* = X^{*+}y^*,$$

und der multiple Korrelationskoeffizient $R^2 = y^{*\prime}X^*X^{*+}y^*$ ist für standardisierte und nichtstandardisierte Lagstrukturen gleich (siehe hierzu ein Lemma bei Ronning (1976a)).

6.1.3 *Pseudo-Bayessche Schätzung der Beta-Lagstruktur*

Wie bereits in Abschnitt 6.1.1 für den nichtstandardisierten Fall ausgeführt, existiert bei vollem Spaltenrang von $X^{*\prime}X^*$ eine Diagonalisierung

$$\bar{E}'X^{*\prime}X^*\bar{E} = \text{diag}(\lambda_o^*, \lambda_1^*, \ldots, \lambda_N^*)$$

mit der Matrix der Eigenvektoren $\bar{E}$, $\bar{E}' = \bar{E}^{-1}$. Da $X^{*\prime}X^*$ eine Korrelationsmatrix ist, gilt $\lambda_j^* \in [o,1]$, $j=o,\ldots,N$, und bei Multikollinearität werden diejenigen Eigenwerte λ_j, die schlecht konditionierten Regressorspalten zugeordnet sind, nahe bei o liegen. Um solche Regressoren aussondern zu können, betrachten wir die Eigenwerte in absteigender Reihenfolge. Hierzu sei $\pi(o,1,\ldots,N) = (i_o, i_1, \ldots, i_N)$ eine Permutation der Lag-Zeitpunkte o,1,...,N derart, daß

$$\lambda_{i_o}^* \geq \lambda_{i_1}^* \geq \ldots \geq \lambda_{i_N}^*$$

gilt. Seien

$$\bar{X}^* = (x^{i_o} \; x^{i_1} \; \ldots \; x^{i_N})$$

und

$$\bar{\bar{E}} = (e^{i_o} \; e^{i_1} \; \ldots \; e^{i_N})$$

die entsprechend dieser Permutation umgeordneten Matrizen X^* und $\bar{E}$, ebenso sei

$$\bar{g}^* = (\bar{g}_{i_o}^*, \bar{g}_{i_1}^*, \ldots, \bar{g}_{i_N}^*)'$$

der Vektor der umgeordneten Lag-Gewichte $\bar{g}$. Dann gilt

$$\bar{\bar{E}}'\bar{X}^{*\prime}\bar{X}^*\bar{\bar{E}} = \text{diag}(\lambda_{i_o}^*, \lambda_{i_1}^*, \ldots, \lambda_{i_N}^*).$$

Wegen

$$y^* = \bar{X}^*\bar{g}^* + u^* = \bar{X}^*\bar{\bar{E}}\bar{\bar{E}}'\bar{g}^* + u^* =: \bar{F}^*\bar{c}^* + u^*$$

erhalten wir die standardisierte Prinzipalkomponenten-Darstellung mit der orthogonalen Matrix $\bar{F}^* = \bar{X}^*\bar{\bar{E}}$ und dem $(N+1)\times 1$-Vektor $\bar{c}^*$, dessen Komponenten die Prinzipalkomponenten sind.

Bekanntlich wird in der Regressionstheorie als Maß für die Kollinearität $\det(\bar{X}^{*\prime}\bar{X}^*) = \det(\bar{\bar{E}}'\bar{X}^{*\prime}\bar{X}^*\bar{\bar{E}}) = \prod_{j=o}^{N} \lambda_j^*$ herangezogen, sodaß also gerade die kleinsten Eigenwerte den Grad der Multikollinearität hochtreiben. Aus diesem Grunde liegt es nahe, nur solche Prinzipalkomponenten zu schätzen, die Eigenwerten wesentlich größer Null zugeordnet sind, z.B. die ersten $\mu+1$ Komponenten $(\mu \leq N)$. Wir machen daher die Zerlegung

$$\bar{\bar{E}} = (\bar{\bar{E}}^{(1)} \quad \bar{\bar{E}}^{(2)})$$

$$\bar{F}^* = (\bar{F}^{*(1)} \quad \bar{F}^{*(2)}) = (\bar{X}^*\bar{\bar{E}}^{(1)} \quad \bar{X}^*\bar{\bar{E}}^{(2)}),$$

$$\bar{c}^{*\prime} = (\bar{c}^{*(1)} \quad \bar{c}^{*(2)}) = (\bar{\bar{E}}^{(1)\prime}\bar{g}^* \quad \bar{\bar{E}}^{(2)}\bar{g}^*),$$

wobei $\bar{\bar{E}}^{(1)}$ vom Typ $(N+1)\times(\mu+1)$, $\bar{\bar{E}}^{(2)}$ vom Typ $(N+1)\times(N-\mu)$ ist, und sich die Dimensionierung der übrigen Zerlegungsmatrizen entsprechend ergibt. Um nun zu entscheiden, welches μ gewählt werden soll, d.h. wieviel Regressoren für die Schätzung nicht berücksichtigt werden sollen, brauchen wir ein Kriterium, das wir als 'Maß für den Kollinearitätsdefekt' bezeichnen wollen:

$$\Omega_\mu := \Big(\sum_{j=\mu+1}^{N} \lambda_j^* \Big) / \Big(\sum_{j=o}^{N} \lambda_j^* \Big).$$

Würden wir zum Beispiel zugunsten einer Verringerung der Multikollinearität auf 1o % der in der Regressormatrix enthaltenen Information verzichten (äquivalent hierzu ist aufgrund der Ähnlichkeitstransformation 1o % der 'Eigenwertmasse' $\Sigma_{j=o}^{N} \lambda_j^*$), so würden wir μ als den kleinsten Lag-Zeitpunkt wählen, für den Ω_μ möglichst nahe bei o.1 liegt. Ein generelles Kriterium für die Wahl von μ wird man wohl nicht angeben können, da - etwa bei einem Rangdefekt von $\bar{X}^{*\prime}\bar{X}^*$ - auch mehrfache Eigenwerte auftreten können. Man wird daher im speziellen Fall Ω_μ festlegen, und den reduzierten' Beta-Lag

$$\hat{\bar{g}}*^{(1)} := \bar{\bar{E}}^{(1)} \hat{\bar{c}}*^{(1)} = \bar{\bar{E}}^{(1)} [\bar{F}*^{(1)}]^{+}y*$$

bestimmen. Lediglich für die Entscheidung, ob tatsächlich Multikollinearität vorliegt, könnte man z.B. die Eigenwerte mit dem Kreisesatz von Gerschgorin abschätzen, bevor man die Determinante bzw. die Eigenwerte und -vektoren berechnet. Zu erwähnen ist noch, daß $\hat{\bar{g}}*^{(1)}$ verzerrt ist. Dies ergibt sich unmittelbar durch Einsetzen von $y* = X*\bar{g}* + u*$ in $\hat{\bar{g}}*^{(1)} = \bar{\bar{E}}^{(1)} \bar{F}*^{(1)} y*$, wenn man das Regressionssystem

$$y* = \bar{F}*^{(1)} \bar{c}*^{(1)} + [\bar{F}*^{(2)} \bar{c}*^{(2)} + u*]$$

betrachtet.

Ein anderes Kriterium für die Bestimmung von μ ergibt sich aus einem MSE-Vergleich von $\hat{\bar{g}}*^{(1)}$ mit dem klassischen OLS-Schätzer $\hat{g}_{OLS}$. Hierfür ist nach Marquardt (197o), S. 6o1 (vgl. auch Ronning (1976a), S. 13),

$$(6.4) \qquad \sigma*^2 \sum_{j=o}^{\mu} \frac{1}{\lambda^*_{i_j}} > [\bar{c}*^{(2)}]'[\bar{c}*^{(2)}]$$

hinreichend. Gehen wir davon aus, daß wir eine Schätzung für $\sigma*^2$ kennen, etwa die OLS-Schätzung $\hat{\bar{\sigma}}*^2 = \frac{1}{T-(N+1)} y*'(I-\bar{X}*\bar{X}*^{+})y*$,

und daß die Eigenwerte und -vektoren bereits berechnet sind, so können wir die Ungleichung (6.4) für

$$\hat{\bar{c}}*^{(2)}(\mu) = [\bar{F}*^{(2)}(\mu)]^{+}y* \quad \text{und} \quad \hat{\bar{\sigma}}*^2$$

- beginnend mit $\mu = N$ - sukzessive überprüfen, bis wir ein $\mu = \mu*$ erreicht haben, für das (6.4) erfüllt ist.

Wir wollen uns nun dem bereits erwähnten Zusammenhang zwischen Prinzipalkomponenten-Schätzern und Ridge-Schätzern zuwenden. Entscheidend ist hier ebenfalls die MSE-beste Bestimmung des Ridge-

Faktors k, der die Matrix $\bar{X}^{*\prime}\bar{X}^{*}$ 'hochhebt', und damit im allgemeinen eine stabilere Inversion in den Ridge-Normalgleichungen gestattet.
Für vollen Spaltenrang von $\bar{X}^{*\prime}\bar{X}^{*}$ und für $u^{*} \sim N(o,\sigma^{*2})$ hat Wermuth (1975), S. 3o4, ein $k = k_W$ implizit durch

$$(6.5) \qquad \frac{1}{N+1} \sum_{j=o}^{N} \frac{\bar{c}_j^{*2}}{1/\lambda_{i_j}^{*} + 1/k_W} = \frac{1}{T-(N+1)} y^{*\prime}[I_T - \bar{X}^{*}\bar{X}^{*+}]y^{*} = \hat{\bar{\sigma}}^{*2}$$

angegeben. Da die explizite Auflösung von (6.5) nach k_W nicht möglich ist, empfiehlt Wermuth, $1/k_W$ aus dem Intervall

$$(6.6) \qquad W_N := \left[\frac{1}{(N+1)\hat{\bar{\sigma}}^{*2}}\, \hat{\bar{c}}^{*\prime}\hat{\bar{c}}^{*} - 1/\lambda_{i_N}^{*}\,,\ \frac{1}{(N+1)\,\hat{\bar{\sigma}}^{*2}}\, \hat{\bar{c}}^{*\prime}\hat{\bar{c}}^{*} + 1/\lambda_{i_o}^{*}\right]$$

zu nehmen. Farebrother (1975) kommt ohne die Berechnung von Eigenwerten und -vektoren aus und hat für k

$$(6.7) \qquad k_F = \frac{1}{\hat{g}^{*\prime}\hat{g}^{*}}\, \hat{\sigma}^{*2}$$

angegeben. In beiden Fällen ist dieses Vorgehen in gewisser Weise paradox, weil man einerseits Ridge-Regression macht, um das Kollinearitätsproblem bei der OLS-Schätzung abzuschwächen, und andererseits den Ridge-Faktor k mit den OLS-Schätzwerten $\hat{g}^{*}$ und $\hat{\sigma}^{*2}$ bestimmt. Dieses m.E. unzulässige Vorgehen findet man in der Literatur häufig, z.B. bei dem Restriktionen-Test des Almon-Lags sind wir ebenfalls auf diese Problematik gestoßen (Abschnitt 2.1).

Das Intervall (6.6) wird nur in den Fällen, in denen maximaler und minimaler Eigenwert von $\bar{X}^{*\prime}\bar{X}^{*}$ nahe beieinander liegen, eine brauchbare Einschließung von $1/k_W$ und damit von k_W ergeben. Außerdem wird bei großem $\hat{\bar{\sigma}}^{*2}$ der Mittelpunkt des Intervalls nahe am Nullpunkt liegen, sodaß durchaus $1/k_W < o$ möglich ist. Für negative k_W gilt aber

$$(\bar{X}^{*\prime}\bar{X}^{*} + k_W I) \notin M_{N+1}^{\geq}\,.$$

Außerdem sind die in Abschnitt 6.1.1 angegebenen Schrumpfungsfaktoren

$$\theta_j^W := \lambda^*_{i_j} / (\lambda^*_{i_j} + k_W) \in [o,1],$$

und damit der Ridge-Schätzer, dann nicht mehr definiert, wenn zum Beispiel im Extremfall $1/k_W = o - 1/\lambda^*_{i_N}$ gewählt wird. Das von Wermuth angegebene Intervall für $1/k_W$ muß daher auf positive Werte eingeschränkt werden:

$$1/k_W \in W_N \cap (o,\infty).$$

Für praktische Anwendungen jedoch wird das Intervall (6.6) in den meisten Fällen unbrauchbar sein, da das Intervall zu breit ist und daher zu viele k_W's für die bestmögliche Wahl des Ridge-Faktors simuliert werden müßten.
Eine andere Möglichkeit ist, daß man k_W aus (6.5) mit einem Iterationsverfahren vom Gauß-Newton Typ bestimmt, denn für

$$f(k_W) = \frac{1}{N+1} \sum_{j=o}^{N} \hat{\bar{c}}_j^{*2} \frac{\lambda^*_{i_j} k_W}{k_W + \lambda^*_{i_j}} - \hat{\bar{\sigma}}^{*2} = o$$

ist

$$f''(k_W) = -\frac{2}{N+1} \sum_{j=o}^{N} \hat{\bar{c}}_{i_j}^{*2} \frac{\lambda^{*2}_{i_j}}{(k_W + \lambda^*_{i_j})^3} < o,$$

sodaß sich k_W in wenigen Iterationsschritten (quadratische Konvergenz) näherungsweise bestimmen läßt.

Zu erwähnen sind in diesem Zusammenhang noch die empirischen Ergebnisse von Ronning (1976a), S. 14. Er berichtet, daß k_F in seinen Beispielen fast immer den besseren Ridge-Schätzer geliefert hat, und daß die hinreichende Bedingung

$$k < \frac{\sigma^{*2}}{\bar{c}^{*2}_{i^*}}, \quad \bar{c}^{*2}_{i^*} = \max_{i=o,\dots,N} \bar{c}_i^{*2}$$

dafür, daß der Ridge-Schätzer im MSE-Sinne besser ist als der

OLS-Schätzer (vgl. Hoerl und Kennard (197o), S. 62), nur mit k_F erfüllt werden konnte (k_W war etwa um den Faktor 1o größer als k_F).

6.2 Bayessche Ansätze für endliche Lagstrukturen

6.2.1 Der Ansatz von Shiller

Neben den deterministischen Lag-Schätzern ist der probabilistische Ansatz von Shiller (1973) sehr bekannt geworden. Es werden a priori Glattheitsannahmen

$$R_d g = w_d, \; w_d \sim N(o, \sigma^2_{w_d} I),$$

über den Verlauf der Lag-Kurve dadurch gemacht, daß (d+1)-te Differenzen der zu schätzenden Lag-Gewichte g einer Normalverteilung mit Erwartungswert o und den als bekannt vorausgesetzten und für alle Lag-Gewichte konstanten Varianzen unterworfen werden:

$$(6.8) \qquad f_1(R_d g \mid \sigma) \propto (1/\sigma)^{N-d} \exp\{-(1/2\sigma^2_{w_d}) g' R_d' R_d g\} \; ,$$

R_d ist die Differenzen-erzeugende Koeffizientenmatrix vom Typ (N-d)×(N+1) mit Rang R_d = N-d. Für d=1 und N=4 ist zum Beispiel

$$R_1 = \begin{pmatrix} 1 & -2 & 1 & o & o \\ o & 1 & -2 & 1 & o \\ o & o & 1 & -2 & 1 \end{pmatrix} .$$

Es wird hierbei zwei aufeinanderfolgenden Differenzen, die sich nur wenig ändern, eine hohe Wahrscheinlichkeit zugeordnet, entsprechend kleinere Wahrscheinlichkeiten solchen Punkten der Lag-Kurve, in denen sich die Ableitungen stärker ändern. Für d=2 würden in der eben beschriebenen Weise Krümmungsänderungen der Wahrscheinlichkeit nach bewertet. Dieses a priori-Verteilungsgesetz begünstigt also eine glatte Darstellung, sodaß wir diesen Ansatz als Wahrscheinlichkeitsversion einer polynomialen Glatt-

heitsrestriktion ansehen können.
In diesem Zusammenhang ist auf einen Disput zwischen Sims und Shiller (Sims (1974)) hinzuweisen. Sims ist der Ansicht, daß es keine theoretische Rechtfertigung gibt, daß eine Lag-Verteilung glatt, positiv oder 'flat-tailed' sein muß (vgl. Abschnitt 5 bei Sims über das Problem der Multikollinearität und über die Annahme von a priori-Restriktionen). Insbesondere habe man auch keine theoretische Abschätzung über den Fehler, den man bei Übergang vom unendlichen Lag zum endlichen Lag begeht, bzw. wie der bestmögliche Maximal-Lag gewählt werden kann.
Demgegenüber vertritt Shiller den Standpunkt, daß wenn in einer Regressionsbeziehung zwischen zwei Variablen überhaupt eine verteilte Lag-Wirkung vorhanden ist, dann muß die zu beschreibende Lag-Funktion wenigstens glatt sein. Diese Annahme ist m.E. auch schon deswegen realistisch, weil man in den meisten praktischen Fällen eine a priori-Vorstellung über den Kurvenverlauf hat, und man implizit unterstellen muß, daß in Umgebungen dieser Punkte keine wesentlich anderen die Verzögerungswirkung beschreiben.

Die Kopplung der Likelihood-Funktion

$$f_L(y \mid g,\sigma^2) \propto \exp\{-(1/2\sigma_u^2)(y - Xg)'(y - Xg)\}$$

mit der a priori-Verteilung (6.8) ergibt nach dem Bayesschen Gesetz die a posteriori-Verteilung (vgl. Shiller (1972), S. 778)

$$f_2(g|y,\sigma^2) \propto \exp\{-(1/2\sigma_{w_d}^2)g'R_d'R_d g\}\exp\{-(1/2\sigma_u^2)(y-Xg)' \cdot (y-Xg)\}$$

$$= \exp\{-(1/2\sigma_u^2)(g-\hat{g}_{Sh})'\tilde{X}'\tilde{X}(g-\hat{g}_{Sh})\}.$$

(6.9) $\qquad \hat{g}_{Sh} = \tilde{X}^+\tilde{y}$

mit $\tilde{X} = \begin{pmatrix} X \\ \sigma_u/\sigma_{w_d} \; R_d \end{pmatrix}$, $\tilde{y} = \begin{pmatrix} y \\ o \end{pmatrix}$, ist der Erwartungswert der a posteriori-Verteilung, und die Kovarianzmatrix ist $\sigma_u^2(\tilde{X}'\tilde{X})^{-1}$. Der Shiller-Schätzer ist also ein Pseudo-Bayesscher Schätzer unter der linearen Restriktion $R_d g = w_d$.

Stochastisiert man die a priori-Information über g,

$$w_d = R_d g + \varepsilon,$$

wobei für ε die klassischen Annahmen gemacht werden, so ist der Theil-Goldberger-Schätzer (1961)

$$\hat{g}_{TG} = (X'X + \hat{\sigma}_u/\hat{\sigma}_{w_d} \; R_d'R_d)^{-1}X'y$$

formal äquivalent mit (6.9), d.h. der Shiller-Schätzer ist ein Pseudo-Bayesscher Schätzer unter der stochastischen Restriktion, daß der Erwartungswert von g auf einem Polynom vom Grad d liegt, denn $R_d g = o$ beschreibt gerade diese Polynomrestriktion.

6.2.2 Zusammenhang zwischen Shiller- und Almon-Schätzer

Wie wir gesehen haben, ist der Shiller-Schätzer durch die a priori-Glattheitsforderung $w_d \sim N(o,\sigma_{w_d}^2 I)$ ausgezeichnet. Die nichtstochastische Version des Shiller-Ansatzes ist ein OLS-Problem unter linearen Nebenbedingungen, nämlich $(y-Xg)'(y-Xg)$ soll minimiert werden unter $R_d g = o$. Der Schätzer ist bekanntlich von der Form

$$\text{(6.1o)} \qquad \hat{g}_{Sh} = I - [(X'X)^{-1}R_d'(R_d(X'X)^{-1}R_d')^{-1}R_d]\hat{g}_{OLS}$$

(vgl. etwa Maddala (1978), S. 383). Die Almon'sche Polynom-Darstellung der Lag-Gewichte war

$$g_A = Va$$

(vgl. (2.2)). Um nun einen zu (6.1o) äquivalenten Almon-Schätzer angeben zu können, bilden wir die idempotente $(N+1)\times(N+1)$-Matrix

$$A = I - VV^{+}.$$

Dann ist $Ag = o$, und $\hat{g}_A$ minimiert $(y-Xg)'(y-Xg)$ unter der nichtstochastischen Restriktion $Ag = o$. Analog ist

$$(6.11) \qquad \hat{g}_A = [I - (X'X)^{-1}A'(A(X'X)A')^{-1}A]\hat{g}_{OLS}.$$

Man kann zeigen, daß für denselben Polynomgrad die beiden Schätzer (6.1o) und (6.11) äquivalent sind (siehe Ronning (1976b), S. 76o; vgl. auch den Hinweis bei Maddala (1978), S. 384). Nicht mehr äquivalent sind $\hat{g}_{Sh}$ und $\hat{g}_A$, wenn die beiden Ansätze stochastisiert werden:

$$(6.12) \qquad g_A = Va + \varepsilon, \ \varepsilon \sim N(o, \sigma_\varepsilon^2 I),$$

und

$$(6.13) \qquad w_d = R_d g_{Sh} \sim N(o, \sigma_{w_d}^2 I).$$

Der wesentliche Unterschied dieser beiden stochastischen a priori-Annahmen über die Gestalt der Lag-Kurve liegt darin, daß in (6.12) die Lag-Gewichte von dem Polynom kaum abweichen werden, wohingegen in (6.13) die Gewichte erheblich abweichen können, z.B. im Fall d=o, $\Delta g = w_d$, sind alle solchen Lag-Kurven möglich, auf denen jeweils aufeinanderfolgende Gewichte sich nicht allzusehr unterscheiden. Im Fall d=1, $R_1 g = \Delta^2 g = w_d$, sind es alle diejenigen, bei denen sich jeweils aufeinanderfolgende Ableitungswerte nicht 'allzusehr' ändern.

Unter der Annahme $u = y - Xg_A \sim N(o, \sigma_u^2 I)$ folgt unmittelbar

$$(6.14) \qquad y \sim N(Xg_A, \sigma_u^2 I),$$

und aus (6.12) folgt

$$g_A \sim N(Va, \sigma_\varepsilon^2 I).$$

Unter der Annahme, daß die a priori-Verteilung für die Polynom-

Koeffizienten a 'diffus' ist, gilt ein Theorem von Lindley und Smith (1972) (vgl. auch Maddala (1978), S. 385):

Ist $y \sim N(A_1\theta_1, C_1)$ und $\theta_1 \sim N(A_2\theta_2, C_2)$, dann besitzt θ_1 die a posteriori-Verteilung

$$N(D_o d_o, D_o)$$

mit $D_o^{-1} := A_1' C_1^{-1} A_1 + C_2^{-1} - C_2^{-1} A_2 (A_2' C_2^{-1} A_2)^{-1} A_2' C_2^{-1}$,

$d_o := A_1' C_1^{-1} y$.

Wenden wir diesen Satz auf (6.14) an, so folgt

$$d_o = \frac{1}{\sigma_u^2} X'y,$$

$$D_o^{-1} = \frac{1}{\sigma_u^2} X'X + \frac{1}{\sigma_\varepsilon^2} [I - (V'V)^{-1} V'] = \frac{1}{\sigma_u^2} [X'X + \frac{\sigma_u^2}{\sigma_\varepsilon^2} A],$$

$$D_o = \sigma_u^2 [X'X + \frac{\sigma_u^2}{\sigma_\varepsilon^2} A]^{-1},$$

und die a posteriori-Verteilung von g_A ist

$$N((X'X + \frac{\sigma_u^2}{\sigma_\varepsilon^2} A)^{-1} X'y;\ \sigma_u^2 (X'X + \frac{\sigma_u^2}{\sigma_\varepsilon^2} A)^{-1}). \tag{6.15}$$

Der Erwartungswert der a posteriori-Verteilung der stochastischen Version (6.12) des Almon-Schätzers ist somit ein Pseudo-Bayesscher Schätzer der Form (6.2), denn setzt man in (6.2)

$$A = \frac{\sigma_u^2}{\sigma_\varepsilon^2} A,\ B = X'X,\ g_o = o,$$

so ist

$$\hat{g}_{PB} = (X'X + \frac{\sigma_u^2}{\sigma_\varepsilon^2} A)^{-1} X'X \hat{g}_{OLS}$$

$$= (X'X + \frac{\sigma_u^2}{\sigma_\varepsilon^2} A)^{-1} X'XX^+ y = (X'X + \frac{\sigma_u^2}{\sigma_\varepsilon^2} A)^{-1} X'y$$

$= E(\hat{g}_A)$, wegen (6.15).

Betrachten wir $\sigma_\varepsilon \to o$, so erhalten wir die nichtstochastische Version $g_A = Va$ des Almon-Schätzers. Dies wurde bereits in der Originalarbeit von Shiller erwähnt. Aus (6.15) ist dies jedoch nicht ohne weiteres ersichtlich. Maddala (1978), S. 385, gibt folgende Matrix-Umformung an:

$$(X'X + \tau A) = X'X + A(\tau I)A', \quad \tau = \sigma_u^2/\sigma_\varepsilon^2,$$
$$= X'X(I + (X'X)^{-1}A(\tau I)A'),$$

$$(X'X + \tau A)^{-1} = (X'X)^{-1} - (X'X)^{-1}A\{A(X'X)^{-1}A + \tfrac{1}{\tau}I\}^{-1}A(X'X)^{-1}.$$

Für $\sigma_\varepsilon^2 \to o \Leftrightarrow \frac{1}{\tau} \to o$ folgt somit

$$\hat{g}_{PB} = E(\hat{g}_A) = [I - A\{A(X'X)^{-1}A\}^{-1}A](X'X)^{-1}X'y$$
$$= \hat{g}_A \quad \text{(vgl. (6.11))}.$$

6.2.3 *Zur Problematik über die Annahme einer a priori-Verteilung*

Das zentrale Problem des probabilistischen Glattheitsansatzes von Shiller liegt in der Vorgabe einer möglichst guten a priori-Verteilung. Ohne hier auf die Auseinandersetzung zwischen subjektivistischem und objektivistischem Konzept einzugehen (vgl. hierzu mögliche Paradoxa bei Stone und Springer (1976) oder Tiao und Tan (1965), auch Rudolph (1976)), spielt das subjektive Moment bei der Festlegung der a priori-Parameter eine bedeutende Rolle. Die a priori-Normalverteilung bei Shiller ist abhängig von den erwarteten Lag-Gewichten und erfordert die Kenntnis der Kovarianzmatrix. Im allgemeinen wird es nicht möglich sein, sämtliche Parameter einer mehrdimensionalen Verteilung festzulegen. Auch ist es sehr schwierig, den Raum der möglichen Lag-Gewichte derart einzuschränken, daß die nicht berücksichtigten a priori-Verteilungen für das zu betrachtende Lag-Problem nicht relevant sind. Zumindest bei einer Normalverteilung wird die Aussonderung einer relevanten Teilmenge von a priori Lag-Gewichten wohl kaum möglich sein. Für die Analyse der Auswirkungen aller a priori-Annahmen über die Verteilung empfiehlt Leamer (1972), S. 1o64, verschiedene Vorgehensweisen für die Praxis. Zum Beispiel kann durch sukzessive Auferlegung von Restriktionen ('interpretative search') mehr Information gewonnen werden. Ein weiterer Grund, weshalb bisher in der Praxis Bayes-Ansätze kaum Verwendung fanden, sind die in gewisser Weise 'konträren' Forderungen, die man an die a priori-Verteilungen stellt:

1. Die a priori-Verteilung sollte hinreichend flexibel sein, um die ganze a priori-Information über g erfassen zu können,
2. sie sollte in ihrer Darstellung 'einfach genug' sein, damit eine mathematisch formale Beschreibung möglich ist,
3. sie sollte mit der Likelihood-Funktion, welche die Dateninformation erfaßt, in mathematisch verwendbarer Form verträglich sein, sodaß die Anwendung des Bayesschen Gesetzes zu einer a posteriori-Verteilung führt, die von 'ähnlicher' Form ist und somit einen einfachen Vergleich mit der a priori-Verteilung zuläßt. Wünschenswert wäre also die natürliche Abgeschlossenheit der Klasse der a priori-Verteilungen bei Anwendung des Bayesschen Gesetzes (Klasse der konjugierten Verteilungen, vgl. z.B. Ando und Kaufman (1965)).

6.2.4 *Der Shiller-Ansatz bei unbekannten a priori-Parametern*

Die Varianz $\sigma^2_{w_d}$ der a priori-Normalverteilung von Shiller ist nicht unabhängig von der Differenzen-Koeffizientenmatrix R_d, sondern sie muß für jede Problemstellung neu angepaßt werden. Hierin liegt ein großes willkürliches Moment, denn es kann sehr wohl sein, daß zwei verschiedene Bewertungen bei gleicher Ausgangsinformation zu durchaus verschiedenen Ergebnissen (=a posteriori-Verteilungen) führen. Shiller selbst gibt für den Fall zweiter Differenzen (d=1) eine 'Daumen-Regel' für die Wahl von $\sigma^2_{w_d}$ an, es sind jedoch Datenkonstellationen denkbar, bei denen diese eine schlechte a priori-Verteilung ergibt. Shiller schlägt vor, für σ_u^2 die geschätzte OLS-Varianz $\hat{\sigma}_u^2$ zu nehmen, und

$$\hat{\sigma}_\varepsilon^2 = \frac{64\ S^2}{n^2} ,$$

wobei n der Polynomgrad und S die Summe der geschätzten Lag-Gewichte ist. Obwohl diese Regel in den Beispielen von Shiller scheinbar gute Ergebnisse lieferte, ergaben Testversuche von Maddala (1978), S. 386, sehr hohe Werte für σ_u/σ_{w_d}, was auf sehr kleine Werte von σ_{w_d} zurückzuführen ist. Auch der Vorschlag, σ_{w_d} konstant zu betrachten, ist problematisch, da z.B. bei Übergang zu verschiedenen Maßeinheiten der abhängigen und der Lag-Variablen sich σ_u^2 ändert, d.h. σ_u/σ_{w_d} ist bezüglich einer Änderung der Maßeinheit nicht invariant.

Ein anderer Versuch für die Lösung des Schätzproblems von σ_u/σ_{w_d} ist von Lindley und Smith (1972) im Falle der Ridge-Regression gemacht worden. Sie bestimmen σ_u/σ_{w_d} iterativ, indem sie zunächst den OLS-Schätzer $\hat{g}_{OLS}$ bestimmen, und dann die Varianz der geschätzten Gewichte als Schätzung für σ_ε^2 verwenden:

$$\hat{\sigma}_\varepsilon^2 = \frac{1}{N} \sum_{\mu=o}^{N} (\hat{g}_\mu^{OLS} - g^M)^2, \quad g^M = \frac{1}{N+1} \sum_{\mu=o}^{N} \hat{g}_\mu^{OLS} .$$

Mit den beiden Schätzern $\hat{\sigma}_\varepsilon^2$ und $\hat{\sigma}_u^2$ wird erneut eine OLS-Schätzung durchgeführt und $\hat{\sigma}_\varepsilon^2$ mit den neuen Gewichten berechnet. Die Iteration wird abgebrochen, wenn sich die Lag-Gewichte 'stabilisiert' haben, d.h. sich nicht mehr wesentlich voneinander unterscheiden.

Da der Shiller-Schätzer als Ridge-Schätzer interpretierbar ist, könnte man σ_u/σ_{w_d} mit der Lindley-Smith-Iteration schätzen. Eine andere Möglichkeit, die Shiller aufzeigt, ist die Elimination von $\sigma_{w_d}^2$ durch logarithmische Transformation der Lag-Gewichte,

$$R_d \log g =: \tilde{w}_d ,$$

durch Grenzübergang $\sigma^2_{w_d} \to o$ erhält man eine a priori-Verteilung, die von $\sigma^2_{w_d}$ unabhängig ist. Diese Transformation kann durchaus nützlich sein, wenn man annimmt, daß die Gewichte alle positiv sind. Ein methodischer Nachteil hierbei ist jedoch, daß die Normalgleichungen dann nicht mehr von der einfachen Gestalt wie beim Ausgangsproblem sind, sondern nichtlinear werden, und daher nur mit geeigneten Iterationsverfahren gelöst werden können. Inwieweit hierfür Einschränkungen über die mathematische Form der a priori-Verteilung gemacht werden müssen, und ob dann noch die a priori-Verteilung 'informativ' ist, kann generell wohl nicht beantwortet werden. Zumindest scheint, daß diese Elimination von $\sigma^2_{w_d}$ im Einzelfall eine durchaus praktikable Vorgehensweise sein kann.

Beim Shiller'schen Ansatz wird ein glattes Verteilungsmuster begünstigt. Weil bei dieser Glattheitsannahme benachbarte Lag-Gewichte sich nicht allzusehr unterscheiden, bedeutet dies, daß die a priori-Kovarianzen der Gewichte in der Nähe der Hauptdiagonalen positiv sind. Dieser Aspekt wird bei der a priori-Kovarianz von Shiller nicht berücksichtigt.
Wir schlagen daher vor, die a priori Information über die Kovarianzstruktur der Lag-Gewichte deterministisch zu bestimmen, indem wir über eine Likelihood-Maximierung die 'Form' der a priori-Kovarianzmatrix feststellen, und dann den Spline-Lag Schätzer $\hat{g}$ (vgl. Abschnitt 5.1) für ihre explizite Darstellung verwenden. Der wesentliche Grund für die Verwendung des Spline-Lag Schätzers ist, daß aufgrund der in Abschnitt 4 beschriebenen Klassifizierung der Lag-Regressoren zusätzliche Information miteingebunden werden kann.

Die Likelihood-Funktion für die Shiller'sche Lag-Hypothese $w_d = R_d g$ ist

$$L(w_d, \Omega^{-1}) = \frac{1}{(2\pi)^{(N-d)/2} \, |\Omega^{-1}|^{(N-d)/2}} \exp(-\tfrac{1}{2} g' R_d' \Omega^{-1} R_d g),$$

dann folgt

$$\log L(w_d,\Omega^{-1}) = -\frac{N-d}{2}\log(2\pi) - \frac{N-d}{2}\log|\Omega^{-1}| - \frac{1}{2}w_d'\Omega^{-1}w_d$$

$$= -\frac{N-d}{2}\log(2\pi) - \frac{N-d}{2}\log|\Omega^{-1}| - \frac{1}{2}sp(w_d'\Omega^{-1}w_d)$$

$$= -\frac{N-d}{2}\log(2\pi) - \frac{N-d}{2}\log|\Omega^{-1}| - \frac{1}{2}sp(\Omega^{-1}w_d w'_d).$$

Wir betrachten nun

$$\log L : \mathbb{R}_{(N-d),(N-d)} \to \mathbb{R}_+ : \Omega^{-1} \to \log L(\Omega^{-1})$$

als Funktion von Ω^{-1}. Die notwendige Bedingung für ein Maximum von log L ist dann

$$\frac{\partial \log L(\Omega^{-1})}{\partial \Omega^{-1}} = o.$$

Wir bestimmen die $(N-d)^2$ partiellen Ableitungen elementweise, hierzu sei mit $(\Omega^{-1})_{ij}$ das Element von Ω^{-1} in Zeile i und Spalte j bezeichnet, und

$$(\Omega^{-1})^{ij}$$

sei die $(N-d-1)\times(N-d-1)$-Untermatrix, die aus Ω^{-1} durch Streichen der i-ten Zeile und j-ten Spalte entsteht. Es ist dann

$$\frac{\partial \log L(\Omega^{-1})}{\partial(\Omega^{-1})_{ij}} = -\frac{N-d}{2}\,\frac{(-1)^{i+j}|\Omega^{-1}|^{ij}}{|\Omega^{-1}|} - \frac{1}{2}\,\frac{\partial}{\partial(\Omega^{-1})_{ij}}[sp\ \Omega^{-1}w_d w_d']$$

$$= -\frac{N-d}{2}\,\frac{(-1)^{i+j}|\Omega^{-1}|^{ij}}{|\Omega^{-1}|}$$

$$- \frac{1}{2}\,\frac{\partial}{\partial(\Omega^{-1})_{ij}}\left[\sum_{\ell=1}^{N-d}\left\{\sum_{m=1}^{N-d}(\Omega^{-1})_{\ell m}(w_d w_d')_{m\ell}\right\}\right]$$

$$= -\frac{N-d}{2}(\Omega)_{ij} - \frac{1}{2}(w_d w_d')_{ij}.$$

Die gesuchte a priori-Kovarianzmatrix ist somit von der Form

$$\Omega = \frac{1}{N-d} w_d w_d' ,$$

daher machen wir für das Shillersche Verteilungsgesetz den Vorschlag

$$w_d \sim N(o; \frac{1}{N-d} R_d \hat{g}\hat{g}' R_d').$$

$\hat{g}$ ist hierbei der in Abschnitt 5.1 beschriebene Spline-Lag Schätzer.

6.2.5 *Verwendung von Saisonvariablen im Shillerschen Ansatz*

In ökonometrischen Modellen werden häufig Schein- oder Saisonvariable mit in die Regression aufgenommen, wenn Saisoneinflüsse der abhängigen Variablen erfaßt werden sollen. Interessant ist im Zusammenhang mit der Verwendung von Saisonvariablen in Lag-Modellen eine Arbeit von Ronning (1976b). Er verwendet das Lovell'sche Konzept (Lovell (1966)) zur Saisonbereinigung von Regressionsmodellen für die Bereinigung des Shiller-Schätzers. Dieses Vorgehen wird approximativ dann zulässig sein, wenn die betrachteten Zeitreihen keinen starken Trend aufweisen, denn dann ist es gleich, ob man Saisonvariable in den Ansatz mitaufnimmt, oder stattdessen saisonbereinigte Daten verwendet (Ronning (1976b), S. 755, vgl. auch Lovell (1963)). Wie wir bereits ausgeführt haben, kann der Shiller-Schätzer als OLS-Schätzer - bzw. als GLS-Schätzer, wenn die a priori-Kovarianz $\hat{\Omega}$ aus Abschnitt 6.2.4 verwendet wird - unter linearen Restriktionen aufgefaßt werden. Daher läßt sich das erwähnte Lovell'sche Konzept für einen bereinigten Shiller-Schätzer verwenden. Wir betrachten die Unterteilung

(6.16) $$y = X_1 g_1 + X_2 g_2 + u,$$

wobei X_1 die $T\times(N_1+1)$-Matrix der Lag-Regressoren und X_2 eine $T\times N_2$-Matrix der Saison-Regressoren ist und $N_1+N_2 = N+1$ gesetzt sei.

g_1 ist dann der Vektor der ersten N_1+1, g_2 der Vektor der letzten N_2 Lag-Gewichte. g_1 erfülle die Shiller-Restriktionen

(6.17) $\quad R_d\, g_1 = w_d,$

und es seien

$$A = I_T - XX^+$$

$$A_i = I_T - X_i X_i^+ \qquad (i=1,2)$$

die bekannten idempotenten und symmetrischen Matrizen vom Rang $T-(N+1)$ bzw. $T-(N_1+1)$ und $T-N_2$. Sei Γ eine $N_2\times(N_1+1)$-Koeffizientenmatrix und U eine $T\times(N_1+1)$-Matrix von zufälligen Störtermen. Betrachten wir nun die 'Hilfsregression'

$$X_1 = X_2\Gamma + U,$$

dann erhalten wir die OLS-Schätzung

$$\hat{\Gamma} = X_2^+ X_1$$

und die geschätzte Residuenmatrix

$$\hat{U} = X_1 - X_2\,\hat{\Gamma} =: A_2\, X_1.$$

Ronning bezeichnet $\hat{U}$ als die von X_2 bereinigte Datenmatrix X_1. Prämultiplizieren wir (6.16) mit A_2, so folgt

$$\begin{aligned} A_2 y &= A_2 X_1 g_1 + A_2 X_2 g_2 + A_2 u \\ &= A_2 X_1 g_1 + A_2 u, \end{aligned}$$

wir erhalten also einen Aitken-Regressionsansatz mit saisonbereinigten Zeitreihen. Die Aitken-Schätzung von g_1 in (6.16) unter den linearen Restriktionen (6.17) ist dann

(6.18) $$\hat{g}_1 = (X_1' A_2 X_1)^{-1} X_1 A_2 y - (X_1' A_2 X_1)^{-1} R_d' [R_d (X_1' A_2 X_1)^{-1} R_d']^{-1} [R_d (X_1' A_2 X_1)^{-1} X_1 A_2 y - w_d].$$

Die Hinzunahme von Saisonvariablen im Shillerschen Ansatz veränderte die Lag-Gewichte nur wenig, selbst bei Zeitreihen mit starken Saisonschwankungen. Diese Beobachtung machte Ronning bei einer empirischen Untersuchung über den Zusammenhang zwischen Preiserwartungen und realisierten Preisen (Ronning (1976b,c). Er schließt nun hieraus, daß man den Maximal-Lag hinreichend groß wählen muß, wenn man den Saisoneinfluß der unabhängigen Variablen berücksichtigen will. Diese Forderung kollidiert aber mit der Polynom-Restriktion (etwa bei der nichtstochastischen Version des Shiller-Schätzers), denn bei einem hohen Polynomgrad neigen die Lag-Kurven zu einem 'Oszillieren' (vgl. Fahrion (1977)); außerdem wird die Anzahl der Freiheitsgrade stark reduziert, was bei der im allgemeinen verfügbaren Anzahl von Beobachtungswerten nicht zulässig ist. Auch hier haben wir wiederum einen Hinweis auf die erforderliche Unabhängigkeit zwischen Polynomgrad und Anzahl der zu bestimmenden Parameter, wie wir sie beim Spline-Lag kennengelernt haben.

Wir wollen uns nun mit der erwähnten Invarianz des Shiller-Schätzers bezüglich des Einflusses von Saisonvariablen befassen. Für die Erklärung dieses 'Phänomens', wie es Ronning bezeichnet, wird das Modell (6.16) betrachtet, um den Vergleich eines Lag-Modells mit und ohne Saisonvariable anstellen zu können. X_1 sei also durch die Matrix der Lag-Regressoren gegeben, und X_2 bezeichne die o,1-Matrix der Saisonvariablen. Das Modell ohne Saisonvariable ist also

(6.19) $$y = X_1 g_1 + \varepsilon,$$

wobei für ε die klassischen Annahmen gemacht werden. Für beide Modelle gelten die nichtstochastischen Shiller-Restriktionen

(6.2o) $$R_d g_1 = o.$$

Wir bezeichnen nun den restringierten Shiller-Schätzer "mit" bzw. "ohne" Saisonvariable mit $\hat{g}_{1,Sh}^{(m)}$ bzw. $\hat{g}_{1,Sh}^{(o)}$, und die entsprechenden nichtrestringierten OLS-Schätzer mit $\hat{g}^{(m)}_{1,OLS}$ bzw. $\hat{g}^{(o)}_{1,OLS}$. Dann ist der Shiller-Schätzer für das Modell mit Saisonvariablen (vgl. (6.18) für $w_d = o$)

(6.21) $$\hat{g}^{(m)}_{1,Sh} = (I_{N_1} - A^{(m)})\,\hat{g}^{(m)}_{1,OLS},$$

wobei

$$A^{(m)} = (X_1'A_2X_1)^{-1}R_d'[R_d(X_1'A_2X_1)^{-1}R_d']^{-1}R_d$$

eine idempotente $N_1 \times N_1$-Matrix ist. Der Shiller-Schätzer für (6.19) ist

(6.22) $$\hat{g}^{(o)}_{1,Sh} = (I_{N_1} - A^{(o)})\,\hat{g}^{(o)}_{1,OLS},$$

wobei

$$A^{(o)} = (X_1'X_1)^{-1}R_d'[R_d(X_1'X_1)^{-1}R_d']^{-1}R_d$$

ist. Die Schätzer (6.21) und (6.22) sind nur erwartungstreu, wenn (6.2o) erfüllt ist. Für die Kovarianzmatrizen der beiden Schätzer erhält man

(6.23) $$\text{cov}(g^{(m)}_{1,Sh}) = \sigma_u^2(I_{N_1} - A^{(m)})(X_1'A_2X_1)^{-1}$$

und

(6.24) $$\text{cov}(g^{(o)}_{1,Sh}) = \sigma_\varepsilon^2(I_{N_1} - A^{(o)})(X_1'X_1)^{-1}$$

(vgl. die Ausführungen und Anmerkungen bei Ronning (1976c), S.762). Das Phänomen, daß bei Verwendung des nichtstochastischen Shiller-Schätzers die Hinzunahme von Saisonvariablen kaum einen Einfluß auf die Schätzergebnisse hatte, führt Ronning nun darauf zurück, daß die in (6.23) und (6.24) auftretenden Momenten-Matrizen $X_1'A_2X_1$ und $X_1'X_1$ sich kaum unterscheiden, selbst wenn die Lag-Regressoren X_1 starken Saisonschwankungen unterliegen.
Anhand eines stationären, saisonalen ARIMA-Prozesses (vgl. Box und Jenkins (197o), S. 326-328)

$$(1 - \varphi B)(1 - \Phi B^s)x_t = v_t ,$$

wobei B den Lag-Operator beschreibt, s die Saison-Länge bestimmt, und für den Störterm v_t die klassischen Annahmen gelten, wird heuristisch argumentiert, daß für den Maximal-Lag $N \leq s+1$ die Bandgestalt der Inversen der beiden Kovarianzmatrizen nahezu gleich ist. Da sich die beiden Kovarianzmatrizen im wesentlichen nur durch ihre Momentenmatrizen unterscheiden, bedeutet dies eine 'Fastgleichheit' der beiden Momentenmatrizen:

$$X_1'X_1 \simeq X_1'A_2X_1 \ .$$

Eine vielleicht einfachere heuristische Erklärung - ohne Verwendung eines ARIMA-Prozesses - ist die folgende: Die Matrix X_2 ist dadurch spezifiziert, daß die Saisonkomponenten in der jeweiligen Saisonperiode den Wert 1, sonst den Wert o annimmt. Wir können außerdem annehmen, daß in einer Zeile von X_2 keine zwei Einsen stehen. Sei n_j die Anzahl der Einsen in der j-ten Spalte von X_2, $j=1,\ldots,N_2$, dann ist

$$X_2'X_2 = \mathrm{diag}(n_1,n_2,\ldots,n_{N_2}),$$
$$(X_2'X_2)^{-1} = \mathrm{diag}(n_1^{-1},\ldots,n_{N_2}^{-1}),$$

und X_2^+ enthält dann entweder Nullen oder Elemente der Form n_j^{-1}, $j=1,\ldots,N_2$, dasselbe gilt für $X_2X_2^+$. Hat man zum Beispiel Monatsdaten über 5 Jahre (T=6o) und spezifizieren wir X_2 dadurch, daß die Saisonkomponenten in einem Monat pro Quartal den Wert 1, sonst den Wert o annehmen,

$$X_2' = \begin{pmatrix} 1&0&0&0&1&0&0&0&1&0&0&0&1&0&0&0&\ldots&1&0&0&0 \\ 0&1&0&0&0&1&0&0&0&1&0&0&0&1&0&0&\ldots&0&1&0&0 \\ 0&0&1&0&0&0&1&0&0&0&1&0&0&0&1&0&\ldots&0&0&1&0 \\ 0&0&0&1&0&0&0&1&0&0&0&1&0&0&0&1&\ldots&0&0&0&1 \end{pmatrix},$$

dann enthält $X_2X_2^+$ nur o oder $n_j^{-1}=1/2o$, $j=1,\ldots,4$, d.h. $X_2X_2^+$ ist in grober Annäherung eine Nullmatrix. Wegen

$$A_2 = I_T - X_2X_2^+ \simeq I_T$$

folgt dann

$$X_1'X_1 \simeq X_1'A_2X_1 .$$

Es braucht nicht betont zu werden, daß diese heuristische Betrachtungsweise keine theoretische Fundierung des Ronningschen Phänomens ist, aber vielleicht ist es möglich, durch eine simultane Betrachtung der ARIMA-Inversen und der Saison-Regressormatrix X_2 eine solche zu finden. Wir wollen uns im Rahmen dieder Arbeit mit diesem Problem nicht weiter befassen.

6.2.6 *Schätzung der Spline-Lag Modelle aus Bayesscher Sicht*

Halpern (1973a) entwickelte einen Bayesschen Ansatz für lineare Spline-Regressionsmodelle mit endlich vielen a priori vorgegebenen Knoten (vgl. auch Poirier (1976), S. 133ff.) Er betrachtet die Potenzmenge der Knotenmenge $\{x_1,\dots,x_k\}$ (siehe Definition 3.1) und macht die Annahme, daß eine diskrete Verteilung über der Menge der Knoten-'Konstellationen' verfügbar sei. Diese Verteilung wird als nicht informativ angenommen und ist wesentlich von der vorzugebenden Anzahl der Knoten (nachfolgend mit r(i) bezeichnet) abhängig. Die Lage und Anzahl der Knoten kann daher nur durch Simulation bezüglich der größten a posteriori-Wahrscheinlichkeit festgelegt werden. Im folgenden wollen wir die wesentlichen Aussagen seines Konzepts für den in dieser Arbeit vorgestellten Spline-Lag ausführen (Satz 6.1).

Es sei

$$P(\{1,\dots,k\}) = \{\pi_i=\{\pi_{i,1},\pi_{i,2},\dots,\pi_{i,r(i)}\} \mid i=o,\dots,2^k-1\}$$

die Potenzmenge der natürlichen Zahlen $1,2,\dots,k$, d.h. $|\pi_i|=r(i)$, und es sei

$$H_i : x_{\pi_{i,1}},\dots,x_{\pi_{i,r(i)}}, \quad i=o,\dots,2^k-1 ,$$

die Hypothese, daß die tatsächlichen Knoten durch $x_{\pi_{i,1}},\dots,x_{\pi_{i,r(i)}}$

gegeben sind. Kein Knoten würde dann der Hypothese H_o entsprechen. Seien

$$z_{t\mu}^{(i)} = z_{t\mu}^{(i)}(x_{\pi_{i,1}},\ldots,x_{\pi_{i,r(i)}})$$

die Elemente der Regressormatrix in (5.2) bezüglich der Hypothese H_i, $i=o,\ldots,2^k-1$, d.h. wir betrachten die Regressionssysteme

$$y_{H_i} = Z^{(i)}s^{(i)} + u^{(i)},$$

wobei $E(u^{(i)}) = o$ und $cov(u^{(i)}) = \sigma^2 I$ angenommen sei. σ^2 für alle Knotensätze gleich anzunehmen, empfiehlt sich deswegen, da man bei Unsicherheit keiner Knotenkonstellation den Vorrang geben kann. Halpern (1973b) empfiehlt, a priori eine nichtinformative Verteilung bei gegebenem r(i) und gegebener Varianz σ^2 anzunehmen,

$$(6.25) \qquad p(H_i) \propto (2\pi)^{-r(i)/2},$$

denn bei empirischen Untersuchungen hat sich herausgestellt (siehe Halpern (1973a), S. 352ff.), daß die Verwendung von (6.25) leicht bestimmbare a posteriori-Wahrscheinlichkeiten liefert, welche eine gute Übereinstimmung mit den Wahrscheinlichkeiten zeigten, die mit Hilfe eines Streudiagramms der Daten generiert wurden. Ebenso wird eine nichtinformative a priori-Annahme über σ^2 durch eine nichtinformative Verteilungsfunktion für ln σ^2 gemacht, daher ist die a priori-Dichte

$$(6.26) \qquad p(\sigma^2) \propto \frac{1}{\sigma^2}.$$

Ist nun außerdem für die Anzahl $\nu(j)$, $j=2,\ldots,k-1$, der Regressionspunkte in den Knoten-Intervallen (x_{j-1},x_j) (wobei $\nu(1)$ und $\nu(k)$ die Anzahl der Regressionspunkte kleiner als x_1 resp. größer als x_k bezeichne) die Bedingung

$$\min_{1\le j\le k} \nu(j) \ge 1, \quad \max_{1\le j\le k} \nu(j) > 1$$

erfüllt, so ist unter den Annahmen (6.25) und (6.26) die a posteriori-Verteilung von H_i informativ (vgl. Halpern (1973a), S. 350). (6.27) ist für Spline-Lags wegen (3.46) stets erfüllt, Lemma 1 bei Halpern läßt sich daher für Spline-Lag Probleme wie folgt formulieren (vgl. auch Theorem 7.4 bei Poirier (1976), S. 134):

Satz 6.1

a) Es gelte (6.25) und (6.26) für einen vorgegebenen Knotensatz H_i, $i=0,\ldots,2^k-1$. Seien $g^{(i)}$ und $\sigma^{2(i)}$ die Spline-Lag Gewichte und die Varianz bezüglich H_i.
Ist die a priori-Verteilung von $g^{(i)}$ nicht informativ, so ist dennoch die a posteriori-Verteilung von $g^{(i)}$ informativ.

b) Sind die a priori-Verteilungen von $g^{(i)}$ und $\sigma^{2(i)}$ informativ, so ist

1. die a posteriori-Verteilung von $g^{(i)}$ die Student-Verteilung

$$p(g^{(i)}|y) \propto [T-(N+1)\,\sigma^{2(i)} + h(g^{(i)})]^{-T/2},$$

mit dem Hyperellipsoid gleicher Dichte

$$h(g^{(i)}) = (g^{(i)}-\hat{g}^{(i)})'(XM^{(i)}M^{(i)+})'(XM^{(i)}M^{(i)+})(g^{(i)}-\hat{g}^{(i)}),$$

dem OLS-Schätzer $\hat{g}^{(i)}$ unter der Hypothese H_i, und dem Varianz-Schätzer

$$\hat{\sigma}^{2(i)} = \frac{1}{T-(N+1)}\, y'[I-(XM^{(i)}M^{(i)+})(XM^{(i)}M^{(i)+})^{+}]y,$$

2. die a posteriori-Wahrscheinlichkeit, daß die wahren Knoten durch H_i gegeben sind, von der Form

$$p(H_i|y) \propto p(H_i)\,\Gamma\left(\frac{T-(N+1)}{2}\right)\left((T-(N+1))\hat{\sigma}^{2(i)}\right)^{-\frac{T-(N+1)}{2}} [(XM^{(i)}M^{(i)+})'(XM^{(i)}M^{(i)+})]^{1/2}.$$

Bemerkungen:

1. Wir erhalten dasselbe Ergebnis, wenn wir statt dem OLS-Schätzer einen Pseudo-Bayesschen Schätzer $\hat{g}^{(i)}_{PB}$ (vgl. (6.1)) betrachten, denn die Student-Verteilungseigenschaften bleiben erhalten (vgl. Obenchain (1977), Theorem 1).

2. Führen wir die Lag-Konditionierung - wie in Abschnitt 4 beschrieben - durch, d.h. bestimmen wir für das vorgegebene Lag-Problem eine Lag-Inzidenzmatrix, dann ist die Anzahl k der Knoten festgelegt, und wir müssen lediglich die Lage der Knoten mit einer a priori-Wahrscheinlichkeit versehen. Im konkreten Fall wird es so sein, daß man aufgrund der Zeitreihenstruktur von y weiß, wo 'Umbrüche' in den Daten liegen. Es empfiehlt sich daher, die Knoten in solche Bereiche zu legen. Letztlich hängt es - wie bei allen Bayesschen Ansätzen - wesentlich von der Erfahrung des Anwenders ab, wie die Wahl der Knoten zu erfolgen hat. Bei der deterministischen Spline-Lag Schätzung mit variablen Knoten (Abschnitt 5.5) entfällt zumindest dieses Problem der Wahrscheinlichkeitsbewertung der Knotenlage.

6.3 Die Lag-Kontraktkurve

6.3.1 Hypersphären gleicher Dichte und Labelling-Funktionen

Wir schreiben eine n-dimensionale Dichtefunktion $f : \mathbb{R}^n \to \mathbb{R}$ als Hintereinanderausführung eines Hyperellipsoids $h : \mathbb{R}^n \to \mathbb{R}$ und einer Labelling-Funktion η, die jedem Hyperellipsoid einen Wahrscheinlichkeitswert zuordnet:

$$f(r) = f(r_1,\ldots,r_n) = c\ \eta\ h(r_1,\ldots,r_n),$$

die Konstante c sei dabei so gewählt, daß $\int_{\mathbb{R}^n} f(r)dr = 1$ ist. Allen Punkten auf h ist die gleiche Wahrscheinlichkeit zugeordnet, man nennt daher h ein Hyperellipsoid gleicher

Dichte (siehe Leamer (1973, 1975). Zum Beispiel ist bei der n-dimensionalen Normalverteilung

$$h(r) = (r - E(r))'V^{-1}(r - E(r)),$$

$$\eta(h(r)) = \exp(-\tfrac{1}{2}h(r)), \quad c = (2\pi)^{-n/2}\,|V|^{-1/2},$$

bei der Student-Verteilung ist das Hyperellipsoid gleicher Dichte dasselbe wie bei der Normalverteilung, die Labelling-Funktion ist jedoch von der Form $\eta(h(r)) = (\nu + h(r))^{-(k+\nu)/2}$. Man bezeichnet Dichten, die 'gleichmäßig' auf Ellipsoiden sind, auch als elliptisch symmetrische Dichten (vgl. Johnson und Kotz (1972), S. 296).

6.3.2 Definition der Lag-Kontraktkurve

Mit dem eben erwähnten Konzept läßt sich das Bayessche Gesetz bezüglich der Lag-Gewichte g in der Form

$$f_2(g|y,X) \propto f_L(y,x|g)\; f_1(g) = \eta_L(h_L(g))\;\eta_1(h_1(g))$$

darstellen. Die Maximierung der a posteriori-Verteilung f_2 bezüglich g erfordert die notwendige Bedingung

$$\eta_L\,\eta_1'\,\nabla_g h_1 + \eta_1\,\eta_L'\,\nabla_g h_L = o.$$

Dividiert man beide Seiten mit $\eta_1\eta_2 \neq o$, so folgt

$$\nabla_g h_1 + \left[\frac{\eta_L'}{\eta_L} \Big/ \frac{\eta_1'}{\eta_1}\right] \nabla_g h_L = o.$$

Dies ist gerade die notwendige Bedingung für das zur Maximierung von f_2 äquivalente Problem

$$\min h_1(g) \Big|_{h_L = \text{const}},$$

wenn man die 'Labelling-Elastizität'

$$(6.28) \qquad \frac{\eta_L'}{\eta_L} \Big/ \frac{\eta_1'}{\eta_1} = \frac{d \ln \eta_L}{d \ln \eta_1} =: \theta$$

als Lagrange-Multiplikator auffaßt:

$$(6.29) \qquad \nabla_g \, h_1 + \theta(\eta_1,\eta_L) \, \nabla_g \, h_L = o.$$

Nehmen wir nun an, daß die Labelling-Funktionen streng monoton fallend sind, so ist $\theta > o$, und wir erhalten je nach Wahl der η_1,η_L einen Schätzer $\hat{g}(\theta)$, wenn wir (6.29) nach g auflösen. Geometrisch betrachtet liefert die Trajektorie der Tangential-Berührpunkte entsprechender Höhenlinien von h_1 und h_L=const unter obiger Annahme die möglichen Schätzer $g(\theta)$. Interessant ist, daß hierbei die Wahl des Schätzers $\hat{g}(\theta)$ nur noch implizit vom Labelling-Niveau abhängt. Allen Schätzern, die auf dieser Trajektorie liegen, ist eine maximale Wahrscheinlichkeit zugeordnet, Schätzer die also nicht auf der Trajektorie liegen sind weniger wahrscheinlich und können daher aus Bayesscher Sicht ausgeschlossen werden.

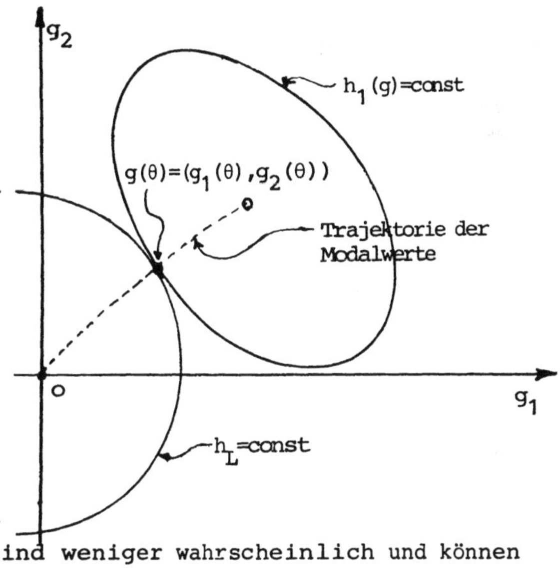

Setzen wir die Trajektorie als eine Abbildung $G : \mathbb{R}^3 \to \mathbb{R}^{N+1}$ definiert durch

$$(6.3o) \qquad g(\theta) := G(h_1,h_L,\theta),$$

fest, so ist (6.3o) die 'Auflösung' von (6.29) nach $g(\theta)$. Die Analogie zur Pareto-Kontraktkurve in der Wirtschaftstheorie ist offensichtlich. Wir treffen daher folgende

Definition 6.1

(6.3o) heiße Lag-Kontraktkurve. Sollte die Auflösung nach g nicht explizit möglich sein, so bezeichnen wir die Gesamtheit der g, welche die implizite Funktion (6.29) erfüllen, als Lag-Kontraktkurve.

Die Lag-Kontraktkurve ist also dadurch gekennzeichnet, daß mit Hilfe des a priori-Hyperellipsoids h_1 und des Hyperellipsoids h_L der Lag-Regressoren der Lag-Schätzer $\hat{g}(\theta)$ bestimmt werden kann. Der Modalwert der a posteriori-Verteilung ist abhängig von θ, d.h. von der Wahl der Labelling-Funktionen η_1 und η_L, und liegt auf der Lag-Kontraktkurve.
In diesem Zusammenhang wollen wir abschließend noch auf eine durchaus interessante Fragestellung hinweisen, die Gegenstand einer weiteren Untersuchung sein könnte, der Frage nämlich, ob man neben der Klasse der Exponentialfunktionen allgemeinste Funktionenklassen (von Labelling-Funktionen) angeben kann, deren logarithmische Ableitungen zueinander proportional sind (Proportionalitätsfaktor θ). Auch Kriterien für eine bestmögliche Wahl von θ wären von Interesse. Wir wollen im nächsten Abschnitt für die Lag-Kontraktkurve des Shiller-Schätzers ein mögliches Kriterium angeben, und die hierfür entstehenden Schwierigkeiten der rechentechnischen Behandlung herausstellen.

6.3.3 *Die Lag-Kontraktkurve des Shiller-Schätzers*

Das Hyperellipsoid gleicher Dichte ist für die von Shiller angegebene a priori-Verteilung von der Form

$$h_1 = w_d' \left(\frac{1}{\sigma^2} I\right) w_d = \frac{1}{\sigma^2} g_{Sh}' R_d' R_d g_{Sh} ,$$

mit $E(w_d) = o$, $cov(w_d) = \sigma^2 I$, vgl. (6.8). Für die folgenden Ausführungen ließe sich auch die in 6.2.4 abgeleitete a priori-Kovarianzmatrix

$$\Omega_d = \frac{1}{N-d} R_d g g' R_d', \text{ d.h. } h_1 = w_d' \Omega_d^{-1} w_d ,$$

verwenden, der Einfachheit halber beschränken wir uns aber auf den Standardfall. Das Likelihood-Hyperellipsoid gleicher Dichte ist

$$h_L = (y - Xg_{Sh})'(y - Xg_{Sh})$$
$$= (y-X\hat{g}_{OLS})'(y-X\hat{g}_{OLS})+(g_{Sh}-\hat{g}_{OLS})'X'X(g_{Sh}-\hat{g}_{OLS}).$$

Hieraus folgt

$$\nabla_g h_1 = \frac{2}{\sigma^2} R_d'R_d g_{Sh}, \quad \nabla_g h_L = 2X'X(g_{Sh}-\hat{g}_{OLS}) ,$$

somit berechnet sich die Lag-Kontraktkurve des Shiller-Schätzers durch Auflösung von $\nabla_g h_1 + \theta\nabla_g h_L = o$ nach $g(\theta)$ zu

(6.31) $$g(\theta) = \theta[\frac{1}{\sigma^2} R_d'R_d + \theta X'X]^{-1}X'X\hat{g}_{OLS} .$$

Ein spezieller Punkt auf dieser Lag-Kontraktkurve ist der von Ronning (1977) angegebene Pseudo-Bayessche Schätzer

$$\hat{g}_{Sh} = (X'X + \rho R_d'R_d)^{-1}X'X\hat{g}_{OLS}$$

(in der Notation der Pseudo-Bayesschen Schätzer (6.2) entspricht $A = \rho R_d'R_d$, $\rho = 1/\sigma^2$, $B = X'X$, $g^o = o$), und zwar für die Labelling-Funktionen $\eta_1 = \exp(-\frac{1}{2}h_1)$, $\eta_L = \exp(-\frac{1}{2}h_L)$, d.h. für $\theta = 1$.

Der Vorteil des Konzepts der Lag-Kontraktkurve liegt darin, daß man die Labelling-Funktion der a priori-Verteilung und der Likelihood-Funktion nicht explizit kennen muß, sondern die Information über die den Hyperellipsoiden gleicher Dichte zugeordneten Wahrscheinlichkeitswerte im Parameter θ enthalten ist. Da sämtliche Modalwerte der a posteriori-Verteilung auf der Lag-Kontraktkurve liegen (d.h. jedem Likelihood-label und a priori-label ist ein bestimmtes θ zugeordnet), erhebt sich die Frage, welches θ im statistischen Sinne das bestmögliche ist, anders ausgedrückt, welche Labelling-Funktionen liefern einen besten Schätzer der Lag-Gewichte. Diese Frage kann nun dahingehend gestellt werden, daß man nach einem Kriterium sucht, mit dem die statistische Güte-Beurteilung von Punkten auf der Lag-Kontraktkurve möglich ist. Naheliegend ist, $MSE(g(\theta))$ zu betrachten und ein θ^* so zu bestimmen, daß

$$MSE(g(\theta)) - MSE(g(\theta^*)) \in M_{N+1}^{\geq}$$

gilt. Wir setzen in (6.31)

$$R_d(\theta,\sigma^2,X) := \theta\left(\frac{1}{\sigma^2} R_d'R_d + \theta X'X\right)^{-1},$$

also ist

$$g(\theta) = R_d(\theta,\sigma^2,X)X'X\hat{g}_{OLS}.$$

Weiter ist

$$g(\theta) - g = (R_dX'X - I)g + R_dX'u,$$

$$MSE(g(\theta)) = (R_dX'X-I)gg'(R_dX'X-I)' + \sigma^2 R_dX'XR_d' , \tag{6.32}$$

wobei die Annahmen $E(u) = o$, $E(uu') = \sigma^2 I$ verwendet werden. Wegen

$$\begin{aligned} MSE(g(\theta)) &= (R_dX'Xgg'-I)(R_dX'X-I)'+\sigma^2 R_dX'XR_d' \\ &= R_dX'Xgg'X'XR_d'-R_dX'Xgg'-gg'X'XR_d'+gg'+\sigma^2 R_dX'XR_d' \end{aligned}$$

ist

$$\begin{aligned} \frac{d\,MSE(g(\theta))}{d\theta} &= \frac{dR_d}{d\theta}(X'Xgg'X'XR_d') + R_dX'Xgg'X'X\frac{dR_d'}{d\theta} \\ &\quad - 2\frac{dR_d}{d\theta}X'Xgg' + \sigma^2\left(\frac{dR_d}{d\theta}X'XR_d' + R_dX'X\frac{dR_d}{d\theta}\right). \end{aligned}$$

Für die Berechnung von $\frac{dR_d}{d\theta}$ setzen wir $R_d = \theta C^{-1}$.

$$\frac{dR_d}{d\theta} = \theta \frac{dC^{-1}}{d\theta} + C^{-1} = \theta(-C^{-1} \frac{dC}{d\theta} C^{-1}) + C^{-1}$$

$$= \theta(-C^{-1}X'XC^{-1}) + C^{-1} = \theta(- \frac{1}{\theta} R_dX'X \frac{1}{\theta} R_d) + \frac{1}{\theta} R_d$$

$$= \frac{1}{\theta} R_d(I - X'XR_d).$$

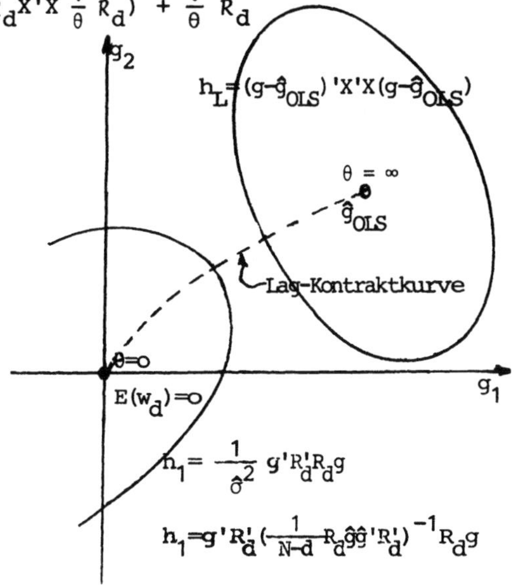

Setzen wir $\frac{dR_d}{d\theta}$ in $\frac{d\,MSE(g(\theta))}{d\theta} = o$ ein, erhalten wir eine Matrizengleichung, deren Auflösung nach θ nicht möglich ist. Folgt man dem in der Literatur häufig gemachten Vorschlag, statt der gesamten MSE-Matrix ein skalares Maß, etwa sp MSE(g(θ)) für alle g(θ) auf der Lag-Kontraktkurve, zu nehmen, so ergibt sich für (6.32) (unter Verwendung der bekannten Rechenregeln für die Spur einer Matrix)

$$\text{sp MSE}(g(\theta)) = \text{sp}[(R_dX'X - I)gg'(R_dX'X - I)'] + \sigma^2 \text{ sp } R_dX'XR_d'$$

$$= \text{sp}[g'(R_dX'X-I)'(R_dX'X-I)g] + \sigma^2\text{sp } R_dX'XR_d'$$

$$= g'(R_dX'X-I)'(R_dX'X-I)g + \sigma^2 \text{ sp } R_dX'XR_d'.$$

Auch hier ist die Auflösung von $\frac{d\text{ sp MSE}(g(\theta))}{d\theta} = o$ explizit nicht möglich, außerdem kann über die Konvexitätseigenschaft von sp MSE(g(θ)) nichts ausgesagt werden. Wir müssen daher zur Bestimmung von θ ein Suchverfahren durchführen, mit dem

$$\min_{\theta} \text{ sp MSE}(g(\theta)) = \text{sp MSE}(g(\theta^*))$$

für g(θ) auf der Lag-Kontraktkurve eingegrenzt werden kann. Diese heuristische Vorgehensweise könnte darin bestehen, daß zunächst eine 'Grob-Diskretisierung' von $(o,\bar{\theta})$, $\bar{\theta}$ 'groß', einen (oder mehrere) kleinste Funktionswerte sp MSE$(g(\tilde{\theta}))$ liefert, und dann mit einer 'Fein-Diskretisierung' in einer Umgebung von $\tilde{\theta}$ der gesuchte Parameter θ^* eingeschachtelt werden kann. Eine andere Möglichkeit wäre - wenn man durch die Grob-Diskretisierung eine Vorstellung über den ungefähren Verlauf von sp MSE$(g(\theta))$ erhalten hat - lokal eine nichtlineare Optimierungstechnik heranzuziehen. Da sp MSE$(g(\theta))$ wesentlich von der Lagstruktur X und dem Differenzenmuster R_d abhängt, kann ein globales Minimierungsverfahren nicht angegeben werden, sondern es muß im konkreten Fall über dessen Wahl entschieden werden.

Zusammenfassung und Ausblick

Die vorliegende Arbeit befaßt sich mit der schätztheoretischen Behandlung von endlichen Spline-Lagstrukturen, zum einen unter dem Gesichtspunkt der Klassifizierung der Lag-Regressoren und Festlegung der funktionalen Form der Lag-Verteilung durch eine sehr flexible Spline-Funktion, zum andern aus Bayesscher Sicht als Charakterisierung des Modalwerts einer a posteriori-Verteilung.

Nach einer kritischen Diskussion der bisherigen polynomialen Almon-Lags und deren Hypothesentests geben wir eine Hermitesche Lag-Darstellung an, die bisher in der Literatur nicht abgehandelt wurde und als Übergangsstufe zwischen Almon- und Spline-Lag angesehen werden kann. Im Gegensatz zu den bisher bekannten Spline-Lags wird hier ein Spline-Lag vorgeschlagen, der sich durch ein Höchstmaß an Flexibilität auszeichnet und die Eigenschaften einer Dichtefunktion aufweist. Diese Flexibilität ist dadurch begründet, daß die Spline-Knoten nicht mehr wie bei den bisherigen Spline-Lags mit den Lag-Zeitpunkten identisch sind, sondern nach Anordnung und Anzahl im Lag-Intervall von den Lag-Stützstellen unabhängig gewählt werden können.

Außerdem sind die Spline-Normalgleichungen sehr inversionsstabil.
Die hauptsächliche Problematik der bisherigen Lag-Ansätze liegt in der ad hoc-Vorgabe der Funktionsform für die Beschreibung des Lag-Zusammenhangs, denn Fehlspezifizierungen führen im allgemeinen zu falschen theoretischen und statistischen Aussagen, außerdem wird meist die Auswirkung der im allgemeinen hochgradig kollinearen Lag-Regressoren auf die Schätzung zu wenig berücksichtigt. Es wird daher ein neues Konzept zur Klassifizierung der Lag-Regressoren vorgeschlagen, um die Anforderungen an den Spline-Lag von der Kondition der Daten abhängig zu machen. Die Qualität der Beobachtungen wird in direkte Beziehung zu den Glattheitsforderungen an die Spline-Lag Verteilung gesetzt. Hierbei wird das Prinzip unterstellt, daß stabile Lag-Regressoren bei der Festlegung der a priori vorzugebenden Spline-Parameter stärker berücksichtigt werden, als bei schlechter konditionierten Lag-Regressoren. Die Klassifizierung erfolgt mit Hilfe geeignet definierter Konditionszahlen, und die Lag-Zeitpunkte werden entsprechend festgelegten Konditonsklassen erster und zweiter Art zugeordnet. Weiterhin legen wir eine Lag-Inzidenzmatrix fest, die es ermöglicht, eine umkehrbar eindeutige Beziehung zwischen den verschieden starken Forderungen an die Lag-Kurve und der Güte der Beobachtungsdaten herzustellen. Diese Spline-Lag Inzidenzen können nicht von beliebiger Gestalt sein, sondern es müssen bestimmte notwendige und hinreichende Kriterien für die Existenz der Spline-Lag Dichte erfüllt sein.

Die Miteinbeziehung der Datenqualität in die Schätzung impliziert eine Verzerrung des Spline-Lag Schätzers, es wäre daher noch zu untersuchen, ob man die Forderungen an die Spline-Lag Inzidenz so modifizieren kann, daß der Schätzer erwartungstreu bleibt. Aufgrund dieser Verzerrung ist der Test der exakten Spline-Lag Hypothese mit der zentralen χ^2-Verteilung zu streng. Unter Zugrundelegung der nichtzentralen Beta-Verteilung läßt

sich aber ein gleichmäßig bester Test für eine Spline-Lag Bereichshypothese angeben. Hinreichend für die Existenz dieses Tests ist die strenge Monotonie des Likelihood-Verhältnisses der nichtzentralen Beta-Verteilung.
Werden die Spline-Knoten als Variable in die Spline-Lag Schätzung aufgenommen, so wird das Schätzproblem nichtlinear. Wir zeigen die Konsistenz des linearen und nichtlinearen Spline-Lag Schätzers, wir benötigen allerdings eine Annahme, die nicht sehr restriktiv und in den meisten praktischen Fällen erfüllt ist. Anschließend geben wir ein heuristisches Verfahren zur approximativen Bestimmung der Spline-Koeffizienten und -knoten an, dessen Konvergenz nicht gezeigt werden konnte, es läßt sich aber ein statistisches Abbruchkriterium angeben. Offen ist auch die Frage, ob man das Konditionierungskonzept dahingehend erweitern kann, daß man die Knoten als zusätzliche 'Lag-Zeitpunkte' betrachtet. Auch könnte man das Problem der Konditionierung der Lag-Regressoren als Entscheidungsproblem bei Unsicherheit ansehen, und geeignete Wahrscheinlichkeitsbewertungen der Regressoren könnten die unterschiedlich starken Forderungen an die Spline-Lag Dichte festlegen.

Im zweiten Teil dieser Arbeit behandeln wir Bayessche Lagstrukturen unter dem Gesichtspunkt, die Lag-Schätzer unter linearen Restriktionen zu verbessern. Dies führt zu Pseudo-Bayesschen Schätzern, die als Erwartungswerte der a posteriori-Verteilungen charakterisiert sind. Der bekannteste Pseudo-Bayessche Schätzer ist derjenige von Shiller, bei dem die a priori-Verteilung über die Lag-Gewichte ein glattes Verteilungsmuster begünstigt. Unser Vorschlag ist, die a priori Information über die Kovarianzstruktur der Lag-Gewichte deterministisch zu bestimmen, indem wir über eine Likelihood-Maximierung die 'Form' der Kovarianzmatrix feststellen, und dann den Spline-Lag Schätzer für die explizite Darstellung verwenden. Der wesentliche Grund für die Verwendung des Spline-Lag Schätzers ist, daß die durch die Klassifizierung gewonnene zusätzliche Information miteingebunden werden kann.

In Bayesschen Ansätzen führt die notwendige Bedingung für die Maximierung der a posteriori-Verteilung zur Lag-Kontraktkurve, die durch die Trajektorie der Tangentialpunkte entsprechender Höhenlinien der a priori-Labelling-Funktion und der Likelihood-Labelling-Funktion dargestellt wird. Die Kenntnis der beiden Labelling-Funktionen ist nicht explizit erforderlich, und die Modalwerte der a posteriori-Verteilung liegen gerade auf der Lag-Kontraktkurve. Hier ist noch die Frage zu klären, wie die Gütebeurteilung der Schätzer auf der Lag-Kontraktkurve erfolgen soll. Wir schlagen vor, die MSE-Matrix des Lag-Schätzers $g(\theta)$ bezüglich θ zu minimieren. Die Optimalitätsbedingung ist eine implizite Funktion von θ, die nicht konvex ist und daher mit iterativen Verfahren nicht gelöst werden kann. Dasselbe gilt für die Spur der MSE-Matrix, sodaß nur heuristische Suchverfahren angewandt werden können. Da das Konvexitätsverhalten der erwähnten impliziten Funktion sehr stark von der Lagstruktur abhängig ist, wäre zu untersuchen, ob nicht andere Maße für die statistische Bewertung der Schätzer auf der Kontraktkurve günstiger sind. Eine andere Möglichkeit zur Bestimmung von θ könnte auch darin bestehen, daß man eine solche Klasse von Labelling-Funktionen findet, deren Labelling-Elastizität den MSE-besten Schätzer direkt festlegt. Abschließend sei noch darauf hingewiesen, daß der Schwerpunkt dieser Arbeit nicht auf der Bayesschen Schätzung von Lagverteilungen liegt, und wir daher für die genannten Probleme Lösungsansätze geben, die lediglich als Ausgangspunkt für weitere Untersuchungen über Lag-Kontraktkurven zu betrachten sind. Jedenfalls sind für die Bayessche Analyse Erweiterungen des Konzepts der Lag-Kontraktkurve schon deswegen wünschenswert, weil sich hierfür die vorzugebende a priori Information im wesentlichen auf die Kenntnis eines einzigen Paramters konzentriert.

Literaturverzeichnis

Aigner D.J., Amemiya T., Poirier D.J. (1976): On the estimation of production frontiers: Maximum-likelihood estimation of the parameters of a discontinuous density function. International Economic Review 17, 377 - 396.

Agapos A.M., Gallaway L.E. (197o): Defense profits and the negotiation board in the aerospace industry. Journal of Political Economy 78, 1o93 - 11o5.

Ahlberg J.H., Nilson E.N. (1963): Best approximation properties of the spline fit. J. Soc. Ind. Appl. Math. 11, 95 - 1o4.

------------------------- (1964): Convergence properties of generalized splines. Notices Amer. Math. Soc. 64, T-485.

------------------------- (1965): Orthogonality properties of spline functions. J. Math. Anal. Appl. 11, 321 - 327.

Ahlberg J.H., Nilson E.N., Walsh J.L. (1967): The theory of splines and their applications. Academic Press, New York.

Almon S. (1965): The distributed lag between capital appropriations and expenditures. Eca 33, 178 - 196.

Alldredge J.R., Gilb N.S. (1976): Ridge-regression: An annotated bibliography. Intern. Stat. Rev. 44, 355-36o.

Amemiya T. (1974): A note on a Fair and Jaffee model. Eca 42, 759 - 776.

Amemiya T., Morimune K. (1974): Selecting the optimal order of polynomial in the distributed lag. The Review of Economics and Statist. 56, 378 - 386.

Amemiya T., Fuller W.A. (1967): A comparative study of alternative estimators in a distributed lag model. Eca 35, 5o9 - 529.

Anderson L.C., Jordan J.L. (1968): Monetary and fiscal actions: A test of their relative importance in economic stabilization. Rev. of the Fed. Res. Bank of St. Louis (Nov. 1968),11 - 24.

Ando A., Kaufman G.M. (1965): Bayesian Analysis of the independant multinormal process - neither mean nor precision known. JASA 6o, 347 - 358.

Andrews D.F. (1974): A robust method for multiple linear regression. Technometrics 16, 523 - 531.

Anselone P.M., Laurent P.J. (1968): A general method for the construction of interpolating or smoothing spline functions. Num. Math. 12, 66 - 82.

Bacon R.W., Hausman J.A. (1974): The relationship between ridge-regression and the minimum mean square estimator of Chipman. Oxford Bulletin of Economics and Statist. 36, 115 - 124.

Barrodale I., Roberts F.D.K. (1972): Solution of an overdetermined system of equations in the L_1-norm. Math. Dept. report no. 69, University of Victoria.

Barrodale I., Young A. (1966): Algorithms for best L_1 and L_∞ linear approximations on a discrete set. Num. Math. 8, 295 - 3o6.

Barth H., Kraft A., Kraft J. (1974): A new approach to measuring the interest elasticity of the demand for money. Unpublished manuscript.

Bellman R., Roth R. (1969): Curve fitting by segmented straight lines. JASA 64, 1o79 - 1o84.

Betts J.T. (1976): Solving the nonlinear least squares problem: Application of the general method. Journ. of Optimization Theory and Appl. 18, 469 - 483.

Birkhoff G., de Boor C. (1964): Error bounds of spline interpolation. J. Math. Mech. 13, 827 - 835.

Böhm W. (1976): Darstellung und Korrektur symmetrischer Kurven und Flächen auf EDV-Anlagen. Computing 17, 79 - 85.

Böhmer K. (1974): Spline-Funktionen. Verl. Teubner Stuttgart 1974.

Boneva L., Kendall D., Stefanov I. (1971): Spline transformations: Three new diagnostic aids for the statistical data analyst. J. Roy. Statist. Soc. 33, 1-7o.

de Boor C. (1962): Bicubic spline interpolations. J. Math. and Physics 61, 212 - 218.

de Boor C., Lynch R.E. (1966): On splines and their minimum properties. J. Math. Mech. 15, 953 - 969.

de Boor C., Rice J.R. (1968): Least squares cubic spline approximation II - variable knots. Computer Dept., Div. of Math. Sciences, CSD TR 21, Purdue University.

Box G.E.P., Jenkins G.M. (197o): Time Series Analysis. Forecasting and Control. San Francisco.

Bradley E.L. (1973): The equivalence of maximum likelihood and weighted least squares estimates in the exponential family. JASA 68, 199 - 2oo.

Bunke O. (1975a): Minimax linear, ridge and shrunken estimators for linear parameters. Math. Operationsforsch. und Statistik 6, 697 - 7o1.

-------- (1975b): Improved inference in linear models with additional information. Math. Operationsforsch. und Statistik 6, 817 - 829.

Cagan P. (1956): The monetary dynamics of hyper inflation. In: Studies in the Quantity Theory of Money, M. Friedman (Hrsg.), University of Chicago Press, Chicago.

Cargill T.F. Mayer R.A. (1974): Some time and frequency domain distributed lag estimators. A comparative Monte Carlo study. Eca 42, 1o31 - 1o44.

Chamberlain G., Leamer E.E. (1973): Matrix weighted averages and posterior bounds. J. Roy. Stat. Soc., Ser. B, 38, 73 - 84.

Charnes A., Frome E.L., Yu P.L. (1976): The equivalence of generalized least squares and robust regression. JASA 71, 169 - 171.

Cheney E., Schurer F. (1968): A note on the operators arising in spline-approximation. J. Appr. Theory 1, 94 - 1o2.

Chetty V.K. (1971): Estimation of Solow's distributed lag models. Eca 39, 99 - 117.

Chipman J.S. (1964): On least squares with insufficient observations. JASA 59, 1o78 - 1111.

Ciarlet P.G., Schultz M.H., Varga R.S. (1967): Numerical methods of high-order accuracy for nonlinear boundary value problems I. One dimensional problem. Num. Math. 9, 394 - 43o.

------------------------------------- (1968): Numerical methods of high-order accuracy for nonlinear boundary value problems II. Nonlinear boundary conditions. Num. Math. 11, 331 - 345.

------------------------------------- (1969): Numerical methods of high-order accuracy for nonlinear boundary value problems III. Eigenvalue problems. Num. Math. 12, 12o - 133.

Cogburn D., Davis H.T. (1974): Periodic splines and spectral estimation. Ann. Statist. 2, 11o8 - 1126.

Corradi C., Gambetta G. (1976): The estimation of distributed lags by spline functions. Empirical Economics 1, 41 - 51.

Corrigan E.G. (197o): The measurement and importance of fiscal policy changes. Monthly Rev. Federal Reserve Bank of New York (Juni 197o), 133 - 145.

Curry H.B., Schoenberg I.J. (1966): On Pólya frequency functions IV. The fundamental spline functions and their limits. J. Anal. Math. 17, 71 - 1o7.

Davidon W.C. (1976): New least squares algorithms. J. of optimization Theory and Appl. 18, 187 - 197.

Davis P.J. (1963): Interpolation and Approximation. Blaisdell Publishing Comp., New York, Toronto, London.

De Leeuw F., Kalchbrenner J. (1969): Monetary and fiscal actions: A test of their relative importance in economic stabilization. A comment. Review of the Federal Reserve Bank of St. Louis (April 1969), 6 - 11.

Demmler A., Reinsch C. (1975): Oscillation matrices with spline smoothing. Num. Math. 24, 375 - 382.

Dennis J.E.,jr., Welch R.E. (1976): Techniques for nonlinear least squares and robust regression. In: Amer. Stat. Assoc., Proc. of the Stat. Computing Section, 83 - 87.

Dhrymes P.J. (1969): Efficient estimation of distributed lags with autocorrelation errors. IER 1o, 47 - 67.

------------ (1971): Distributed lags: Problems of formulation and estimation. Holden-Day Inc., San Francisco.

Dierckx P. (1975): An algorithm for smoothing, differentiation and integration of experimental data using spline functions. J. Comp. and Appl. Math. 1, 165 - 184.

Ekblom H. (1974): L_p-methods for robust regression. BIT 14, 22 - 32.

Fair R.C., Kelejian H.H. (1974): Methods of estimation for markets in disequilibrium - a further study. Eca 42, 177 - 19o.

Fahrion R. (1976): Verbesserung der Bandbreite für Spektral-Fensterfunktionen. Statistische Hefte 17, 66 - 8o.

---------- (1977): Auswirkungen von Schätzfehlern bei der Bestimmung polynomialer Lag-Verteilungen. Oper. Res. Verfahren, Bd. 26, 794 - 8oo, Meisenheim am Glan: Verlag Anton Hain.

---------- (1978): Die Spline-Funktion als flexibles Instrument zur Schätzung von Lag-Verteilungen. Sonderheft zum Allgemeinen Statistischen Archiv, Heft 14 (Hrsg. K.-A. Schäffer), 86 - 1o3. Verlag Vandenhoeck&Ruprecht, Göttingen.

Farebrother R.W. (1975): The minimum square error linear estimator and ridge regression. Technometrics 12, 55 - 67.

Farrell R.H. (1972): On best obtainable asymptotic rates of convergence in estimation of a density function at a point. Amer. Math. Stat. 43, 17o - 18o.

Feder P.I. (1975a): On asymptotic distribution theory in segmented regression problems - identified case. Ann. of Statist. 3, 49 - 83.

---------- (1975b): The likelihood-ratio in segmented regression. Ann. of Statist. 3, 84 -97.

Ferguson D. (1969): The question of uniqueness for G.D. Birkhoff interpolation problems. J. Approx. Theory 2, 1 - 28.

Finckenstein von, F. (1977): Einführung in die Numerische Mathematik. Band 1, Carl Hanser Verlag München, Wien. 1977.

Fisher I. (1937): Note on a short-cut method for calculating distributed lags. International Statistical Inst. Bulletin, 323 327.

Fisz M. (1976): Wahrscheinlichkeitsrechnung und mathematische Statistik. VEB Deutscher Verlag der Wissenschaften, 8. Auflage, Berlin.

Fuller W.A. (1969): Grafted polynomials as approximating functions. Australian Journal of Agricultural Economics 13, 35 - 46.

Gallant A.R., Fuller W.A. (1973): Fitting segmented polynomial regression models whose joint points have to be estimated. JASA 68, 144 - 147.

Gasser T. (1974): Spline smoothing of spectra. COMPSTAT 1974, Wien, 323- 332.

Godfrey L.G., Poskitt D.S. (1975): Testing the restrictions of the Almon lag technique. JASA 7o, 1o5 - 1o8.

Goldberger A.S. (1964): Econometric Theory. New York: Wiley & Sons.

Goldfeld S.M., Quandt R.E. (1972): Nonlinear methods in econometrics. North-Holland Publ. Comp., Amsterdam-London.

-------------------------- (1973): The estimation of structural shifts by switching regressions. Annals of Economic and Social Measurement 2, 475 - 485.

Goldstein M., Smith A.F.M. (1974): Ridge-type estimators for regression. J. Roy. Stat. Soc., Ser. B, 36, 284 - 291.

Golomb M. (1968): Approximation by periodic spline interpolants on uniform meshes. J. Approx. Theory 1, 26 - 65.

Gould J.P. (1968): Adjustment costs in the theory of investment of the firm. Rev. Econ. Studies 35, 47 - 55.

Graybill F.A. (1961): An introduction to linear statistical models, volume I. McGraw-Hill Book Comp., New York, Toronto, London.

Greville T.N.E. (1967): Spline functions, interpolation and numerical quadrature. Math. Methods for Digital Computers, vol. 2, ch. 8, 156 - 168. A. Ralston und H.S. Wilf (Hrsg.), New York: Wiley&Sons.

--------------- (1969): Theory and applications of spline functions. New York: Academic Press.

Griliches Z. (1967): Distributed lags: A survey. Eca 35, 16 - 49.

Gupta G.P. (1969): Least squares variant of the Dhrymes two-step estimation procedure of the distributed lag model. IER 1o, 112 - 113.

Hall C.A. (1969): On error bounds for spline interpolation. J. Appr. Theory 2, 29 - 49.

Halpern E.F. (1973a): Bayesian spline regression when the number of knots is unknown. J. Roy. Stat. Soc., Ser. B, 35, 347 - 36o.

Halpern E.F. (1973b) : Polynomial regression from a Bayesian approach. JASA 68, 137 - 143.

Hannan E.J., Nicholls D.F. (1972): The estimation of mixed regression, auto-regression, moving average and distributed lag models. Eca 4o, 529 - 547.

Hartley H.O. (1961): Modified Gauß-Newton method for the fitting of nonlinear regression functions by least squares. Technometrics 3, 269 - 28o.

Harvey A.C. (1977): A comparison of preliminary estimators for robust regression. JASA 72, 91o - 913.

Hatanaka M. (1974): An efficient two-step estimator for the dynamic adjustment model with autoregressive errors. Unveröffentl. Manuskript, Osaka, März 1974.

Hebbel H., Heiler S. (1978): Die Verwendung von Spline-Funktionen bei der Schätzung von Spektraldichten. In: Sonderhefte zum Allg. Statist. Archiv, Heft 14, (Hrsg. K.-A. Schäffer), Vandenhoeck&Ruprecht, Göttingen.

Hendricks W. (1973): The effect of market structure on union wage levels in U.S. manufacturing, unpublished manuscript, University of Illinois.

Hill R.W., Holland P.W. (1977): Two robust alternatives to least squares regression. JASA 72, 828 - 833.

Hinkley D.V. (1969): Inference about the intersection in two-phase regression. Biometrika 56, 495 - 5o4.

Hoerl A.E., Kennard R.W. (197o): Ridge-regression: Biased estimation for nonorthogonal problems. Technometrics 12, 55 - 67.

Holladay J.C. (1957): Smoothest curve approximation. Math. Tables Aids Computation 11, 233 - 243.

Horner D. (1973): The impact of negative taxes on the labor supply of the low-income male family heads. In: H.W. Watts and A. Rees, eds.: Final report of the New Jersey graduated incentive experiment (Institute on Research of Poverty, University of Wisconsin, Madison, Wisconsin).

Householder A.S. (1964): The theory of matrices in numerical analysis. Blaisdell Publishing Comp., New York, Toronto, London.

Huber P.J. (1964): Robust estimation of a location parameter. Ann. Math. Statist. 35, 73 - 1o1.

---------- (1972): Robust Statistics: A Review. Ann. Math. Statist. 43, 1o41 - 1o67.

---------- (1973): Robust regression: Asymptotics, conjectures and Monte Carlo. Ann. Statist. 1, 799 - 821.

Hudson D.J. (1966): Fitting segmented curves whose join points have to be estimated. JASA 61, 1o97 - 1125.

Jennrich R.I., Moore R.H. (1975): Maximum likelihood estimation by means of nonlinear least squares. Amer. Stat. Assoc., Proceedings of the Statist. Computing Section, 57 - 65.

Jerome J.W., Schumaker L.L. (1969): On Lg-Splines. J. Approx. Theory 2, 29 - 49.

Johnson N., Kotz S. (1972): Continuous multivariate distributions. New York: Wiley & Sons.

Jorgenson D.W. (1966): Rational distributed lag-functions. Eca 34, 135 - 149.

Kahng S.W. (1972): On best L_p-approximation. Math. of Computation 26, 5o5 - 5o8.

Karlin S. (1968): Total positivity. Stanford University Press, Band 1, Stanford California.

Knopp K. (1965): Funktionentheorie II. Walter de Gruyter Verlag, Berlin und New York.

Dershaw D. (1971): A note on the convergence of interpolating cubic splines. SIAM J. Numer. Anal. 8, 67 - 74.

Kmenta J. (1971): Elements of econometrics. New York: MacMillan.

Koyck L. (1954): Distributed lags and investment analysis. North-Holland Publishing Comp., Amsterdam.

Krug W. (1977): Anwendung von Spline-Funktionen zur Darstellung der personellen Einkommensverteilung. Allg. Statist. Archiv 61, 227 - 253.

Laguerre E. (1898): Sur les fonctions du genre zero et du genre un. Oeuvres de Laguerre I, Paris, 174 - 177.

Leamer E.E. (1972): A class of informative priors and distributed lag analysis. Eca 4o, 1o59 - 1o81.

----------- (1973): Multicollinearity: A Bayesian interpretation. Rev. Econ. Stat. 55, 371 - 38o.

Leamer E.E. (1975): Regression selection strategies and revealed priors. Harv. Inst. of Econ. Res., Disc. paper no. 4o6, März 1975.

Lehmann E.L. (1959): Testing statistical hypotheses. New York: Wiley & Sons.

Lii Keh-Shin, Rosenblatt M. (1974): Asymptotic behavior of a spline estimate of a density function. University of California, San Diego.

Lindley D.V., Smith A.F. (1972): Bayes estimates for the linear model. J. Roy. Stat. Soc., Ser. B, 34, 1 - 46.

Liviatan N. (1963): Consistent estimation of distributed lags. IER 4, 44 - 52.

Lovell M.C. (1963): Serial adjustment of economic time series and multiple regression analysis. JASA 58, 993 - 1o1o.

Macdonald P.D.M. (1975): Estimation of finite distribution mixtures. In: R.P. Gupta, ed., Applied Statistics, North-Holland Publishing Comp., Amsterdam.

Maddala G.S. (1978): Econometrics. McGraw-Hill Book Comp., New York.

Marquardt D.W. (197o): Generalized inverses, ridge regression, biased linear and nonlinear estimation. Technometrics 12, 591 - 611.

Mayer L.S., Wilke T.A. (1973): On biased estimation in linear models. Technometrics 15, 497 - 5o3.

McCulloch J.H. (1971): Measuring the term structure of interest rates. J. of Business of the University of Chicago 44, 19 - 31.

-------------- (1975): The tax-adjusted yield curve. J. of Finance 3o, 811 - 83o.

Menges G., Zwer R., Heilig B. (1976): Das Heidelberger Modell. Statist. Hefte 17, 23o - 264.

Merle G., Späth H. (1974): Computational experiences with discrete L_p-approximations. Computing 12, 315 - 321.

Muth J.F. (196o): Optimal properties of exponentially weighted forecasts. JASA 55, 299 - 3o6.

Natanson I.P.: Theorie der Funktionen einer reellen Veränderlichen. Akademie-Verlag, Berlin, 2. Auflage.

Nelder J.A., Wedderburn R.W.M. (1972): Generalized linear models. J. Roy. Stat. Soc., Ser. A, 135, 37o - 384.

Nerlove M. (1963): Returns to scale in electricity supply. In: C. Christ, ed., Measurement in economics, Stanford University Press, Stanford, 167 - 198.

---------- (1972): Lags in economic behavior. Eca 4o, 221 - 251.

Neyman J., Pearson E.S. (1933): On the problem of the most efficient test of statistical hypotheses. Phil. Trans. Roy. Soc., Ser. A, 231, 289 - 337.

----------------------- (1936): Contributions to the 'Theory of testing statistical hypotheses I. Unbiased critical regions of type A and type A_1'. Stat. Res. Mem. 1, 1 - 37.

Nord S. (1967): Approximation properties of the spline fit. BIT 7, 132 - 144.

Obenchain R.L. (1977): Classical F-tests and confidence regions for ridge-regression. Technometrics 19, 429-439.

Peano G. (1913): Resto nelle formule di quadratura espresso con un integrale definito. Atti Reale Acad. Lincei Rend. 22, 562 - 569.

-------- (1916): Residuos de formulas in quadratura. Mathesis 34, 5 - 1o.

Pennington R.H. (1965): Introductory computer methods and numerical analysis. McMillan, New York.

Pesando J.E. (1976): Rational expectations and distributed lag expectation proxies. JASA 71, 36 - 42.

Poirier D.J. (1973a): Piecewise regression using cubic splines. JASA 68, 515 - 524.

------------ (1973b): Applications of spline functions in economics. Ph. D. Dissertation (Department of Economics, University of Wisconsin at Madison).

------------ (1975a): On the use of bilinear splines in economics. J. of Econometrics 3, 23 - 24.

------------ (1975b): On the use of Cobb-Douglas splines. IER 16, 733 - 744.

------------ (1975c): Spline functions and their applications in regression analysis. In: H.W. Watts und A. Rees, eds., Labor supply responses to experimental negative income tax payments. New York: Academic Press.

Poirier D.J. (1976): The econometrics of structural change. North-Holland Publishing Comp., Amsterdam.

Poirier D.J., Garber S.G. (1974): The determinants of aerospot profit rates, 1951 - 1971. Southern Economic Journal 41, 228 - 238.

Poirier D.J., Watts H.W. (1973): The measurement of wage rates. In: New Jersey graduated work incentive experiment final report (Institute for Research on Poverty, University of Wisconsin, Madison).

Pólya G. (1913): Über Annäherung durch Polynome mit lauter reellen Wurzeln. Rendiconti di Palermo 36, 1 - 17.

-------- (1931): Bemerkungen zur Interpolation und zur Näherungstheorie der Balkenbiegung. Zeitschr. Angew. Math. Mech. 11, 445 - 449.

Press S. J. (1972): Applied multivariate analysis. New York: Holt, Rinehart und Winston.

Ramsey J.B. (1975): Mixtures of distributions and maximum likelihood estimation of parameters contained in finitely bounded compact spaces. Econometric workshop paper no. 75o1, Michigan State University.

Rao C.R. (1965): Linear statistical inference and its applications. New York: Wiley & Sons.

Reinsch C.H. (1967): Smoothing by spline functions. Num. Math. 1o, 177 - 183.

------------ (1971): Smoothing by spline functions II. Num. Math. 16, 451 - 454.

Ronning G. (1976a): Regression on principal components and ridge regression. Some remarks on two biased estimators suitable in case of multicollinearity. Diskussionsbeiträge des Fachbereichs Statistik der Universität Konstanz 12, 1976.

---------- (1976b): Saisonality in expectations. Diskussionsbeiträge des Fachbereichs Statistik der Universität Konstanz.

---------- (1976c): Bemerkungen zum Gebrauch von Saison-Variablen bei der Schätzung von distributed lag Modellen unter polynomialen Restriktionen. Math.

Operationsforsch. und Statistik 7, 755 - 772.

Ronning G. (1977): Pseudo-Bayessche Schätzer in der Ökonometrie. Operations Research Verfahren 26, 861 - 871. Meisenheim am Glan: Verlag Anton Hain.

---------- (1978): Ridge-Regression als Hilfsmittel der Spezifikationsanalyse. Sitzung des Ausschusses für Empirische Wirtschaftsforschung und Angewandte Ökonometrie der Deutschen Statistischen Gesellschaft in Mainz, 18. Mai 1978 (Manuskript).

Rudolph P. (1976): Bayesian estimation in linear models under different assumptions about the covariance structure: Variance component models, equicorrelated models. Math. Operationsforsch. und Statistik 7, 649 - 663.

Sard A. (1963): Linear Approximation. Amer. Math. Soc. Providence, R.I.

Schäffer K.-A. (1978): Ausgleichung durch Splinefunktionen und ihre Anwendung auf Sterbetafeln. In: Sonderheft zum Allg. Statist. Archiv, Heft 14, Hrsg. K.-A. Schäffer: Spline-Funktionen in der Statistik. Göttingen: Vandenhoeck & Ruprecht.

Schmidt P., Waud R.N. (1973): Almon lag technique and the monetary versus fiscal policy debate. JASA 68, 11-19.

Schoenberg I.J. (1946): Contributions to the problem of approximation of equidistant data by analytic functions. Quarterly Appl. Math. 4, 45 - 99.

--------------- (1966): On Hermite-Birkhoff interpolation. J. Math. Anal. Appl. 16, 538 - 543.

--------------- (1967): On spline functions. Inequalities (Proceedings of a symposium held at Wright-Patterson Air Force Base, Ohio, Aug. 19-27, 1965), O.Shisha, ed., 255 - 291, New York: Academic Press.

Schoenberg I.J., Whitney A. (1953): On Pólya frequency functions III. Trans. Amer. Math. Soc. 74, 246 - 259.

Schönfeld P. (1971): Methoden der Ökonometrie I. Verlag Franz Vahlen, Berlin und Frankfurt.

Schönhage A. (1971): Approximationstheorie. Walter de Gruyter Verlag, Berlin und New York.

Schultz M.H., Varga R.S. (1967): L-Splines. Num.Math. 1o, 345-369.

Sharma A., Meir A. (1966): Degree of approximation of spline interpolation. J. Math. Mech. 15, 759 - 767.

Shiller R.J. (1973): A distributed lag estimator derived from smoothness priors. Eca 41, 775 - 788.

Sims C.A. (1971): Discrete approximations to continuous time distributed lags in econometrics. Eca 39, 545 - 563.

--------- (1974): Distributed lags. In: M.D. Intrilligator und D.A. Kendrick, eds., Frontiers of quantitative economics, vol. II. North-Holland Publishing Comp., Amsterdam.

Singh B., Nagar A.L., Choudry N.K., Raj B. (1976): On the estimation of structural change: A generalization of the random coefficient regression model. IER 17, 34o - 361.

Söll H. (1978): Darstellung und Fortschreibung der monatlichen Haushaltseinkommen mit Spline-Funktionen. In: Sonderheft zum Allg. Statist. Archiv, Heft 14, Hrsg. K.-A. Schäffer: Spline-Funktionen in der Statistik. Göttingen: Vandenhoeck & Ruprecht.

Solow R.M. (196o): On a family of lag distributions. Eca 28, 393 - 4o6.

Spahn P.B. (1974): Simulating long-term changes of income distribution within an income tax-model for Western Germany. Unpublished manuscript, Harvard University.

Stein C. (1956): Inadmissibility of the usual estimator for the mean of a multivariate normal distribution. Proceedings of the third Berkeley symposium on Math. Statist. and Probability I, 197 - 2o6.

Stiefel E. (196o): Note on Jordan elimination, linear programming and Tchebycheff approximation. Num. Math. 2, 1 - 17.

Stone B.M., Springer B. (1976): A paradox involving quasi prior distributions. Biometrika 52, 623 - 627.

Swamy P.A.V.B., Mehta J.S. (1975): Bayesian and non-Bayesian analysis of switching regressions and of random coefficient regression models. JASA 71, 634 - 639.

Swamy P.A.V.B., Rapoport P.N. (1975): Relative efficiencies of some simple Bayes estimators of coefficients in dynamic models - I. Journ. of Econometrics 3, 273 - 296.

Tang P.C. (1938): The power function of the analysis of variance tests with tables and illustrations for their use. Stat. Res. Mem. 2, 126 - 146.

Teräsvirta T. (1976): A note on bias in the Almon distributed lag estimator. Eca 44, 1317 - 1324.

Theil H. (1971): Principles of Econometrics. North-Holland Publishing Comp., Amsterdam, London.

Theil H., Goldberger A.S. (1961): On pure and mixed statistical estimation in economics. IER 2, 65 - 78.

Theobald C.M. (1974): Generalizations of mean square error applied to ridge regression. J. Roy. Stat. Soc., Ser. B, 36, 1o3 - 1o6.

Thiel N. (1977): Argumentations-, Aggregations- und Approximationsprobleme bei Lag-Strukturen ohne a priori Fixierung einer bestimmten Zeitstruktur. Göttingen: Vandenhoeck & Ruprecht.

Tiao G.C., Tan P.Y. (1965): Bayesian analysis of random-effect models in the analysis of variance I: Posterior distribution of variance components. Biometrika 52, 37 -53.

Vinod H.D. (1976): Application of new ridge regression methods to a study of Bell systems scale economics. JASA 71, 835 - 841.

---------- (1977): A survey of ridge regression and related techniques for the improvements over ordinary least squares. Rev. of Econ. and Statist. 6o, 121 - 129.

---------- (1978): Estimating the largest acceptable k and a confidence interval for ridge regression coefficients. Vervielfält. Manuskript, Econometric Society Europeen Meeting, Wien, Sept. 1977.

Wahba G. (1971): A polynomial algorithm for density estimation. Ann. Math. Statist. 42, 187o - 1886.

-------- (1975): Optimal convergence properties of variable knot, kernel, and orthogonal series methods for density estimation. Ann. of Statist. 3, 15 - 29.

-------- (1976): Histosplines with knots which are order statistics. J. Roy. Stat. Soc. 38, 14o - 151.

Wahba G., Wold S. (1975): Periodic splines for spectral density estimation. The use of cross-validation for determining the degree of smoothing. Comm. Statist. 4, 125 - 141.

Wallis K.F. (1967): Lagged dependent variables and serially correlated errors: A reappraisal of three-pass least squares. Rev. of Econ. and Statist. 69, 555 - 567.

Watts H.W. (1973a): Parametrization of the experimental treatment. In: H.W. Watts and A. Rees, eds., New Jersey graduated work incentive experiment final report (Institute on Research of Poverty, University of Wisconsin, Madison, Wisconsin).

---------- (1973b): Labor-supply response of married men. In: H.W. Watts und A. Rees, eds., New Jersey graduated work incentive experiment final report (Institute on Research of Poverty, University of Wisconsin, Madison, Wisconsin).

Wermuth N. (1975): Beobachtungen zur Ridge-Regression. Jahrb. f. Nationalökonomie und Statist. 189, 3oo - 3o7.

Wold H. (1963): Forecasting by the chain principle. In: M. Rosenblatt, ed., Proceedings of the symposium on time series analysis, held at Brown University, June 11 - 14, 1962, New York: Wiley & Sons.

Woodford C.H. (197o): An algorithm for data smoothing using spline functions. BIT 1o, 5o1 - 51o.

Zellner A., Vandalae B. (1975): Bayes-Stein estimators for k-means, regression and simultaneous equation model. In: S.E. Fienberg und A. Zellner, eds., Studies in Bayesian econometrics and statistics, 627 - 653. North-Holland Publishing Comp., Amsterdam.

Zurmühl R. (1961): Matrizen und ihre technischen Anwendungen. Springer Verlag, Berlin, Göttingen, Heidelberg, 3. Auflage.

Anhang

1. Zusammenstellung der wichtigsten Symbole

2. Tabellierung der kritischen Punkte für den MSE - Test der Spline-Lag Hypothese:

   Zählerfreiheitsgrade T = 15,...,48 ,

   Nennerfreiheitsgrade T-N-1 für den Maximal-Lag N = o,...,1o.

3. Machtfunktion $\beta(\lambda)$ des MSE - Tests der Spline-Lag Hypothese exemplarisch für

   T = 25 Zählerfreiheitsgrade, T-N-1 Nennerfreiheitsgrade (N=o,...,1o) und den alternativen, nichtzentralen Parametern λ.

4. Fortran-Programm zur Berechnung der kritischen Punkte der nichtzentralen Beta-Verteilung für λ beliebig, der Integralwerte und der Machtfunktionen.

Zusammenstellung der wichtigsten Symbole

a	Vektor der Polynomkoeffizienten, auch als Hilfsvariable verwendet
A, A_1, A_2	Idempotente Transformationsmatrizen
A	Hilfsmatrix beim MSE-Test der Spline-Lag Hypothese
$B, B_{n_o}, \bar{B}_{n_o}$	Hilfsmatrizen beim Almon-Restriktionentest
$B(t)$	Lag-erzeugende Funktion
bias($\hat{g}$)	Verzerrung des Spline-Lag Schätzers $\hat{g}$
$C^p_{[a,b]}$	Klasse der p-mal stetig differenzierbaren Funktionen auf $[a,b]$
C	Hilfsmatrix $(C=(X'X)^{-1})$
$\mathcal{C}$	Hilfsmatrix bei der Shillerschen Lag-Kontraktkurve
$c, \bar{c}$	Prinzipalkomponenten
d_j	Koeffizienten im Momenten-Gleichungssystem
$\bar{d}$	Anzahl der Hermiteschen Lag-Gewichte
$\mathcal{D}$	Erzeugendenmatrix einer Hyperebene
δ_{μ_j}	Breite des Konfidenzintervalls I_{μ_j}
δ	Maximale Intervallbreite
Δ_k	Knotengitter des Spline-Lags von Poirier
$\tilde{E}_N^{(i)}, E_N^{(i)}$	Lag-Inzidenzmatrizen i-ter Art (i=1 oder 2)
$\bar{E}, \bar{\bar{E}}$	Matrizen von Eigenvektoren
η_1, η_L	a priori- und Likelihood-Labelling-Funktionen
$F, \bar{F}, F^*$	Hilfsmatrizen bei der Prinzipalkomponenten-Methode
$\mathcal{F}$	Klasse von Verteilungsfunktionen
f_1, f_2	a priori- und a posteriori-Verteilungen
$\Phi(T(F'))$	Kritische Funktion eines gleichmäßig besten Tests
$\{\phi_\nu\}$	Lösungsbasis für eine Differentialgleichung n-ter Ordnung
g	Vektor der normierten Spline-Lag Gewichte
$\hat{g}_{OLS}$	OLS-geschätzte Lag-Gewichte
g_A	Almon-Lag Gewichte
g_{Sh}	Shiller-Lag Gewichte
g^H	Hermitesche Lag-Gewichte

g^o	wahre Lag-Gewichte
$G(t)$	Lag-erzeugende Funktion
G^Z, G^S	Gerschgorin - Intervalle
$g(\delta)$	nichtlineare Spline-Lag Gewichte
h_o	Prozeßgenauigkeit
h_1, h_2	a priori-, a posteriori Dichten
h_L	Likelihood-Isodichte
h_j	Intervallbreiten des Knotengitters Δ_k
H	Erzeugendenmatrix einer Hyperebene
$h(d)$	Hyperebene
I_{μ_j}	Konfidenzintervall bei polynomialen Lag-Verteilungen
J	idempotente Transformationsmatrix
j^*	Ordnung der Spline-Lag Inzidenzmatrix
j_ν^*	Ordnung der ν-ten Spline-Lag Teilinzidenzmatrix
$K(t)$	Peano-Kern
K_1, K_2	Konstanten
k, k_F, k_W	Ridge-Faktoren; k wird auch für die Anzahl der Spline-Knoten verwendet.
$K_j^{(i)}$	j-te Konditionierungsklasse i-ter Art (i=1 oder 2)
ℓ_j	Koeffizienten im Momentengleichungssystem
ℓ^j	j-ter Zeilenvektor aus $\Lambda^{-1}U$
L	Menge der Lag-Operatoren L
L_p-Norm	$\|u\|_p = (\sum_{i=1}^{T} \|u_i\|^p)^{1/p}$; $\|u\|_\infty = \max_{i=1,...,T} \|u_i\|$
Λ	Koeffizientenmatrix beim kubischen Spline
M	Spline-Koeffizientenmatrix
M^+	Moore-Penrose Inverse
$m(g)$	mittlerer Lag
$M_n^{\geq}$	Klasse der symmetrischen, positiv semidefiniten Matrizen vom Typ $n \times n$
$\mathbb{N}_o$	Menge der natürlichen Zahlen einschließlich Null
N	Maximal-Lag
n	Polynom- und Spline-Grad
N_j	j-tes Moment des kubischen Splines
n_j	j-te Spaltensumme von $E_N^{(i)}$
$\tilde{n}_j$	Anzahl der Nullstellen von $g^{(j)}(t)$

$\nu(j)$	Anzahl der Regressionspunkte im ν-ten Teilintervall
∇_g	Gradient bezüglich g
$p\{\ \}$	Wahrscheinlichkeit von { }
π_{ji}	Hilfsvariable
P_n	Menge der reellwertigen Polynome vom Grad n
$\mathbb{R}_{m,n}$	Menge der reellwertigen m×n-Matrizen
$\mathbb{R}^n_+$	Menge der reellwertigen Vektoren mit n positiven Komponenten
R_d	Differenzen-erzeugende Matrix
R_d	Hilfsmatrix bei der Lag-Kontraktkurve
r	Zufallsvektor im $\mathbb{R}^n$
$\rho(A)$	Spektralnorm der Matrix A
s	Vektor der Spline-Koeffizienten
S	Hilfsmatrix bei Pseudo-Bayesschen Schätzern
S_δ	Konfidenzstreifen bei polynomialen Lagverteilungen
S_o, S_1	Quadratische Formen beim MSE-Test der Spline-Lag Hypothese
$S_{n,k}$	Klasse der Spline-Funktionen vom Grad n mit k Knoten
s, s^o	Spline-Koeffizienten und -knoten-Vektoren
T	Anzahl der Beobachtungen
T_1, T_2, T_1^*, T_2^*	Pólya-Laguerre Klassen ganzer Funktionen
$T(F')$	nichtzentrale Beta-Verteilung
$\tau(s)$	Zielfunktion bei der Bestimmung von s
θ	'Labelling-Elastizität'
u, u_T	Residuenvektoren
U	Hilfsmatrix beim kubischen Spline-Lag
V	Vandermonde-Matrix bei polynomialen Lag-Verteilungen
V(g)	Variabilität des Lags
V_1, V_2, V^*, V^{**}	Hilfsmatrizen beim kubischen Spline-Lag
w_d	a priori-Residuen im Ansatz von Shiller
$X = (x^o,\dots,x^N)$	Matrix der Lag-Regressoren
x	Vektor der Spline-Knoten
Z^+	Moore-Penrose Inverse im Spline-Regressionssystem
$Z(E_N^{(i)})$	Zerlegung einer Spline-Lag Inzidenz
$z(s)$	Spline-Regressormatrix bei variablen Knoten

2. KRITISCHE PUNKTE DER NICHTZENTR. BETA-VERTEILUNG
ZAEHLERFREIHEITSGRADE = 15
NENNERFREIHEITSGRADE = ERSTE SPALTE
LAMDA-NULL = 1.00

	.05	.10	.15	.20	.30
4	0.9591	0.9391	0.9229	0.9075	0.8785
5	0.9363	0.9119	0.8921	0.8745	0.8420
6	0.9134	0.8844	0.8622	0.8425	0.8073
7	0.8888	0.8572	0.8334	0.8121	0.7752
8	0.8651	0.8317	0.8053	0.7836	0.7453
9	0.8427	0.8062	0.7790	0.7568	0.7172
10	0.8198	0.7825	0.7543	0.7313	0.6913
11	0.7987	0.7587	0.7306	0.7069	0.6671
12	0.7776	0.7376	0.7086	0.6849	0.6443
13	0.7565	0.7166	0.6875	0.6629	0.6232
14	0.7372	0.6963	0.6673	0.6436	0.6030
15	0.7196	0.6779	0.6480	0.6243	0.5841

KRITISCHE PUNKTE DER NICHTZENTR. BETA-VERTEILUNG
ZAEHLERFREIHEITSGRADE = 16
NENNERFREIHEITSGRADE = ERSTE SPALTE
LAMDA-NULL = 1.00

	.05	.10	.15	.20	.30
5	0.9398	0.9167	0.8978	0.8807	0.8499
6	0.9178	0.8906	0.8688	0.8504	0.8165
7	0.8950	0.8642	0.8411	0.8209	0.7858
8	0.8721	0.8387	0.8141	0.7932	0.7565
9	0.8493	0.8150	0.7886	0.7673	0.7295
10	0.8286	0.7913	0.7649	0.7423	0.7040
11	0.8075	0.7693	0.7420	0.7190	0.6803
12	0.7864	0.7482	0.7201	0.6970	0.6579
13	0.7671	0.7271	0.6990	0.6759	0.6368
14	0.7478	0.7078	0.6796	0.6566	0.6170
15	0.7302	0.6893	0.6612	0.6377	0.5986
16	0.7126	0.6717	0.6436	0.6201	0.5810

KRITISCHE PUNKTE DER NICHTZENTR. BETA-VERTEILUNG
ZAEHLERFREIHEITSGRADE = 17
NENNERFREIHEITSGRADE = ERSTE SPALTE
LAMDA-NULL = 1.00

	.05	.10	.15	.20	.30
6	0.9213	0.8958	0.8750	0.8574	0.8249
7	0.8994	0.8704	0.8482	0.8293	0.7950
8	0.8774	0.8466	0.8227	0.8025	0.7669
9	0.8563	0.8229	0.7983	0.7770	0.7405
10	0.8356	0.8000	0.7746	0.7528	0.7155
11	0.8146	0.7781	0.7517	0.7300	0.6922
12	0.7952	0.7579	0.7306	0.7084	0.6702
13	0.7759	0.7376	0.7104	0.6878	0.6500
14	0.7565	0.7183	0.6911	0.6684	0.6302
15	0.7390	0.7007	0.6726	0.6500	0.6122
16	0.7231	0.6832	0.6550	0.6328	0.5946
17	0.7056	0.6665	0.6383	0.6161	0.5783

KRITISCHE PUNKTE DER NICHTZENTR. BETA-VERTEILUNG
ZAEHLERFREIHEITSGRADE = 18
NENNERFREIHEITSGRADE = ERSTE SPALTE
LAMDA-NULL = 1.00

	.05	.10	.15	.20	.30
7	0.9038	0.8765	0.8548	0.8363	0.8038
8	0.8827	0.8528	0.8302	0.8104	0.7761
9	0.8625	0.8299	0.8060	0.7858	0.7506
10	0.8414	0.8080	0.7833	0.7625	0.7264
11	0.8216	0.7869	0.7614	0.7401	0.7036
12	0.8022	0.7667	0.7403	0.7190	0.6821
13	0.7847	0.7473	0.7209	0.6988	0.6618
14	0.7653	0.7289	0.7016	0.6799	0.6425
15	0.7495	0.7104	0.6840	0.6618	0.6245
16	0.7319	0.6937	0.6665	0.6443	0.6073
17	0.7161	0.6770	0.6506	0.6280	0.5911
18	0.7003	0.6621	0.6348	0.6126	0.5757

KRITISCHE PUNKTE DER NICHTZENTR. BETA-VERTEILUNG
ZAEHLERFREIHEITSGRADE = 19
NENNERFREIHEITSGRADE = ERSTE SPALTE
LAMDA-NULL = 1.00

	.05	.10	.15	.20	.30
8	0.8879	0.8589	0.8367	0.8178	0.7849
9	0.8677	0.8370	0.8135	0.7941	0.7598
10	0.8475	0.8150	0.7915	0.7713	0.7361
11	0.8282	0.7948	0.7702	0.7493	0.7141
12	0.8097	0.7750	0.7500	0.7286	0.6930
13	0.7917	0.7561	0.7306	0.7089	0.6728
14	0.7741	0.7376	0.7122	0.6904	0.6539
15	0.7565	0.7201	0.6937	0.6724	0.6364
16	0.7407	0.7034	0.6770	0.6557	0.6192
17	0.7249	0.6875	0.6612	0.6394	0.6032
18	0.7091	0.6717	0.6454	0.6240	0.5880
19	0.6950	0.6577	0.6304	0.6091	0.5735

KRITISCHE PUNKTE DER NICHTZENTR. BETA-VERTEILUNG
ZAEHLERFREIHEITSGRADE = 20
NENNERFREIHEITSGRADE = ERSTE SPALTE
LAMDA-NULL = 1.00

	.05	.10	.15	.20	.30
9	0.8730	0.8431	0.8205	0.8016	0.7686
10	0.8537	0.8220	0.7990	0.7792	0.7458
11	0.8343	0.8018	0.7783	0.7581	0.7238
12	0.8167	0.7825	0.7583	0.7379	0.7031
13	0.7992	0.7640	0.7394	0.7185	0.6834
14	0.7812	0.7464	0.7209	0.7001	0.6649
15	0.7653	0.7289	0.7034	0.6825	0.6473
16	0.7495	0.7130	0.6867	0.6658	0.6306
17	0.7337	0.6972	0.6708	0.6500	0.6144
18	0.7179	0.6814	0.6559	0.6346	0.5994
19	0.7038	0.6673	0.6410	0.6201	0.5849
20	0.6897	0.6533	0.6269	0.6060	0.5713

KRITISCHE PUNKTE DER NICHTZENTR. BETA-VERTEILUNG
ZAEHLERFREIHEITSGRADE = 21
NENNERFREIHEITSGRADE = ERSTE SPALTE
LAMDA-NULL = 1.00

	.05	.10	.15	.20	.30
10	0.8589	0.8282	0.8060	0.7871	0.7541
11	0.8405	0.8088	0.7858	0.7664	0.7328
12	0.8229	0.7904	0.7664	0.7467	0.7124
13	0.8053	0.7719	0.7475	0.7273	0.6935
14	0.7886	0.7543	0.7297	0.7093	0.6750
15	0.7724	0.7376	0.7130	0.6922	0.6574
16	0.7565	0.7218	0.6963	0.6759	0.6412
17	0.7425	0.7060	0.6805	0.6601	0.6254
18	0.7267	0.6911	0.6656	0.6447	0.6104
19	0.7126	0.6761	0.6515	0.6302	0.5959
20	0.6985	0.6629	0.6375	0.6166	0.5823
21	0.6862	0.6498	0.6243	0.6034	0.5691

KRITISCHE PUNKTE DER NICHTZENTR. BETA-VERTEILUNG
ZAEHLERFREIHEITSGRADE = 22
NENNERFREIHEITSGRADE = ERSTE SPALTE
LAMDA-NULL = 1.00

	.05	.10	.15	.20	.30
11	0.8458	0.8150	0.7928	0.7739	0.7414
12	0.8291	0.7965	0.7739	0.7546	0.7216
13	0.8115	0.7790	0.7554	0.7361	0.7027
14	0.7957	0.7623	0.7379	0.7181	0.6847
15	0.7798	0.7456	0.7212	0.7014	0.6676
16	0.7640	0.7297	0.7049	0.6851	0.6509
17	0.7495	0.7139	0.6893	0.6693	0.6355
18	0.7354	0.6999	0.6746	0.6544	0.6205
19	0.7214	0.6858	0.6605	0.6403	0.6065
20	0.7073	0.6717	0.6471	0.6267	0.5928
21	0.6950	0.6585	0.6337	0.6135	0.5797
22	0.6810	0.6454	0.6208	0.6008	0.5674

KRITISCHE PUNKTE DER NICHTZENTR. BETA-VERTEILUNG
ZAEHLERFREIHEITSGRADE = 23
NENNERFREIHEITSGRADE = ERSTE SPALTE
LAMDA-NULL = 1.00

	.05	.10	.15	.20	.30
12	0.8343	0.8036	0.7809	0.7620	0.7300
13	0.8176	0.7860	0.7629	0.7436	0.7111
14	0.8018	0.7693	0.7458	0.7264	0.6935
15	0.7860	0.7526	0.7291	0.7097	0.6768
16	0.7710	0.7376	0.7133	0.6935	0.6605
17	0.7561	0.7218	0.6979	0.6781	0.6451
18	0.7425	0.7078	0.6834	0.6636	0.6302
19	0.7284	0.6937	0.6693	0.6495	0.6161
20	0.7144	0.6805	0.6557	0.6359	0.6030
21	0.7021	0.6673	0.6425	0.6227	0.5898
22	0.6897	0.6546	0.6302	0.6104	0.5775
23	0.6774	0.6427	0.6179	0.5981	0.5656

KRITISCHE PUNKTE DER NICHTZENTR. BETA-VERTEILUNG
ZAEHLERFREIHEITSGRADE = 24
NENNERFREIHEITSGRADE = ERSTE SPALTE
LAMDA-NULL = 1.00

	.05	.10	.15	.20	.30
13	0.8229	0.7921	0.7699	0.7510	0.7194
14	0.8071	0.7754	0.7528	0.7339	0.7018
15	0.7921	0.7596	0.7365	0.7177	0.6851
16	0.7772	0.7447	0.7212	0.7018	0.6693
17	0.7631	0.7297	0.7062	0.6869	0.6544
18	0.7491	0.7157	0.6917	0.6724	0.6394
19	0.7359	0.7016	0.6777	0.6583	0.6258
20	0.7231	0.6884	0.6645	0.6447	0.6122
21	0.7091	0.6752	0.6513	0.6320	0.5994
22	0.6972	0.6629	0.6390	0.6197	0.5871
23	0.6862	0.6506	0.6271	0.6073	0.5753
24	0.6739	0.6392	0.6153	0.5959	0.5638

KRITISCHE PUNKTE DER NICHTZENTR. BETA-VERTEILUNG
ZAEHLERFREIHEITSGRADE = 25
NENNERFREIHEITSGRADE = ERSTE SPALTE
LAMDA-NULL = 1.00

	.05	.10	.15	.20	.30
14	0.8132	0.7825	0.7598	0.7414	0.7100
15	0.7983	0.7667	0.7440	0.7251	0.6935
16	0.7833	0.7517	0.7286	0.7097	0.6777
17	0.7693	0.7368	0.7137	0.6948	0.6627
18	0.7557	0.7227	0.6996	0.6803	0.6482
19	0.7420	0.7095	0.6856	0.6667	0.6346
20	0.7302	0.6963	0.6724	0.6535	0.6214
21	0.7166	0.6832	0.6596	0.6407	0.6087
22	0.7056	0.6708	0.6473	0.6284	0.5964
23	0.6928	0.6594	0.6355	0.6166	0.5845
24	0.6810	0.6471	0.6240	0.6047	0.5735
25	0.6704	0.6366	0.6131	0.5937	0.5625

KRITISCHE PUNKTE DER NICHTZENTR. BETA-VERTEILUNG
ZAEHLERFREIHEITSGRADE = 26
NENNERFREIHEITSGRADE = ERSTE SPALTE
LAMDA-NULL = 1.00

	.05	.10	.15	.20	.30
15	0.8036	0.7728	0.7506	0.7324	0.7014
16	0.7895	0.7579	0.7357	0.7172	0.6860
17	0.7754	0.7438	0.7212	0.7023	0.6711
18	0.7623	0.7297	0.7071	0.6882	0.6570
19	0.7491	0.7166	0.6935	0.6746	0.6429
20	0.7359	0.7034	0.6803	0.6614	0.6302
21	0.7236	0.6911	0.6676	0.6487	0.6175
22	0.7113	0.6788	0.6552	0.6368	0.6052
23	0.6999	0.6665	0.6436	0.6249	0.5937
24	0.6884	0.6550	0.6324	0.6135	0.5823
25	0.6779	0.6445	0.6212	0.6025	0.5715
26	0.6669	0.6339	0.6104	0.5920	0.5612

KRITISCHE PUNKTE DER NICHTZENTR. BETA-VERTEILUNG
ZAEHLERFREIHEITSGRADE = 27
NENNERFREIHEITSGRADE = ERSTE SPALTE
LAMDA-NULL = 1.00

	.05	.10	.15	.20	.30
16	0.7948	0.7640	0.7423	0.7242	0.6935
17	0.7807	0.7500	0.7278	0.7097	0.6790
18	0.7675	0.7359	0.7141	0.6957	0.6649
19	0.7552	0.7227	0.7005	0.6821	0.6513
20	0.7420	0.7104	0.6878	0.6693	0.6381
21	0.7306	0.6981	0.6750	0.6566	0.6258
22	0.7183	0.6858	0.6632	0.6447	0.6139
23	0.7069	0.6744	0.6513	0.6328	0.6021
24	0.6955	0.6629	0.6399	0.6214	0.5911
25	0.6849	0.6515	0.6293	0.6109	0.5801
26	0.6744	0.6410	0.6188	0.6003	0.5700
27	0.6638	0.6313	0.6082	0.5902	0.5599

KRITISCHE PUNKTE DER NICHTZENTR. BETA-VERTEILUNG
ZAEHLERFREIHEITSGRADE = 28
NENNERFREIHEITSGRADE = ERSTE SPALTE
LAMDA-NULL = 1.00

	.05	.10	.15	.20	.30
17	0.7869	0.7561	0.7344	0.7163	0.6865
18	0.7737	0.7429	0.7207	0.7027	0.6724
19	0.7605	0.7297	0.7075	0.6895	0.6592
20	0.7482	0.7166	0.6948	0.6763	0.6460
21	0.7368	0.7042	0.6825	0.6640	0.6337
22	0.7245	0.6928	0.6702	0.6522	0.6219
23	0.7130	0.6814	0.6588	0.6407	0.6104
24	0.7025	0.6700	0.6478	0.6293	0.5994
25	0.6911	0.6594	0.6368	0.6188	0.5885
26	0.6814	0.6489	0.6262	0.6082	0.5783
27	0.6708	0.6383	0.6161	0.5981	0.5682
28	0.6612	0.6287	0.6060	0.5885	0.5586

KRITISCHE PUNKTE DER NICHTZENTR. BETA-VERTEILUNG
ZAEHLERFREIHEITSGRADE = 29
NENNERFREIHEITSGRADE = ERSTE SPALTE
LAMDA-NULL = 1.00

	.05	.10	.15	.20	.30
18	0.7790	0.7482	0.7271	0.7093	0.6799
19	0.7667	0.7359	0.7141	0.6961	0.6667
20	0.7543	0.7236	0.7014	0.6838	0.6539
21	0.7420	0.7113	0.6891	0.6715	0.6416
22	0.7306	0.6990	0.6772	0.6596	0.6298
23	0.7192	0.6880	0.6658	0.6482	0.6183
24	0.7086	0.6770	0.6548	0.6368	0.6073
25	0.6981	0.6665	0.6443	0.6262	0.5964
26	0.6875	0.6559	0.6337	0.6157	0.5863
27	0.6779	0.6454	0.6236	0.6056	0.5761
28	0.6673	0.6357	0.6139	0.5959	0.5665
29	0.6581	0.6260	0.6043	0.5867	0.5573

KRITISCHE PUNKTE DER NICHTZENTR. BETA-VERTEILUNG
ZAEHLERFREIHEITSGRADE = 30
NENNERFREIHEITSGRADE = ERSTE SPALTE
LAMDA-NULL = 1.00

	.05	.10	.15	.20	.30
19	0.7719	0.7420	0.7203	0.7027	0.6737
20	0.7596	0.7293	0.7080	0.6904	0.6610
21	0.7482	0.7174	0.6957	0.6781	0.6487
22	0.7368	0.7060	0.6843	0.6667	0.6372
23	0.7253	0.6946	0.6728	0.6552	0.6258
24	0.7148	0.6832	0.6618	0.6443	0.6148
25	0.7042	0.6726	0.6513	0.6335	0.6043
26	0.6937	0.6629	0.6407	0.6232	0.5942
27	0.6840	0.6524	0.6306	0.6131	0.5841
28	0.6744	0.6427	0.6210	0.6034	0.5744
29	0.6647	0.6331	0.6117	0.5942	0.5652
30	0.6550	0.6243	0.6025	0.5849	0.5564

KRITISCHE PUNKTE DER NICHTZENTR. BETA-VERTEILUNG
ZAEHLERFREIHEITSGRADE = 31
NENNERFREIHEITSGRADE = ERSTE SPALTE
LAMDA-NULL = 1.00

	.05	.10	.15	.20	.30
20	0.7649	0.7350	0.7141	0.6970	0.6680
21	0.7535	0.7236	0.7023	0.6847	0.6557
22	0.7420	0.7122	0.6904	0.6733	0.6443
23	0.7315	0.7007	0.6794	0.6618	0.6328
24	0.7201	0.6902	0.6684	0.6509	0.6223
25	0.7104	0.6796	0.6579	0.6403	0.6117
26	0.6999	0.6691	0.6478	0.6302	0.6016
27	0.6902	0.6594	0.6377	0.6205	0.5915
28	0.6805	0.6498	0.6280	0.6109	0.5823
29	0.6708	0.6401	0.6188	0.6012	0.5729
30	0.6621	0.6313	0.6095	0.5924	0.5638
31	0.6533	0.6216	0.6008	0.5836	0.5551

KRITISCHE PUNKTE DER NICHTZENTR. BETA-VERTEILUNG
ZAEHLERFREIHEITSGRADE = 32
NENNERFREIHEITSGRADE = ERSTE SPALTE
LAMDA-NULL = 1.00

	.05	.10	.15	.20	.30
21	0.7587	0.7289	0.7080	0.6913	0.6627
22	0.7473	0.7174	0.6966	0.6799	0.6513
23	0.7368	0.7069	0.6856	0.6684	0.6399
24	0.7262	0.6963	0.6750	0.6579	0.6293
25	0.7157	0.6858	0.6645	0.6473	0.6188
26	0.7060	0.6752	0.6544	0.6372	0.6087
27	0.6959	0.6656	0.6443	0.6271	0.5990
28	0.6867	0.6559	0.6346	0.6175	0.5893
29	0.6770	0.6462	0.6254	0.6082	0.5801
30	0.6682	0.6375	0.6161	0.5994	0.5713
31	0.6594	0.6287	0.6073	0.5906	0.5625
32	0.6506	0.6199	0.5990	0.5819	0.5542

KRITISCHE PUNKTE DER NICHTZENTR. BETA-VERTEILUNG
ZAEHLERFREIHEITSGRADE = 33
NENNERFREIHEITSGRADE = ERSTE SPALTE
LAMDA-NULL = 1.00

	.05	.10	.15	.20	.30
22	0.7526	0.7236	0.7027	0.6860	0.6579
23	0.7420	0.7122	0.6917	0.6750	0.6469
24	0.7315	0.7016	0.6812	0.6640	0.6359
25	0.7209	0.6911	0.6706	0.6539	0.6258
26	0.7113	0.6814	0.6605	0.6438	0.6157
27	0.7016	0.6717	0.6509	0.6337	0.6060
28	0.6919	0.6621	0.6412	0.6245	0.5964
29	0.6832	0.6524	0.6320	0.6153	0.5871
30	0.6735	0.6436	0.6229	0.6060	0.5783
31	0.6647	0.6348	0.6144	0.5972	0.5700
32	0.6568	0.6260	0.6056	0.5889	0.5612
33	0.6480	0.6181	0.5972	0.5805	0.5533

KRITISCHE PUNKTE DER NICHTZENTR. BETA-VERTEILUNG
ZAEHLERFREIHEITSGRADE = 34
NENNERFREIHEITSGRADE = ERSTE SPALTE
LAMDA-NULL = 1.00

	.05	.10	.15	.20	.30
23	0.7464	0.7174	0.6974	0.6807	0.6531
24	0.7368	0.7078	0.6869	0.6702	0.6425
25	0.7262	0.6972	0.6768	0.6601	0.6324
26	0.7166	0.6875	0.6667	0.6500	0.6223
27	0.7069	0.6779	0.6570	0.6403	0.6126
28	0.6981	0.6682	0.6473	0.6306	0.6034
29	0.6884	0.6585	0.6381	0.6219	0.5942
30	0.6796	0.6498	0.6293	0.6126	0.5854
31	0.6708	0.6410	0.6205	0.6038	0.5766
32	0.6621	0.6331	0.6122	0.5955	0.5682
33	0.6542	0.6243	0.6038	0.5876	0.5603
34	0.6462	0.6164	0.5959	0.5792	0.5524

KRITISCHE PUNKTE DER NICHTZENTR. BETA-VERTEILUNG
ZAEHLERFREIHEITSGRADE = 35
NENNERFREIHEITSGRADE = ERSTE SPALTE
LAMDA-NULL = 1.00

	.05	.10	.15	.20	.30
24	0.7412	0.7130	0.6926	0.6763	0.6487
25	0.7315	0.7025	0.6825	0.6662	0.6385
26	0.7218	0.6928	0.6724	0.6561	0.6289
27	0.7122	0.6832	0.6627	0.6465	0.6192
28	0.7034	0.6735	0.6535	0.6372	0.6100
29	0.6937	0.6647	0.6443	0.6280	0.6008
30	0.6849	0.6559	0.6355	0.6192	0.5920
31	0.6761	0.6471	0.6267	0.6104	0.5836
32	0.6682	0.6383	0.6183	0.6021	0.5753
33	0.6594	0.6304	0.6100	0.5937	0.5669
34	0.6515	0.6225	0.6021	0.5858	0.5590
35	0.6436	0.6146	0.5942	0.5783	0.5515

KRITISCHE PUNKTE DER NICHTZENTR. BETA-VERTEILUNG
ZAEHLERFREIHEITSGRADE = 36
NENNERFREIHEITSGRADE = ERSTE SPALTE
LAMDA-NULL = 1.00

	.05	.10	.15	.20	.30
25	0.7368	0.7078	0.6882	0.6719	0.6447
26	0.7271	0.6981	0.6781	0.6618	0.6350
27	0.7174	0.6884	0.6689	0.6526	0.6254
28	0.7082	0.6796	0.6592	0.6429	0.6161
29	0.6990	0.6700	0.6504	0.6342	0.6073
30	0.6902	0.6612	0.6416	0.6254	0.5986
31	0.6823	0.6533	0.6328	0.6166	0.5898
32	0.6735	0.6445	0.6245	0.6082	0.5814
33	0.6656	0.6366	0.6161	0.6003	0.5735
34	0.6577	0.6287	0.6082	0.5924	0.5656
35	0.6498	0.6208	0.6003	0.5845	0.5581
36	0.6418	0.6128	0.5928	0.5770	0.5507

KRITISCHE PUNKTE DER NICHTZENTR. BETA-VERTEILUNG
ZAEHLERFREIHEITSGRADE = 37
NENNERFREIHEITSGRADE = ERSTE SPALTE
LAMDA-NULL = 1.00

	.05	.10	.15	.20	.30
26	0.7315	0.7034	0.6838	0.6676	0.6412
27	0.7227	0.6937	0.6741	0.6583	0.6315
28	0.7130	0.6849	0.6649	0.6491	0.6223
29	0.7042	0.6761	0.6561	0.6399	0.6135
30	0.6955	0.6673	0.6473	0.6311	0.6047
31	0.6867	0.6585	0.6385	0.6227	0.5964
32	0.6788	0.6498	0.6302	0.6144	0.5880
33	0.6708	0.6418	0.6223	0.6065	0.5801
34	0.6629	0.6339	0.6144	0.5986	0.5722
35	0.6550	0.6260	0.6065	0.5906	0.5647
36	0.6471	0.6190	0.5990	0.5832	0.5573
37	0.6401	0.6111	0.5915	0.5757	0.5498

KRITISCHE PUNKTE DER NICHTZENTR. BETA-VERTEILUNG
ZAEHLERFREIHEITSGRADE = 38
NENNERFREIHEITSGRADE = ERSTE SPALTE
LAMDA-NULL = 1.00

	.05	.10	.15	.20	.30
27	0.7271	0.6990	0.6794	0.6636	0.6375
28	0.7183	0.6902	0.6706	0.6548	0.6284
29	0.7095	0.6814	0.6614	0.6456	0.6192
30	0.7007	0.6726	0.6526	0.6368	0.6109
31	0.6919	0.6638	0.6443	0.6284	0.6025
32	0.6840	0.6559	0.6359	0.6201	0.5942
33	0.6761	0.6471	0.6280	0.6122	0.5863
34	0.6682	0.6392	0.6201	0.6043	0.5783
35	0.6603	0.6322	0.6122	0.5968	0.5709
36	0.6524	0.6243	0.6047	0.5893	0.5634
37	0.6454	0.6172	0.5977	0.5819	0.5564
38	0.6383	0.6095	0.5902	0.5748	0.5493

KRITISCHE PUNKTE DER NICHTZENTR. BETA-VERTEILUNG
ZAEHLERFREIHEITSGRADE = 39
NENNERFREIHEITSGRADE = ERSTE SPALTE
LAMDA-NULL = 1.00

	.05	.10	.15	.20	.30
28	0.7227	0.6946	0.6759	0.6601	0.6342
29	0.7139	0.6858	0.6667	0.6513	0.6254
30	0.7051	0.6779	0.6583	0.6425	0.6166
31	0.6972	0.6693	0.6500	0.6342	0.6082
32	0.6884	0.6612	0.6416	0.6258	0.5999
33	0.6805	0.6528	0.6335	0.6179	0.5920
34	0.6726	0.6454	0.6258	0.6100	0.5845
35	0.6656	0.6375	0.6179	0.6025	0.5770
36	0.6577	0.6295	0.6104	0.5950	0.5696
37	0.6506	0.6225	0.6034	0.5876	0.5621
38	0.6436	0.6155	0.5959	0.5805	0.5555
39	0.6357	0.6084	0.5889	0.5735	0.5485

KRITISCHE PUNKTE DER NICHTZENTR. BETA-VERTEILUNG
ZAEHLERFREIHEITSGRADE = 40
NENNERFREIHEITSGRADE = ERSTE SPALTE
LAMDA-NULL = 1.00

	.05	.10	.15	.20	.30
29	0.7183	0.6911	0.6719	0.6566	0.6311
30	0.7104	0.6825	0.6636	0.6478	0.6223
31	0.7016	0.6741	0.6552	0.6394	0.6139
32	0.6937	0.6658	0.6469	0.6315	0.6060
33	0.6858	0.6577	0.6390	0.6236	0.5981
34	0.6779	0.6506	0.6311	0.6157	0.5902
35	0.6700	0.6425	0.6236	0.6082	0.5827
36	0.6629	0.6350	0.6161	0.6008	0.5753
37	0.6550	0.6278	0.6087	0.5933	0.5682
38	0.6480	0.6208	0.6016	0.5863	0.5612
39	0.6410	0.6137	0.5946	0.5797	0.5546
40	0.6344	0.6069	0.5880	0.5726	0.5476

KRITISCHE PUNKTE DER NICHTZENTR. BETA-VERTEILUNG
ZAEHLERFREIHEITSGRADE = 41
NENNERFREIHEITSGRADE = ERSTE SPALTE
LAMDA-NULL = 1.00

	.05	.10	.15	.20	.30
30	0.7148	0.6873	0.6684	0.6531	0.6280
31	0.7060	0.6790	0.6601	0.6447	0.6197
32	0.6981	0.6711	0.6522	0.6368	0.6113
33	0.6902	0.6632	0.6443	0.6289	0.6034
34	0.6823	0.6552	0.6364	0.6210	0.5959
35	0.6752	0.6478	0.6289	0.6135	0.5885
36	0.6673	0.6403	0.6214	0.6060	0.5810
37	0.6603	0.6328	0.6139	0.5990	0.5740
38	0.6533	0.6258	0.6069	0.5920	0.5669
39	0.6462	0.6188	0.6003	0.5849	0.5603
40	0.6392	0.6122	0.5933	0.5783	0.5537
41	0.6331	0.6056	0.5867	0.5718	0.5471

KRITISCHE PUNKTE DER NICHTZENTR. BETA-VERTEILUNG
ZAEHLERFREIHEITSGRADE = 42
NENNERFREIHEITSGRADE = ERSTE SPALTE
LAMDA-NULL = 1.00

	.05	.10	.15	.20	.30
31	0.7104	0.6838	0.6654	0.6500	0.6249
32	0.7025	0.6759	0.6570	0.6421	0.6170
33	0.6946	0.6680	0.6491	0.6342	0.6091
34	0.6875	0.6601	0.6416	0.6262	0.6016
35	0.6796	0.6526	0.6342	0.6188	0.5942
36	0.6726	0.6451	0.6267	0.6117	0.5867
37	0.6656	0.6381	0.6192	0.6043	0.5797
38	0.6577	0.6311	0.6122	0.5972	0.5726
39	0.6515	0.6240	0.6056	0.5906	0.5660
40	0.6445	0.6175	0.5986	0.5836	0.5594
41	0.6375	0.6104	0.5920	0.5770	0.5529
42	0.6313	0.6043	0.5858	0.5709	0.5463

KRITISCHE PUNKTE DER NICHTZENTR. BETA-VERTEILUNG
ZAEHLERFREIHEITSGRADE = 43
NENNERFREIHEITSGRADE = ERSTE SPALTE
LAMDA-NULL = 1.00

	.05	.10	.15	.20	.30
32	0.7069	0.6803	0.6618	0.6469	0.6223
33	0.6990	0.6728	0.6544	0.6390	0.6144
34	0.6919	0.6649	0.6465	0.6315	0.6069
35	0.6840	0.6574	0.6390	0.6240	0.5994
36	0.6770	0.6500	0.6315	0.6166	0.5920
37	0.6700	0.6429	0.6245	0.6095	0.5849
38	0.6629	0.6359	0.6175	0.6025	0.5783
39	0.6559	0.6289	0.6104	0.5959	0.5713
40	0.6489	0.6223	0.6038	0.5893	0.5647
41	0.6427	0.6157	0.5972	0.5827	0.5581
42	0.6357	0.6091	0.5911	0.5761	0.5520
43	0.6295	0.6030	0.5845	0.5700	0.5459

KRITISCHE PUNKTE DER NICHTZENTR. BETA-VERTEILUNG
ZAEHLERFREIHEITSGRADE = 44
NENNERFREIHEITSGRADE = ERSTE SPALTE
LAMDA-NULL = 1.00

	.05	.10	.15	.20	.30
33	0.7034	0.6772	0.6588	0.6443	0.6197
34	0.6963	0.6698	0.6513	0.6364	0.6122
35	0.6884	0.6623	0.6438	0.6293	0.6047
36	0.6814	0.6548	0.6368	0.6219	0.5972
37	0.6744	0.6478	0.6293	0.6148	0.5902
38	0.6673	0.6407	0.6223	0.6078	0.5836
39	0.6603	0.6337	0.6157	0.6008	0.5766
40	0.6542	0.6271	0.6091	0.5942	0.5701
41	0.6471	0.6205	0.6025	0.5878	0.5637
42	0.6410	0.6142	0.5959	0.5814	0.5574
43	0.6339	0.6078	0.5898	0.5753	0.5512
44	0.6278	0.6016	0.5836	0.5691	0.5453

KRITISCHE PUNKTE DER NICHTZENTR. BETA-VERTEILUNG
ZAEHLERFREIHEITSGRADE = 45
NENNERFREIHEITSGRADE = ERSTE SPALTE
LAMDA-NULL = 1.00

	.05	.10	.15	.20	.30
34	0.7007	0.6741	0.6561	0.6416	0.6170
35	0.6928	0.6667	0.6487	0.6342	0.6100
36	0.6858	0.6596	0.6414	0.6267	0.6026
37	0.6788	0.6526	0.6342	0.6197	0.5956
38	0.6717	0.6456	0.6276	0.6126	0.5889
39	0.6647	0.6385	0.6205	0.6060	0.5820
40	0.6585	0.6320	0.6139	0.5994	0.5754
41	0.6515	0.6254	0.6073	0.5928	0.5690
42	0.6454	0.6188	0.6012	0.5867	0.5627
43	0.6392	0.6126	0.5946	0.5801	0.5567
44	0.6331	0.6065	0.5885	0.5744	0.5505
45	0.6269	0.6003	0.5827	0.5682	0.5446

KRITISCHE PUNKTE DER NICHTZENTR. BETA-VERTEILUNG
ZAEHLERFREIHEITSGRADE = 46
NENNERFREIHEITSGRADE = ERSTE SPALTE
LAMDA-NULL = 1.00

	.05	.10	.15	.20	.30
35	0.6972	0.6711	0.6535	0.6390	0.6147
36	0.6902	0.6640	0.6460	0.6315	0.6077
37	0.6832	0.6570	0.6390	0.6245	0.6006
38	0.6761	0.6500	0.6320	0.6175	0.5938
39	0.6691	0.6434	0.6254	0.6109	0.5870
40	0.6629	0.6368	0.6188	0.6043	0.5807
41	0.6559	0.6302	0.6122	0.5977	0.5743
42	0.6498	0.6236	0.6060	0.5915	0.5679
43	0.6436	0.6175	0.5994	0.5854	0.5618
44	0.6375	0.6113	0.5933	0.5792	0.5558
45	0.6313	0.6052	0.5876	0.5731	0.5499
46	0.6251	0.5994	0.5814	0.5674	0.5442

KRITISCHE PUNKTE DER NICHTZENTR. BETA-VERTEILUNG
ZAEHLERFREIHEITSGRADE = 47
NENNERFREIHEITSGRADE = ERSTE SPALTE
LAMDA-NULL = 1.00

	.05	.10	.15	.20	.30
36	0.6937	0.6684	0.6506	0.6364	0.6125
37	0.6875	0.6614	0.6438	0.6293	0.6055
38	0.6805	0.6544	0.6368	0.6223	0.5987
39	0.6735	0.6478	0.6302	0.6157	0.5921
40	0.6673	0.6412	0.6236	0.6091	0.5855
41	0.6603	0.6346	0.6170	0.6025	0.5791
42	0.6542	0.6284	0.6104	0.5964	0.5730
43	0.6480	0.6219	0.6043	0.5902	0.5668
44	0.6418	0.6157	0.5981	0.5841	0.5609
45	0.6357	0.6100	0.5924	0.5783	0.5549
46	0.6295	0.6038	0.5863	0.5722	0.5492
47	0.6234	0.5981	0.5805	0.5665	0.5435

KRITISCHE PUNKTE DER NICHTZENTR. BETA-VERTEILUNG
ZAEHLERFREIHEITSGRADE = 48
NENNERFREIHEITSGRADE = ERSTE SPALTE
LAMDA-NULL = 1.00

	.05	.10	.15	.20	.30
37	0.6911	0.6658	0.6482	0.6337	0.6103
38	0.6840	0.6588	0.6412	0.6271	0.6035
39	0.6779	0.6522	0.6346	0.6205	0.5969
40	0.6708	0.6456	0.6280	0.6139	0.5905
41	0.6647	0.6390	0.6214	0.6073	0.5842
42	0.6585	0.6328	0.6153	0.6012	0.5778
43	0.6524	0.6267	0.6091	0.5950	0.5719
44	0.6462	0.6205	0.6030	0.5889	0.5657
45	0.6401	0.6144	0.5968	0.5832	0.5600
46	0.6339	0.6087	0.5911	0.5770	0.5543
47	0.6278	0.6030	0.5854	0.5713	0.5486
48	0.6225	0.5972	0.5797	0.5660	0.5431

3. MACHTFUNKTION DES MSE - TESTS
ZAEHLERFREIHEITSGRADE = 25
NENNERFREIHEITSGRADE =14
ALTERNATIVER NICHTZENTR. PARAMETER LAMDA=1.SPALTE

	.05	.10	.15	.20	.30
0.10	0.0433	0.0880	0.1345	0.1810	0.2757
0.25	0.0443	0.0898	0.1370	0.1841	0.2797
0.33	0.0449	0.0908	0.1384	0.1858	0.2819
0.50	0.0461	0.0929	0.1413	0.1893	0.2865
0.75	0.0478	0.0960	0.1456	0.1946	0.2932
0.95	0.0493	0.0986	0.1491	0.1989	0.2986
1.50	0.0535	0.1058	0.1589	0.2108	0.3136
2.00	0.0578	0.1129	0.1682	0.2219	0.3274
3.00	0.0692	0.1296	0.1892	0.2462	0.3562
5.00	0.1184	0.1861	0.2508	0.3114	0.4248
8.00	0.2904	0.3540	0.4133	0.4675	0.5662
10.00	0.4477	0.5004	0.5490	0.5930	0.6721

MACHTFUNKTION DES MSE - TESTS
ZAEHLERFREIHEITSGRADE = 25
NENNERFREIHEITSGRADE =15
ALTERNATIVER NICHTZENTR. PARAMETER LAMDA=1.SPALTE

	.05	.10	.15	.20	.30
0.10	0.0431	0.0880	0.1338	0.1807	0.2753
0.25	0.0442	0.0899	0.1364	0.1839	0.2794
0.33	0.0447	0.0909	0.1378	0.1857	0.2816
0.50	0.0460	0.0931	0.1407	0.1893	0.2863
0.75	0.0478	0.0964	0.1452	0.1948	0.2933
0.95	0.0493	0.0990	0.1488	0.1991	0.2989
1.50	0.0536	0.1065	0.1589	0.2114	0.3142
2.00	0.0581	0.1138	0.1684	0.2229	0.3284
3.00	0.0698	0.1310	0.1899	0.2478	0.3579
5.00	0.1196	0.1884	0.2526	0.3141	0.4277
8.00	0.2919	0.3568	0.4157	0.4708	0.5696
10.00	0.4491	0.5029	0.5511	0.5959	0.6751

MACHTFUNKTION DES MSE - TESTS
ZAEHLERFREIHEITSGRADE = 25
NENNERFREIHEITSGRADE =16
ALTERNATIVER NICHTZENTR. PARAMETER LAMDA=1.SPALTE

	.05	.10	.15	.20	.30
0.10	0.0434	0.0875	0.1334	0.1798	0.2751
0.25	0.0445	0.0894	0.1361	0.1831	0.2793
0.33	0.0450	0.0905	0.1375	0.1849	0.2816
0.50	0.0463	0.0927	0.1406	0.1886	0.2864
0.75	0.0482	0.0960	0.1451	0.1942	0.2935
0.95	0.0498	0.0988	0.1488	0.1987	0.2992
1.50	0.0543	0.1065	0.1592	0.2112	0.3150
2.00	0.0589	0.1139	0.1690	0.2230	0.3295
3.00	0.0710	0.1316	0.1911	0.2485	0.3597
5.00	0.1214	0.1897	0.2546	0.3158	0.4306
8.00	0.2940	0.3586	0.4183	0.4731	0.5729
10.00	0.4510	0.5046	0.5535	0.5980	0.6781

MACHTFUNKTION DES MSE - TESTS
ZAEHLERFREIHEITSGRADE = 25
NENNERFREIHEITSGRADE =17
ALTERNATIVER NICHTZENTR. PARAMETER LAMDA=1.SPALTE

	.05	.10	.15	.20	.30
0.10	0.0431	0.0878	0.1333	0.1794	0.2743
0.25	0.0442	0.0898	0.1361	0.1828	0.2786
0.33	0.0448	0.0909	0.1375	0.1846	0.2809
0.50	0.0461	0.0932	0.1407	0.1884	0.2858
0.75	0.0481	0.0966	0.1454	0.1941	0.2931
0.95	0.0497	0.0994	0.1491	0.1987	0.2989
1.50	0.0543	0.1074	0.1598	0.2116	0.3150
2.00	0.0590	0.1151	0.1699	0.2236	0.3298
3.00	0.0714	0.1332	0.1925	0.2497	0.3606
5.00	0.1223	0.1922	0.2569	0.3179	0.4325
8.00	0.2953	0.3615	0.4210	0.4758	0.5754
10.00	0.4522	0.5072	0.5560	0.6004	0.6803

MACHTFUNKTION DES MSE - TESTS
ZAEHLERFREIHEITSGRADE = 25
NENNERFREIHEITSGRADE =18
ALTERNATIVER NICHTZENTR. PARAMETER LAMDA=1.SPALTE

	.05	.10	.15	.20	.30
0.10	0.0428	0.0875	0.1325	0.1794	0.2741
0.25	0.0440	0.0895	0.1353	0.1828	0.2785
0.33	0.0446	0.0906	0.1368	0.1847	0.2808
0.50	0.0459	0.0930	0.1400	0.1886	0.2859
0.75	0.0479	0.0965	0.1448	0.1944	0.2933
0.95	0.0496	0.0994	0.1486	0.1991	0.2992
1.50	0.0543	0.1075	0.1595	0.2123	0.3157
2.00	0.0591	0.1154	0.1698	0.2246	0.3308
3.00	0.0717	0.1339	0.1928	0.2512	0.3622
5.00	0.1231	0.1936	0.2581	0.3204	0.4350
8.00	0.2964	0.3633	0.4227	0.4787	0.5783
10.00	0.4533	0.5088	0.5576	0.6030	0.6829

MACHTFUNKTION DES MSE - TESTS
ZAEHLERFREIHEITSGRADE = 25
NENNERFREIHEITSGRADE =19
ALTERNATIVER NICHTZENTR. PARAMETER LAMDA=1.SPALTE

	.05	.10	.15	.20	.30
0.10	0.0430	0.0865	0.1329	0.1785	0.2730
0.25	0.0442	0.0886	0.1358	0.1820	0.2775
0.33	0.0448	0.0897	0.1373	0.1839	0.2799
0.50	0.0462	0.0921	0.1406	0.1879	0.2850
0.75	0.0482	0.0956	0.1454	0.1938	0.2925
0.95	0.0499	0.0985	0.1494	0.1986	0.2986
1.50	0.0548	0.1068	0.1605	0.2120	0.3153
2.00	0.0598	0.1149	0.1711	0.2246	0.3307
3.00	0.0726	0.1336	0.1946	0.2516	0.3626
5.00	0.1246	0.1938	0.2608	0.3217	0.4363
8.00	0.2981	0.3641	0.4257	0.4805	0.5802
10.00	0.4548	0.5096	0.5602	0.6047	0.6846

MACHTFUNKTION DES MSE - TESTS
ZAEHLERFREIHEITSGRADE = 25
NENNERFREIHEITSGRADE =20
ALTERNATIVER NICHTZENTR. PARAMETER LAMDA=1.SPALTE

	.05	.10	.15	.20	.30
0.10	0.0418	0.0863	0.1324	0.1779	0.2723
0.25	0.0430	0.0884	0.1353	0.1815	0.2769
0.33	0.0436	0.0895	0.1369	0.1834	0.2793
0.50	0.0450	0.0920	0.1402	0.1874	0.2845
0.75	0.0470	0.0956	0.1452	0.1935	0.2922
0.95	0.0487	0.0986	0.1492	0.1983	0.2983
1.50	0.0536	0.1070	0.1605	0.2119	0.3153
2.00	0.0586	0.1152	0.1713	0.2247	0.3310
3.00	0.0715	0.1344	0.1952	0.2522	0.3634
5.00	0.1236	0.1952	0.2621	0.3231	0.4380
8.00	0.2976	0.3658	0.4276	0.4824	0.5822
10.00	0.4544	0.5112	0.5619	0.6064	0.6864

MACHTFUNKTION DES MSE - TESTS
ZAEHLERFREIHEITSGRADE = 25
NENNERFREIHEITSGRADE =21
ALTERNATIVER NICHTZENTR. PARAMETER LAMDA=1.SPALTE

	.05	.10	.15	.20	.30
0.10	0.0427	0.0868	0.1320	0.1774	0.2720
0.25	0.0439	0.0890	0.1350	0.1810	0.2766
0.33	0.0446	0.0901	0.1366	0.1830	0.2791
0.50	0.0460	0.0926	0.1400	0.1871	0.2844
0.75	0.0482	0.0964	0.1450	0.1932	0.2921
0.95	0.0499	0.0994	0.1491	0.1982	0.2984
1.50	0.0550	0.1081	0.1606	0.2120	0.3157
2.00	0.0602	0.1165	0.1716	0.2250	0.3316
3.00	0.0735	0.1360	0.1959	0.2530	0.3645
5.00	0.1263	0.1976	0.2635	0.3246	0.4398
8.00	0.3005	0.3685	0.4294	0.4843	0.5845
10.00	0.4570	0.5136	0.5636	0.6082	0.6884

MACHTFUNKTION DES MSE - TESTS
ZAEHLERFREIHEITSGRADE = 25
NENNERFREIHEITSGRADE =22
ALTERNATIVER NICHTZENTR. PARAMETER LAMDA=1.SPALTE

	.05	.10	.15	.20	.30
0.10	0.0414	0.0866	0.1317	0.1771	0.2718
0.25	0.0426	0.0888	0.1347	0.1807	0.2765
0.33	0.0433	0.0900	0.1363	0.1827	0.2790
0.50	0.0447	0.0925	0.1397	0.1869	0.2844
0.75	0.0468	0.0963	0.1449	0.1931	0.2923
0.95	0.0486	0.0994	0.1490	0.1981	0.2986
1.50	0.0537	0.1082	0.1608	0.2122	0.3162
2.00	0.0588	0.1168	0.1719	0.2254	0.3323
3.00	0.0722	0.1366	0.1966	0.2538	0.3657
5.00	0.1251	0.1988	0.2649	0.3261	0.4418
8.00	0.2996	0.3701	0.4311	0.4862	0.5868
10.00	0.4563	0.5150	0.5652	0.6099	0.6905

MACHTFUNKTION DES MSE - TESTS
ZAEHLERFREIHEITSGRADE = 25
NENNERFREIHEITSGRADE =23
ALTERNATIVER NICHTZENTR. PARAMETER LAMDA=1.SPALTE

	.05	.10	.15	.20	.30
0.10	0.0422	0.0856	0.1313	0.1767	0.2718
0.25	0.0435	0.0878	0.1344	0.1804	0.2766
0.33	0.0441	0.0890	0.1360	0.1824	0.2791
0.50	0.0456	0.0916	0.1395	0.1867	0.2846
0.75	0.0478	0.0954	0.1447	0.1930	0.2926
0.95	0.0496	0.0985	0.1489	0.1981	0.2990
1.50	0.0549	0.1074	0.1608	0.2124	0.3168
2.00	0.0602	0.1161	0.1721	0.2258	0.3332
3.00	0.0739	0.1361	0.1972	0.2546	0.3670
5.00	0.1275	0.1987	0.2661	0.3276	0.4438
8.00	0.3022	0.3704	0.4327	0.4881	0.5891
10.00	0.4586	0.5155	0.5666	0.6116	0.6925

MACHTFUNKTION DES MSE - TESTS
ZAEHLERFREIHEITSGRADE = 25
NENNERFREIHEITSGRADE =24
ALTERNATIVER NICHTZENTR. PARAMETER LAMDA=1.SPALTE

	.05	.10	.15	.20	.30
0.10	0.0425	0.0867	0.1309	0.1775	0.2704
0.25	0.0438	0.0890	0.1340	0.1813	0.2752
0.33	0.0445	0.0902	0.1357	0.1833	0.2778
0.50	0.0460	0.0928	0.1392	0.1877	0.2833
0.75	0.0482	0.0968	0.1445	0.1941	0.2914
0.95	0.0501	0.1000	0.1487	0.1993	0.2979
1.50	0.0555	0.1091	0.1608	0.2138	0.3159
2.00	0.0609	0.1180	0.1723	0.2274	0.3325
3.00	0.0749	0.1385	0.1977	0.2567	0.3666
5.00	0.1289	0.2018	0.2672	0.3304	0.4441
8.00	0.3039	0.3737	0.4342	0.4911	0.5899
10.00	0.4601	0.5183	0.5680	0.6142	0.6933

MACHTFUNKTION DES MSE - TESTS
ZAEHLERFREIHEITSGRADE = 25
NENNERFREIHEITSGRADE =25
ALTERNATIVER NICHTZENTR. PARAMETER LAMDA=1.SPALTE

	.05	.10	.15	.20	.30
0.10	0.0418	0.0855	0.1304	0.1771	0.2704
0.25	0.0431	0.0878	0.1335	0.1809	0.2753
0.33	0.0438	0.0890	0.1352	0.1830	0.2779
0.50	0.0453	0.0917	0.1388	0.1873	0.2834
0.75	0.0476	0.0956	0.1441	0.1939	0.2916
0.95	0.0494	0.0989	0.1485	0.1991	0.2982
1.50	0.0549	0.1081	0.1607	0.2138	0.3165
2.00	0.0604	0.1170	0.1723	0.2276	0.3332
3.00	0.0744	0.1377	0.1980	0.2572	0.3678
5.00	0.1287	0.2013	0.2680	0.3316	0.4460
8.00	0.3039	0.3737	0.4354	0.4927	0.5920
10.00	0.4602	0.5184	0.5691	0.6156	0.6951

```
  4.     REAL * 8  TKRIT(200,7),XIGRAL(200,7),A(7),BXL(100,7)
         REAL * 8  CI(30),GI(30),XM2I(30),XLR(30)
         REAL * 8  XNULL,TFA,W,FCT,SI,SI1,SID,TFA1,TAL,EPS
         REAL * 8 TL,TU,TFB,H,XL,XLSCHR
         REAL * 8 XL,TF2,XM,XM2XY,TX
         COMMON XM2XY,TX
         EXTERNAL FCT
C        GROESSE DER TABELLEN
C        IAMAX = ANZAHL  DER ALPHA-WERTE
C        MMAX = MAX. ZAEHLERFREIHEITSGRAD
C        ITMAX = MAX. NENNERFREIHEITSGRAD
C        XLSCHR =  SCHRITTWEITE DES NICHTZENTRALEN PARAMETER
         ILAMDA=12
         IS=6
         IAMAX1=2
         IAMAX=6
         MMAX1=15
         MMAX=48
         XLSCHR=.1
C        EPS = FEHLERSCHRANKE
C        XL = LAMDA (NICHTZENTALER PARAMETER)
C         A = ALPHA (IRRTUMSWAHRSCHEINLICHKEIT)
C         IS = APPROXIMATIONSGUETE  (ANZAHL DER SUMMANDEN)
         EPS=0.00001
         A(1)=.01
         A(2)=.05
         A(3)=.1
         A(4)=.15
         A(5)=.2
         A(6)=.3
         A(7)=.5
         XNULL=0.
C        BEGINN DER TABELLIERUNG
    1    CONTINUE
         DO 2 M=MMAX1,MMAX
         ITMAX1=M-11
         ITMAX=M
         XL=1.
         XM=DFLOAT(M)
         DO 3 IT=ITMAX1,ITMAX
         TF2=DFLOAT(IT)
         DO 3 IA=IAMAX1,IAMAX
         TAL=1.-A(IA)
         TL=TAL-EPS
         TU=TAL+EPS
C        BERECHNUNG DER NICHTZENTRALEN BETA-VERTEILUNG
C        STARTWERT TFA=.1
         TFA=.1
         TFA1=1.
         DO 4 I=1,IS
    4    CALL HELF(XL,TF2,XM,CI,GI,XM2I,I)
         IZA=0
    8    CONTINUE
         IZA=IZA+1
         IF(IZA.GT.20) GCTC 22
         SI=0.
         IS1=IS
         DO 5 I=1,IS
         XM2XY=XM2I(I)
         CALL DQG24(XNULL,TFA,FCT,W)
    5    SI=SI+CI(I)*GI(I)*W
C        REDUKTION DES APPROXIMATIONSFEHLERS
```

```
      IF(IZA.EQ.1) GOTO 24
 25   CONTINUE
      SID=SI1-SI
      SID=DABS(SID)
      IF(SID.GT.0.001) GOTO 24
      IF(IS1.GT.10) GOTO 6
      IS1=IS1+1
      CALL  HELF(XL,TF2,XM,CI,GI,XM2I,IS1)
      XM2XY=XM2I(IS1)
      CALL DQG24(XNULL,TFA,FCT,W)
      SI=SI+CI(IS1)*GI(IS1)*W
      GOTO 25
 24   SI1=SI
      FEHLERABSCHAETZUNG
      IF(SI.GE.TL.AND.SI.LE.TU) GOTO 6
      IF(SI.LE.TL) GOTO 7
      TFB=DABS(TFA-TFA1)
      TFA1=TFA
      H=0.5*TFB
      TFA=TFA-H
      GOTO 8
  7   TFB=DABS(TFA-TFA1)
      TFA1=TFA
      H=0.5*TFB
      TFA=TFA+H
      GOTO 8
 22   TKRIT(IT,IA)=9999999.
      XIGRAL(IT,IA)=9999999.
      GOTO 3
  6   CONTINUE
      ABSPEICHERN DES KRITISCHEN PUNKTS UND DES INTEGRALWERTS
      TKRIT(IT,IA)=TFA
      XIGRAL(IT,IA)=SI
  3   CONTINUE
      AUSGABE DER KRITISCHEN PUNKTE UND DER INTEGRALWERTE FUER M UN
      T-M  FREIHEITSGRADE
      WRITE(6,10)
 10   FORMAT(1H ,'KRITISCHE PUNKTE DER NICHTZENTR. BETA-VERTEILUNG'
      WRITE(6,23) M
 23   FORMAT(1H ,'ZAEHLERFREIHEITSGRADE = ',I2)
      WRITE(6,26)
 26   FORMAT(1H ,'NENNERFREIHEITSGRADE = ERSTE SPALTE' )
      WRITE(6,11) XL
 11   FORMAT(1H ,'LAMDA-NULL = ',F5.2,/)
      WRITE(6,12) (A(IA),IA=IAMAX1,IAMAX)
 12   FORMAT(1H ,8X,7(3X,F3.2,3X),/)
      DO 13 IT=ITMAX1,ITMAX
 13   WRITE(6,14) IT,(TKRIT(IT,IA),IA=IAMAX1,IAMAX)
 14   FORMAT(1H ,I3,3X,7F9.4)
       WRITE(6,70)
 70    FORMAT(1H ,//)
       GOTO 777
      AUSGABE DER  INTEGRALWERTE
      WRITE(6,16)
 16   FORMAT(1H1,'INTEGRALWERTE',/)
      WRITE(6,12) (A(IA),IA=IAMAX1,IAMAX)
      DO 17 IT=ITMAX1,ITMAX
 17   WRITE(6,14) IT,(XIGRAL(IT,IA),IA=IAMAX1,IAMAX)
      NAECHSTER LAMDA - WERT
777   CONTINUE
```

```
      IF(XL.GE.1.) GOTO 15
      XL=XL+XLSCHR
      GOTO 1
   15 CONTINUE
       GOTO 2
C     MACHTFUNKTION DES MSE-TESTS
C     BETA(LAMDA) = BXL(I,J)
      XLR(1)=0.1
      XLR(2)=.25
      XLR(3)=.33
      XLR(4)=.5
      XLR(5)=.75
      XLR(6)=.95
      XLR(7)=1.5
      XLR(8)=2.
      XLR(9)=3.
      XLR(10)=5.
      XLR(11)=8.
      XLR(12)=10.
      DO 60 IT=ITMAX1,ITMAX
      TF2=FLOAT(IT)
      DO 50 L=1,ILAMDA
      XL=XLR(L)
      DO 50 IA=IAMAX1,IAMAX
      TFA=TKRIT(IT,IA)
      DO 51 I=1,IS
   51 CALL HELF(XL,TF2,XM,CI,GI,XM2I,I)
      SI=0.
      DO 52 I=1,IS
      XM2XY=XM2I(I)
      CALL DQG24(XNULL,TFA,FCT,W)
   52 SI=SI+CI(I)*GI(I)*W
   50 BXL(L,IA)=1.-SI
C
C     AUSGABE
      WRITE(6,53)
   53 FORMAT(1H1,'MACHTFUNKTICN DES MSE - TESTS')
      WRITE(6,23) M
      WRITE(6,54) IT
   54 FORMAT(1H ,'NENNERFREIHEITSGRADE =',I2)
      WRITE(6,55)
   55 FORMAT(1H ,'ALTERNATIVER NICHTZENTR. PARAMETER LAMDA=1.SPALTE',
      WRITE(6,12) (A(IA),IA=IAMAX1,IAMAX)
      DO 56 L=1,ILAMDA
   56 WRITE(6,57) XLR(L),(BXL(L,J),J=IAMAX1,IAMAX)
   57 FORMAT(1H ,F5.2,1X,7F9.4)
   60 CONTINUE
    2 CONTINUE
      STOP
      END
```

```
      SUBROUTINE HELF(XL,T,XM,CI,GI,XM2I,I)
      REAL * 8  CI(30),GI(30),XM2I(30),GZ,GN1,GN,GN2,XM2XY,TX
      REAL * 8 XL,E,XLP,XL2,T,XM,FAK,XM2,T2I
      COMMON XM2XY,TX
      I1=I-1
      XL2=.5*XL
      E=DEXP(-XL2)
      XLP=XL2**I1
      IF(I1.EQ.0) GOTO 2
      IFAK=1
      DO 1 J=1,I1
 1    IFAK=IFAK*J
      GOTO 3
 2    IFAK=1
 3    FAK=FLOAT(IFAK)
      CI(I)=E*XLP
      CI(I)=CI(I)/FAK
      T2=.5*T
      XM2=.5*XM
      TX=T2
      T2I=(T2+XM2)+FLOAT(I1)
      XM2I(I)=XM2+FLOAT(I1)
      GZ=DGAMMA(T2I)
      GN1=DGAMMA(XM2I(I))
      GN2=DGAMMA(TX)
      GN=GN1*GN2
      GI(I)=GZ/GN
      RETURN
      END


      REAL FUNCTION  FCT * 8 (X)
      REAL * 8 X,X1,X2,DAB,DAB1,XM2XY,TX,TXX
      COMMON XM2XY,TX
      DAB=DABS(X)
      DAB1=1.D-16
      IF(DAB.LE.DAB1) GOTO 1
      X1=X**(XM2XY-1.)
      GOTO 2
1     X1=1.
2     X2=1.-X
      TXX=TX-1.
      X2=X2**TXX
      FCT=X1*X2
      RETURN
      END
```

```
      SUBROUTINE DQG24(XL,XU,FCT,Y)
C
C
      DOUBLE PRECISION XL,XU,Y,A,B,C,FCT
C
      A=.5D0*(XU+XL)
      B=XU-XL
      C=.49759360999851068D0*B
      Y=.61706148999935998D-2*(FCT(A+C)+FCT(A-C))
      C=.48736427798565475D0*B
      Y=Y+.14265694314466832D-1*(FCT(A+C)+FCT(A-C))
      C=.46913727600136638D0*B
      Y=Y+.22138719408709903D-1*(FCT(A+C)+FCT(A-C))
      C=.44320776350220052D0*B
      Y=Y+.29649292457718390D-1*(FCT(A+C)+FCT(A-C))
      C=.41000099298695146D0*B
      Y=Y+.36673240705540153D-1*(FCT(A+C)+FCT(A-C))
      C=.37006209578927718D0*B
      Y=Y+.43095080765976638D-1*(FCT(A+C)+FCT(A-C))
      C=.32404682596848778D0*B
      Y=Y+.48809326052056944D-1*(FCT(A+C)+FCT(A-C))
      C=.27271073569441977D0*B
      Y=Y+.53722135057982817D-1*(FCT(A+C)+FCT(A-C))
      C=.21689675381302257D0*B
      Y=Y+.57752834026862801D-1*(FCT(A+C)+FCT(A-C))
      C=.15752133984808169D0*B
      Y=Y+.60835236463901696D-1*(FCT(A+C)+FCT(A-C))
      C=.95559433736808150D-1*B
      Y=Y+.62918728173414148D-1*(FCT(A+C)+FCT(A-C))
      C=.32028446431302813D-1*B
      Y=B*(Y+.63969097673376078D-1*(FCT(A+C)+FCT(A-C)))
      RETURN
      END
```

Made in the USA
Monee, IL
24 October 2026

66036559R10133